Karlheinz Deschner (Hrsg.)

Woran ich glaube

WILHELM HEYNE VERLAG
MÜNCHEN

HEYNE SACHBUCH
Nr. 19/217

Taschenbuchausgabe
im Wilhelm Heyne Verlag GmbH & Co. KG, München
Copyright © 1990 by Gütersloher Verlagshaus Gerd Mohn, Gütersloh
Printed in Germany 1992
Umschlaggestaltung: Atelier Adolf Bachmann, Reischach
Druck und Verarbeitung: Ebner Ulm

ISBN 3-453-05810-0

Inhalt

Sa sacrée Majesté le Hazard
oder wie ein Sammelwerk zustande kommt

Dieses Buch ist, wie so vieles im Leben, auch vom Zufall geprägt – Sa sacrée Majesté le Hazard; bei seiner Entstehung und schon lange, bevor es entstand.

Gewiß nicht zufällig wollte ich einst meine erste Übersetzerin in der Nähe Belgrads besuchen, Kaćusa Avakumović-Maletin (Jugoslawen kennen den Namen ihres Vaters, des letzten Ministerpräsidenten unter dem letzten jugoslawischen König). Und gewiß nicht zufällig fehlte mir gerade das Reisegeld. Aber zufällig kam da eine Einladung nach Belgrad, zufällig war Frau Maletin eben verreist, und so hatte ich, zufällig, Zeit, mich nur dem Kongreß zu widmen, einem Schriftstellerkongreß. Tagelang referierte man über das Thema: »Woran ich glaube«; anregender sogar als erwartet. Und da ich schon einmal deutschsprachigen Autoren, Hermann Kesten, Arno Schmidt, Heinrich Böll, Max Brod u. a., die Gretchenfrage gestellt: »Was halten Sie vom Christentum?« (1957), beschloß ich noch in Belgrad, irgendwann eine zweite Enquete zu edieren, die aber thematisch über die erste hinausgehen, auch nicht nur Schriftsteller, nicht nur Deutschsprachige, einbeziehen sollte, sondern Menschen aus vielen Berufen und Ländern. Etwa ein Vierteljahrhundert danach, im letzten Jahr, telefonierte ich mit dem Gütersloher Verlagshaus, erwähnte einmal, zufällig, Belgrad, das damalige Thema – und dies ist nun das Buch dazu.

Der Zufall spielte auch weiter seine Rolle – ja, Schlimmeres. Mancher starb, als ich im Begriff war ihn einzuladen, Thomas Bernhard, beklagenswerterweise, Konrad Lorenz. Mancher war bereits zu krank, Lord Laurence Olivier, Hoimar von Ditfurth. Mancher war seit Jahren schon arbeitsunfähig. Mancher starb nach der Zusage. Den Bankier Alfred Herrhausen zerriß eine Bombe – lassen Sie es uns versuchen, schrieb er noch freundlich. Mancher blieb unerreichbar für mich, wie der Bildhauer Hrdlicka, schade! Sehr viele sagten ab. Wohl die Mehrzahl der befragten Autoren reagierte erst gar nicht – meine eigene postalische Gepflogenheit (und zwar auch dort, wo sonst Autoren zu antworten pflegen; oder wer schriebe nicht, wird ihm die Übersetzung gleich dreier Bücher angeboten – und eben jetzt, ein halbes Jahr später, fragt man aus Polen nach: We know for a fact that some letters were intentionally lost or destroyed by the Polish postal service in past month ...).

Dagegen dankten alle Politiker, selbst Staatschefs, meist persönlich sogar. Und prompt. (Auch »Leser« schicken mir, nicht so selten, kopierte Minister-, Präsidentenschreiben, aus dem In-, dem Ausland, immer wieder auch eigenhändig unterzeichnet. Donnerlittchen, denkt man, bei diesem Job, bei soviel Hektik noch soviel Zeit. Nicht einer scheint da ignoriert zu werden ...). Aber ist's Zufall denn, daß alle Politiker abgesagt, daß *alle* sich verweigert haben, Aktivisten und Ruheständler, ein rundes Dutzend? Staatsdiener, die ja tagtäglich und ex professo etwas bekennen, in aller Öffentlichkeit, vor der Nation, der Welt, die unentwegt doch, bis sie ein dummer Zufall, eine Wahl, ein Skandal, ein Parteifreund beiseitefegt, etwas vertreten, verteidigen, verantworten, die sich verwahren, die entlasten und belasten, die für etwas plädieren, für etwas streiten, die etwas rechtfertigen, auf etwas bestehen, die aufrufen, beteuern, beehrenworten hochundheilig (in Schleswig-Holstein, in Ost-Berlin, dem ganzen Volk in die Mattscheibe; wird doch soeben ein komplettes Parlament, ein Wendehals-Parlament, nicht gefilzt, nur weil es so wendig ist, wie der Beruf es verlangt, die »politische Kultur«, ihr »Stil«) – ja, schon merk-, schon denkwürdig, daß all die bekannten Bekenner, die uns dauernd etwas glauben machen (möchten), dann selber lieber schweigen (müssen) und nicht sagen wollen (können), was sie wirklich denken, wenn sie denken. (Na, siehe S. 235.)

Und doch, kein völliges Briller par absence. Petra Kelly ist präsent, durch puren Zufall zwar und freilich, scheint mir, so atypisch für das besagte Metier wie Václav Havel, der zudem sein Plazet gab, bevor er zu Amt kam und Würde (nein: sie hatte er bereits, als das Amt kam – mal umgekehrt, ausnahmsweise).

Dachte ich, dachte ich ... Denn als das Vorwort bereits gesetzt war, verweigerte der Staatspräsident Havel in diesem Jahr die Erlaubnis zum Abdruck eines Beitrages, die der Schriftsteller

Havel im letzten Jahr schon gegeben. Sehr erfreut und geehrt hatte der Autor mir für die Einladung gedankt und eine Wiedergabe aus einem Briefband genehmigt. Doch dem Staatspräsidenten mißfiel nun die Zusammenstellung seiner Texte.

Veranlaßte ihn aber nicht etwas ganz anderes dazu? Erschien dem Politiker jetzt nicht einfach inopportun, was der Schriftsteller noch freimütig erklärte? »Ich bin bestimmt kein richtiger Christ und Katholik (wie so viele meiner guten Bekannten), aus vielen verschiedenen Gründen, zum Beispiel deshalb, weil ich diesen meinen Gott nicht ehre und einfach nicht begreife, warum ich ihn ehren sollte.« So begann der hier vorgesehene Havel-Text. Und er endete: »Die ›Stimme des Seins‹ kommt nicht von ›anderswoher‹ (d. h. aus irgendwelchen transzendentalen Himmeln), sondern ausschließlich ›von hier‹ ...«

Kaum tschechoslowakischer Staatspräsident geworden, rief der Autor solcher Geständnisse den Papst in sein (von Rom so lange als »Hussitenrepublik« beschimpftes) Land, jubelte bei Ankunft der »Heiligkeit« in effektvoller rhetorischer Steigerung immer wieder über »ein Wunder«, wünschte, genau wie der Herr aus Rom, das Herz Europas müsse »von jenen Politikern regiert werden, die sich christlichen Werten verpflichtet fühlen«, feierte, sichtlich bewegt, »die Heiligsprechung der Agnes von Böhmen« und hoffte, das Oberhaupt der katholischen Kirche werde bei der »heiligen« Messe »unseren Heiligen für die Fürbitte bei dem danken, der mit seinen Händen den geheimnisvollen Lauf aller Dinge lenkt«. Kurz, so schrieb die »Frankfurter Allgemeine Zeitung« in ihrem Leitartikel vom 23. April 1990: »Die Übereinstimmung zwischen dem Präsidenten und dem Papst ging so weit, daß der Regierungssprecher von einem ›Bekenntnis‹ Havels gegenüber Johannes Paul II. sprach, das manche schon als ›Beichte‹ des bisher als Katholik nicht hervorgetretenen Präsidenten ansahen.«

Sapienti sat.

Noch ein zweiter Berufsstand, an Einfluß der erste, da er schon lange der Staatskunst die Marschrichtung souffliert, erwies sich als sehr abstinent, die Crème de la crème der Industrie. Zwar alle, soweit gebeten, antworteten wieder und oft persönlich, doch auch alle sagten wieder ab, quer durch den Kontinent – nur Edzard

Reuter ausgenommen. (Jens v. Bandemer lebt längst auf einem Bauernhof in Franken. Und Jan Philipp Reemtsma hat selbst nie dazugehört.)

Auch sonst, gewiß, zeigte mancher »keine Neigung zu öffentlichen Konfessionen«, was man akzeptieren muß, verstehen kann. Eine Deutsch-Amerikanerin hätte nur in einem Satz oder einem ganzen Buch zu antworten vermocht. Auch aus London schrieb man: »I think it would take me 200 pages to work out exactly what it is that I ›believe‹, and even I don't think I would get it right. I need myself another ten years to refine my thoughts ...«; aber so lange wollte ich doch nicht warten.

Im übrigen scheute ich nichts.

Ich bat einen Kardinal, der mir aus »einem der größten Bistümer der Weltkirche« auch »herzlich danken« ließ – die Leute haben, ich gebe es zu, eben Lebensart –, während ein bekannter evangelischer Bischof zwar erst in Berlin mit mir diskutierte, hier aber gleichfalls schwieg. Ich wandte mich an einen Weltraumpionier, der jedoch zu alt, ich wandte mich an einen Tiefseeforscher, der indes auf Tauchstation gegangen, ich wandte mich an einen Gipfelstürmer, der aber just über den Wolken verschwunden war. Unterwegs, es sei so gesagt, war auch ein Chefspion. Zwar fand er, danke, es freut mich, noch Zeit, mir zu schreiben, im übrigen aber wegen der »komplizierten Ereignisse« in Mitteleuropa keine »gedankliche Konzentration auf das Thema«, ach, wie begreiflich wieder. Doch bitte ich auch die Leser um Verständnis. Und vor allem, bitte, sage kein Rezensent: ich hätte aber gern wenigstens noch den oder die hier gesehn ... Ich auch! Oder: den und die da lieber nicht. Nun, Ansichtssache. (Auch schweigt dazu des Sängers Höflichkeit.)

Trotz aller Schwierigkeiten aber, Zufälle, Schicksalsschläge, liegen sechsundvierzig Beiträge vor, ein bewußt facettenreiches, ja, heterogenes Confiteor, sehr divergierende Äußerungen zu einer zwar nicht originellen, doch fundamentalen Frage, die heute die Menschen vielleicht mehr bewegt als jede andere. Männer und (zu wenig, nicht meine Schuld) Frauen vieler Berufe – und zweier Generationen – schreiben hier, Persönlichkeiten aus der Welt der Musik, der Literatur, des Theaters, des Films, der bildenden

Kunst, aus dem Bereich des Tier-, des Umweltschutzes, sogar der Politik also, der Wirtschaft, man wird Journalisten und Verleger vertreten finden, vor allem aber Gelehrte – Philosophen, Philologen, Soziologen, Politologen, Biologen, Sexologen, Psychologen, Pädagogen, Mediziner, Physiker, Juristen, Religionswissenschaftler sowie evangelische, katholische und aus der Kirche ausgetretene Theologen – Persönlichkeiten vor allem der deutschen Bundesrepublik, aber aus Österreich auch, der Schweiz, aus Großbritannien, Luxembourg, Frankreich, Spanien, Jugoslawien, Israel, USA und Australien. Aus der DDR gab es nur Absagen, darunter, leider, die Manfred von Ardennes, der, gleich manchem, zu spät erst Zeit gefunden hätte, und eine (nicht eingehaltene) Zusage aus dem politischen Sektor.

Die Stellungnahmen reichen von rechts bis links, von konfessionell gebundenen bis zu atheistischen Antworten, sie reichen oft weit über den religiösen Glauben hinaus und, nicht selten, tief in Skepsis, in (sogenannten) Unglauben hinein – manche sehr sachlich, manche passioniert, manche bissig, manche etwas pastoral, moderato und con molto brio, kurz, fast alle Register werden gezogen: lebendig oft, anregend, und sicher auch aufregend.

Ich habe vielfach zu danken. Besonders herzlich allen, die dieser Einladung gefolgt sind; um so mehr ihnen zu danken, als ich noch kaum danken konnte. Mein Dank gilt dem Gütersloher Verlagshaus Gerd Mohn, meinem Lektor Raul Niemann, der das Projekt von Anfang an sehr engagiert begleitet hat, und Frau Christel Gehrmann, seiner Sekretärin, die hierbei eine Hauptlast trug, da ihr allein fast die ganze Korrespondenz oblag – kein Schatten falle auf die deutsche Post.

Karlheinz Deschner

HANS ALBERT

Abschied vom illusionären Denken

Wenn man sich zu der im Titel dieses Buches gestellten Frage nach dem persönlichen Glauben äußern möchte, dann ist es wohl angebracht, zunächst einmal diese Frage selbst zu klären. In einer durch das Christentum geprägten Gesellschaft bedarf sie nämlich einer Erläuterung. Wer zu den Leuten zählt, die man »Ungläubige« zu nennen pflegt, hat jedenfalls gute Gründe, darauf einzugehen, was es für ihn mit dem Glauben auf sich hat. Um einen Glauben zu haben, muß man nämlich keineswegs an den christlichen Gott oder überhaupt an Wesenheiten dieser Art glauben, wenn unter »Glaube« nicht von vornherein eine religiöse Auffassung verstanden wird. Unter »Glaube« kann man Überzeugungen ganz verschiedener Art verstehen, vor allem auch relativ feste Überzeugungen über lebenswichtige Zusammenhänge. Und feste Überzeugungen müssen keineswegs dogmatische Überzeugungen sein.

Damit sind wir schon bei einem zentralen Punkt angelangt, der die Glaubenshaltung betrifft, die Art und Weise, wie man sich zu seinen Überzeugungen verhält. In dieser Hinsicht ist ein Standpunkt möglich, den ich nach allem, was wir heute wissen, für den am ehesten akzeptablen halte: der konsequente Fallibilismus, die These von der Fehlbarkeit der menschlichen Vernunft in allen Bereichen des Denkens und Handelns. Es gibt demnach keinerlei Wahrheitsgarantie für irgendwelche Anschauungen und daher auch keine sichere Methode, kein Verfahren, durch das man eine solche Garantie erreichen könnte, nicht einmal in der Mathematik, die man einmal für die »letzte Provinz der Gewißheit« gehalten hat. In der Praxis der Wissenschaften hat sich diese These längst durchgesetzt. In ihr herrscht seit langem ein methodischer Revisionismus, der es erlaubt, bisher erreichte Ergebnisse immer wieder in Frage zu stellen. Nur bestimmte philosophische Lehren pflegen in dieser Beziehung noch Illusionen zu wecken. Wer aber glaubt, daß es außerhalb des wissenschaftlichen Denkens verläßliche Quellen für irgendwelche Einsichten gibt – Intuitionen, Inspirationen oder Offenbarungen irgendwelcher Art –, der gibt sich ebenfalls Illusionen hin. Er ist nämlich genötigt, über die Glaubwürdigkeit solcher Einsichten zu urteilen, und dazu steht ihm nur dieselbe fehlbare Vernunft zur Verfügung, die auch im Alltagsdenken, in den Wissenschaften und in der Philosophie am Werke ist.

Es handelt sich hier keineswegs um eine erkenntnistheoretische Subtilität ohne praktische Bedeutung. Man sehe sich nur die Rolle des Fundamentalismus in der Geschichte und in der heutigen Welt an. Schon im Alten Testament findet man den Glauben an einen Gott, der sein Volk zu Vernichtungskriegen gegen andere Völker aufruft. Und das Christentum hat die Intoleranz geerbt, die mit dieser Gottesvorstellung verbunden ist. Es genügt der Hinweis auf die Kreuzzüge, die Inquisition, die Ketzer-, Hexen- und Judenverfolgungen des Mittelalters und der Neuzeit. Ähnliches gilt für den Islam und für andere Religionen. Man kann daher verstehen, daß einer der größten Philosophen unseres Jahrhunderts, Bertrand Russell, die Ansicht vertrat, der unerschütterliche Glaube sei nicht, wie viele meinen, eine Tugend, sondern ein Laster. Erst die Zähmung der Religion durch die Aufklärung und die mit ihr verbundene Religionskritik hat dazu geführt, daß in den europäisch geprägten Kulturen der Fundamentalismus christlicher Provenienz abgenommen hat, um dann allerdings durch totalitäre Ideologien beerbt zu werden, in denen sich diese Tradition der Intoleranz fortgesetzt hat.

Die These von der Fehlbarkeit der Vernunft ist durchaus vereinbar mit dem Glauben an die Erkennbarkeit der Wirklichkeit, an die Möglichkeit, zu wahren Aussagen über wirkliche Zusammenhänge zu gelangen, auch wenn dabei niemals absolute Gewißheit zu erreichen ist. Der Realismus und Rationalismus, der vor allem im naturwissenschaftlichen Denken zu erstaunlichen Fortschritten der Erkenntnis geführt hat, gibt uns Anlaß, diese Möglichkeit nicht zurückzuweisen. Zwar gibt es heute unter den Philosophen – gerade unter denen, die sich größter Popularität erfreuen – eine ganze Reihe von Skeptikern und Relativisten, die diesen Glauben nicht mehr teilen, aber sie scheinen mir das Kind mit dem Bade auszuschütten. Unter dem Eindruck der Tatsache, daß das Ideal absolut sicheren Wissens nicht erreichbar ist, haben sie die Idee der Suche nach der Wahrheit überhaupt aufgegeben. Mit der Vorstellung eines unsicheren und revidierbaren Wissens, der einzigen Art von Wissen, die für uns erreichbar ist, können sie sich nicht anfreunden. Aber praktisch sind wir alle gerade auf diese Art von Wissen angewiesen.

Die Fortschritte der Wissenschaften haben in den letzten Jahrhunderten das Weltbild der abendländischen Kosmosmetaphysik zum Verschwinden gebracht, innerhalb dessen der christliche Glaube eine gewisse Plausibilität für sich beanspruchen konnte. Während im Rahmen dieser Metaphysik der Glaube an die Existenz eines Gottes – eines allmächtigen, allwissenden und allgütigen Wesens, das als Person aufgefaßt werden kann – eine zentrale Rolle spielte, ist es heute schwierig geworden, deutlich zu machen, warum man noch an einen solchen Gott – oder überhaupt an einen Gott – glauben sollte. Der Glaube an derartige Wesenheiten – an einen Gott oder an Götter, an einen oder mehrere Teufel, an Engel, Dämonen oder Geister – pflegt ja in einer Gesamtauffassung über die Beschaffenheit der Wirklichkeit verwurzelt zu sein. Nur im Zusammenhang mit einer solchen Auffassung können wir uns ein Urteil über die Glaubwürdigkeit solcher Annahmen bilden. Die Gottesbeweise der klassischen Metaphysik waren Versuche, auf rationale Weise ein positives Urteil dieser Art zu begründen. Diese Versuche darf man als gescheitert ansehen, und dasselbe gilt für neuere Versuche mit dem gleichen Ziel. Forschungen über die historischen Grundlagen des Christentums haben ebenfalls zu glaubenskritischen Konsequenzen geführt. Theologen wie Albert Schweitzer, der großen Wert darauf gelegt hat, dem kritischen Denken auch im Bereich der Religion Geltung zu verschaffen, haben dafür gesorgt, daß solche Konsequenzen im Rahmen der Theologie selbst akzeptiert wurden, soweit dort freie Forschung möglich war.

Andererseits haben moderne Theologen große Anstrengungen unternommen, den christlichen Glauben an das moderne Weltbild anzupassen, aber mit äußerst problematischen Mitteln. Ihre Suche nach einer Nische für das religiöse Bewußtsein in der durch die Resultate der Wissenschaft bestimmten Wirklichkeitsauffassung hat die Theologie teilweise zu einem System von Ausreden gemacht, allerdings von Ausreden, die ihre Wirkung auf glaubenswillige Gemüter nicht verfehlt haben. Mitunter findet man bei solchen Theologen sogar einen durch ein theistisches Vokabular verschleierten Atheismus, der geeignet ist, Gläubige irrezuführen. Die Frage, wie es mit der christlichen Gottesvorstellung vereinbart werden kann, daß die Welt voller Übel ist – auch solcher, die man beim besten Willen nicht auf das freie Handeln von Menschen zurückführen kann –, hat bisher keine Beantwortung gefunden. Solche Fragen werden vielfach bagatellisiert, unter Umständen sogar als bloße Seminarprobleme beiseitegeschoben.

Die moralische Bilanz des Christentums ist, wie schon erwähnt, erschreckend. Angesichts der Tatsachen des »real existierenden Christentums«, die uns die Geschichtsschreibung überliefert hat – einer militanten Religion, die unmittelbar nach ihrem Sieg in der konstantinischen Wende zur Verfolgung ihrer Gegner übergegangen ist –, ist die These, daß es sich um eine Religion der Liebe handelt, nicht besonders glaubwürdig. Natürlich soll damit nicht bestritten werden, daß die Liebe in der Botschaft Jesu eine zentrale Rolle spielt. Aber tatsächlich hat der Glaube an Gott, und zwar an einen Gott, der für einen großen Teil der Menschheit ewige Verdammnis vorgesehen hat, über fast 2000 Jahre christlicher Geschichte hinweg eine weit größere Rolle gespielt als die Nachfolge Christi. Erst seit der Aufklärung hatte die Toleranz – zunächst nur im protestantischen Bereich – eine Chance. Noch Albert Schweitzer, der das Christentum als eine Religion tätiger Liebe auffaßte, hatte sich vor der Übernahme seiner rein karitativen Tätigkeit gegen den Vorwurf zu verteidigen, daß ihm der »rechte Glaube« fehle. Wegen kleiner Unterschiede im Glauben wurden in der Geschichte des Christentums immer wieder Menschen in qualvoller Weise zu Tode gebracht, zuletzt noch in den Ustascha-Greueln in der Mitte dieses Jahrhunderts. Heute pflegt man andere Aspekte des Christentums zu betonen, vielfach auch die dunkle Seite dieser Religion zuzugeben und sie zu bedauern. Das ist zu begrüßen, und es mag den christlichen Glauben für viele attraktiver machen, die sich primär nicht für die Frage der Wahrheit interessieren.

Anhänger der christlichen oder einer Religion ähnlicher Art halten es oft für selbstverständlich, daß ein Verzicht auf den Glauben an einen Gott und ein Leben nach dem Tode das menschliche Leben sinn- und wertlos mache. Nur durch die Erwartungen, die mit ihrem Gottesglauben verbunden sind, scheint ihnen der Sinn des Lebens bestimmt zu sein. Sie können daher auch nicht verstehen, wie man eine atheistische Auffassung vertreten kann, ohne am Sinn dieses Lebens zu verzweifeln. Überdies nehmen sie mitunter an, der Atheismus sei auch in moralischer Hinsicht problematisch. Wenn jemand nicht an Gott glaube, so müsse ihm jedes Verhalten erlaubt erscheinen und daher auch jedes Verbrechen.

Wer diese Problematik untersucht, sollte sich zunächst darüber klar werden, daß mit ihrer Lösung nichts über die Wahrheit des Gottesglaubens und der mit ihm verbundenen Überzeugungen gesagt ist. Wer es für angebracht hält, diesen Glauben nicht in Frage zu stellen, weil er meint, dann unter Umständen seine Auffassungen über Sinn und Wert des menschlichen Lebens revidieren zu müssen, zeigt damit, daß er nicht an der Wahrheit interessiert ist, sondern nur am Nutzen seines Glaubens für die eigene Lebensführung. Wer so denkt, wird auch geneigt sein, sogenannte praktische Gottesbeweise zu akzeptieren, wie sie heute modern geworden sind, Beweise, die darauf hinauslaufen, die Existenz eines Gottes deshalb zu postulieren, weil das bestimmten menschlichen Bedürfnissen entgegenkommt.

Wie dem auch sei – müssen wir annehmen, daß ein sinnvolles Leben ohne Gottesglauben nicht möglich ist? Nach christlicher Auffassung empfängt das Leben seinen Sinn aus einem umfassenden Sinnzusammenhang, der durch den göttlichen Willen gestiftet ist. Gleichzeitig scheint das Leben eines Gläubigen, der sich diesem Willen fügt, auch in einem besonderen Sinne wertvoll zu sein, weil dieser Wille in sich gut ist. Überdies wird dabei dem menschlichen Glücksstreben insofern Rechnung getragen, als der Lohn eines solchen Lebens in der ewigen Seligkeit besteht, einem Zustand vollkommenen Glücks, wie er im irdischen Leben niemals erreichbar ist. Der Sinn, der dem menschlichen Leben nach dieser Lehre zugesprochen wird, entspringt daraus, daß ihm eine

Rolle im göttlichen Heilsplan zugeteilt wird. Lebenswert ist ein Leben dieser Art offenbar nur, wenn man davon ausgeht, daß die göttliche Zielsetzung gut ist und daß die Kosten für ihre Realisierung nicht zu hoch, also die damit verbundenen Entbehrungen, deren Existenz im christlichen Weltverständnis eingeräumt zu werden pflegt, vernünftigerweise in Kauf zu nehmen sind. Das alles versteht sich nicht von selbst, wenn man die in der christlichen Auffassung enthaltenen Wertungen nicht als sakrosankt ansieht.

Wer den Sinn des menschlichen Lebens ausschließlich davon abhängig macht, inwieweit es sich in einen göttlichen Plan einordnen läßt, der faßt dieses Leben als bloßes Mittel zu einem von einer fremden Autorität bestimmten äußeren Zweck auf. Hier taucht die Frage auf, wieso ein Leben nur dann als sinnvoll gelten soll, wenn es einer äußeren Zwecksetzung unterworfen ist. Es gibt ja innerhalb des menschlichen Lebens viele Zwecke, deren Verfolgung als wertvoll angesehen zu werden pflegt. Von ihnen her kann menschliches Handeln einen positiven Sinn haben, ohne daß ein außerhalb dieses Lebens liegender Endzweck herangezogen werden müßte. Nun könnte man meinen, daß solche Zwecke jeder weiteren Begründung entbehren, während die im Rahmen göttlicher Planung relevanten Handlungen auf Zwecke bezogen seien, die in einem übergreifenden Sinnzusammenhang verankert und daher wohlbegründet seien. Wer so argumentiert, muß sich aber sagen lassen, daß man hier wie immer, wenn es um Begründungsprobleme geht, den Regreß weiter fortsetzen und nach der zureichenden Begründung der göttlichen Planung fragen kann. Auch wenn es um Sinnprobleme geht, führt das Streben nach einer letzten Begründung zu einer dogmatischen Antwort.

Abgesehen davon stellt sich natürlich die Frage, wie der Zustand ewiger Seligkeit einzuschätzen ist und ob man gut daran tut, um ihn zu erreichen, auf irdisches Glück und auf diejenige Befriedigung zu verzichten, die mit der Erfüllung selbst gestellter Aufgaben auf dieser Erde verbunden zu sein pflegt. Die christliche Morallehre hat bekanntlich fast zweitausend Jahre lang den Verzicht auf Arten der Freude und des Glücks verlangt, die für jede unbefangene Betrachtung erstrebenswert sind, zumal sie keine

Nachteile für andere Menschen zur Folge haben. So hat sie zum Beispiel erheblich zur Vergiftung der Sexualmoral beigetragen.

Man darf also sagen, daß die christliche Weltauffassung das Sinnproblem keineswegs in einer Weise löst, die dem unvoreingenommenen Betrachter ohne weiteres als befriedigend erscheinen muß. Aber auch wer diese Auffassung nicht teilt, muß sich die Frage vorlegen, ob ein Leben ohne Aussicht auf jenseitige Kompensationen sinnvoll und lebenswert sein kann. Im christlichen Denken wird ja zu recht darauf hingewiesen, daß das irdische Leben voller Übel ist, voller Elend, voller Enttäuschungen aller Art und voller Katastrophen, daß alles Glück und alle Freude vergänglich sind und daß schließlich der Tod allem ein Ende macht, sofern es kein Jenseits gibt. Kann ein Leben ohne Hoffnung auf ein solches Jenseits trotzdem sinnvoll und damit lebenswert sein?

Darauf muß man wohl antworten, daß es keine Garantie für ein sinnvolles Leben geben kann. Sinnvoll kann ein Leben jedenfalls nur insoweit sein, als wir selbst es mit Sinn versehen, indem wir uns Aufgaben stellen, deren Erfüllung wir als wertvoll ansehen können, und uns Tätigkeiten widmen, die in sich befriedigend sind oder zur Erfüllung solcher Aufgaben beitragen. Die Tatsache, daß alles Glück auf Erden zeitlich begrenzt ist, ist an sich kein Grund, dieses Glück als wertlos anzusehen. Die zeitliche Dauer glücklicher oder befriedigender Lebensphasen ist nur eines der Merkmale, die wir zu berücksichtigen haben, wenn wir über den Wert eines Lebens urteilen. Auch muß jeder selbst darüber entscheiden, ob er imstande ist, sein Leben so mit Sinn zu erfüllen, daß es ihm lebenswert erscheint. Wer sich das Angebot einer der großen Religionen zu eigen macht, mag es mitunter leichter haben, dieses Problem zu lösen. Aber viele Menschen können sich mit der christlichen oder einer anderen religiösen Lösung nicht mehr zufrieden geben, weil sie nicht in der Lage sind, sich die Überzeugungen anzueignen, die ihnen dabei zugemutet werden.

Aber brauchen wir den christlichen Glauben nicht zur Stützung der Moral, gleichgültig, ob er intellektuell akzeptabel erscheint? Daß moralische Überzeugung vielfach religiös verwurzelt waren und sind, ist sicher richtig. Aber die Qualität dieser Überzeugungen ist, wie die Geschichte zeigt, mitunter äußerst problematisch. Andererseits gibt es moralisch hochstehende Persönlichkeiten in so gut wie allen Glaubensgemeinschaften und auch solche, die keinerlei religiöse Bindungen haben. Moral ist offenbar nicht an religiöse Überzeugungen gebunden. Natürlich sind auch »religiös Unmusikalische« in dieser Hinsicht nicht bevorzugt. Und intellektuelle Vorzüge sind keine Garantie für akzeptable moralische Ansichten und schon gar nicht für ein entsprechendes Verhalten. Eine wesentliche Wurzel moralischen Verhaltens scheint mir jedenfalls im menschlichen Gefühlsleben zu liegen, vor allem in den Sympathiegefühlen und den retributiven Gefühlen, die zur menschlichen Natur gehören.

Wer die Fehlbarkeit der Vernunft als wesentlichen Aspekt menschlichen Problemlösungsverhalten akzeptiert, der wird sie auch in seinen politischen Überzeugungen berücksichtigen müssen. Er wird weder an unfehlbare Führer, noch an die Unfehlbarkeit der öffentlichen Meinung, der Meinung der Mehrheit oder auch der einer Minderheit, etwa einer Elite, glauben. Er wird weder die Idee eines auserwählten Volkes, noch die einer auserwählten Klasse oder Rasse in seine politischen Auffassungen übernehmen können, Vorstellungen, die in der Weltgeschichte immer wieder eine unheilvolle Rolle gespielt haben. – In meiner Jugend bin ich – als Zwölfjähriger – eine Zeitlang den Parolen Hitlers und seiner Gefolgsleute erlegen, bis ich durch die Lektüre der Werke Oswald Spenglers davon abkam. Die nationalsozialistische Ideologie ist mir als eine höchst erfolgreiche »Jugendreligion« in Erinnerung geblieben, deren Einfluß bis in den Zweiten Weltkrieg hinein spürbar war, wo sie noch in den letzten Tagen imstande war, Jugendliche für den militärischen Einsatz zu mobilisieren. Daß diese Ideologie die Züge eines religiösen Fundamentalismus aufwies, der trotz aller Gegnerschaft zu den Kirchen auch durch die christliche Tradition gespeist war – unter anderem durch den christlich geprägten Antisemitismus –, wird kaum bestritten werden. Unter dem Einfluß Spenglerscher Ideen kam ich zwar los von der in Deutschland herrschenden Ideologie, aber zugunsten einer Art von geschichtsphilosophisch orientiertem Skeptizismus und Relativismus, der damals aus zeitdiagnostischen Gründen besonders attraktiv erschien.

Es war dann ein weiter Weg zu meinen heutigen Auffassungen. Vor allem durch die Arbeiten Max Webers, Karl Poppers und Albert Schweitzers bin ich schließlich zu den Anschauungen gelangt, die ich heute für akzeptabel halte. Sie knüpfen an die europäische Tradition an, die von der griechischen Antike zur Aufklärung und zum Liberalismus geführt hat. In politischer Beziehung hat sie zur Idee des Rechts- und Verfassungsstaates geführt, die im Gegensatz steht zu den für andere Hochkulturen charakteristischen despotischen und theokratischen Herrschaftsformen. Die Zähmung der Herrschaft, die verbunden war mit der Zähmung der Religion, hat hier eine Ordnung der Freiheit ermöglicht – einer zwischen anarchischen und autoritären Tendenzen sich etablierenden und daher ständig gefährdeten Freiheit von politischer und religiöser Gängelung – und gleichzeitig eine Ordnung, durch die die Beseitigung des Massenelends möglich ist, das für die Geschichte der meisten Hochkulturen charakteristisch ist.

Diese Art von Ordnung ist auch heute noch durch politische und religiöse Heilslehren gefährdet, aber auch durch den sich modern gebärdenden Kulturrelativismus, der sich im Gefolge einflußreicher philosophischer Lehren auszubreiten scheint. Diese Auffassung möchte der Wahrheitsidee und der Idee rationaler Argumentation den Abschied geben, im Namen einer Toleranz, die es erlaubt, beliebige Auffassungen unter Berufung auf irgendwelche Traditionen für sakrosankt zu erklären und damit gleichzeitig alle Illusionen aufrechtzuerhalten, die sich im Sinne irgendwelcher Bedürfnisse als nützlich erweisen. Wer diese Möglichkeit für gefährlich hält, wird es vorziehen, Abschied zu nehmen vom illusionären Denken, aber nicht vom nüchternen Gebrauch unserer Vernunft in allen Bereichen der Kultur, auch wenn sich dadurch keine Garantie für vollkommene Lösungen erreichen läßt.

GÜNTHER ANDERS

Die Freiheit der Unfreiheit

(Dialog zwischen einem molussischen Philosophen und einem molussischen Fundamentalisten der Bamba-Kirche)

Ph.: Sie verteidigen also die Freiheit Ihrer Religion?

F.: Gewiß. Das täte ich sogar ...

Ph.: Sogar was?

F.: Bis zu meinem letzten Atemzuge ...

Ph.: Hut ab! Glauben Sie deshalb so fest an sie?

F.: Bitte?

Ph.: Ich meine: Glauben Sie so fest an Ihre Religion, weil Sie so fest entschlossen wären, für sie bis zum letzten Atemzuge ...

F. (versteht das nicht, weil er das nicht verstehen darf).

Ph. (abwinkend): Und so entschieden kämpfen Sie auch für die Freiheit der *anderen* Religionen? Für die *aller* Religionen?

F. (nicht ganz überzeugend): Aber natürlich! Ohne die Freiheit aller könnte auch meine nicht frei sein.

Ph.: Wodurch Sie indirekt erklären, Sie seien für die Gleichberechtigung aller?

F.: Warum indirkt? Sondern laut und vernehmlich. Gerechtigkeit muß sein.

Ph.: Ach! Steht diese Gleichberechtigungsthese, da sie ja für *alle* Religionen gilt, *über* den Glaubensthesen *Ihrer* speziellen Religion?

F. (ängstlich).

Ph.: Dacht' ich's doch.

F.: Was? Nein. Ausdrücklich wohl nicht.

Ph.: Lehrt die Ihre nicht sogar umgekehrt – was übrigens alle anderen Kirchen, das muß man fairerweise zugeben, gleichfalls tun ...

F.: Natürlich!

Ph.: ..., daß allein *sie im Besitz der Wahrheit sei*?

F.: Ja, natürlich! (nach Pause zögernd:) *Womit meine* Religion ja schließlich auch recht hat ...

Ph.: Behaupten alle!

F.: Natürlich! Was zu behaupten alle natürlich auch das Recht haben. Obwohl *recht* natürlich nur *wir* haben.

Ph.: Behaupten ebenfalls alle.

F.: Natürlich!

Ph.: Was Sie nicht alles »natürlich« finden!

F. (versteht nicht).

Ph.: Wenn ich Sie recht verstehe, kämpfen Sie also, obwohl Ihrer Überzeugung nach Wahrheit ausschließlich Ihrer Religion zukommt, ebenso für die Freiheit jener Religionen, deren Credos Sie für falsch oder unsinnig, vielleicht sogar für häretisch halten.

F.: Natürlich!

Ph.: Und die ihrerseits *Ihre* Credos als »falsch« oder »unsinnig« oder sogar als »häretisch« abzutun pflegen.

F.: Aber schließlich doch ebenfalls natürlicherweise.

Ph.: Natürlich! Sind Sie da nicht, abgesehen davon, daß Sie sich selbst widersprechen, etwas *zu bescheiden*?

F.: Kann man *zu bescheiden* sein? (Pause) Warum?

Ph.: Weil Sie, obwohl Sie der begnadete Monopolist, mindestens ein begnadeter Miteigentümer der »einzigen Wahrheit« sind, für sich nicht mehr Rechte und keine größere Anerkennung in Anspruch nehmen, als Sie den Verkündern von Dogmen einräumen, die Sie nicht nur für unwahr und sinnlos halten, sondern eben sogar für häretisch.

F. (Pause. Dann ausprobierend): Meine Religion bekennt sich eben auch zur *Toleranz*.

Ph. (voll Verachtung): *Auch*. (Pause) Sehr ehrenwert!

F.: Und respektiert diese als eine *Tugend*.

Ph.: Auch das noch. Noch ehrenwerter. Und diese Tugend, in deren Augen es offenbar egal ist, ob ein von ihr toleriertes Dogma wahr ist oder falsch oder sinnlos ...

F.: ... direkt sinnlose gibt es wohl nicht. Wenn gewiß auch unrichtige.

Ph.: Danke! – Die Tugend der Toleranz halten Sie mithin für wichtiger als den Einsatz für die Wahrheit?

F. (Pause, deren lange Dauer die Wahrheit der schließlich proklamierten Antwort beweisen soll): Toleranz *ist* die Wahrheit.

Ph.: »Ist« sogar – Und Sie erwarten, daß ich Ihnen einen derart pathetischen ...

F.: Bitte?

Ph.: ... einen derart pathetischen und seichten Tiefsinn abnehme?

F.: Bitte?

Ph.: Und Ihren Glauben: den Ihnen von den anderen Kirchen zugebilligten Glauben, den halten Sie nun deshalb für »frei«, weil Sie, vice versa tolerant, diesen Kirchen »Freiheit des Glaubens« zubilligen?

F.: Solange niemand aufsteht, der mich daran hindert, und solange es niemanden gibt, der mich daran hindern darf, meiner Religion als der »einzig wahren« anzuhängen und diese, wenn natürlich auch nur in unserem eigenen Kreise, als die »einzig wahre« zu verkündigen ...

Ph.: Solange ist diese »frei«?

F.: Natürlich!

Ph. (dem die Geduld reißt): »Natürlich« ist in diesem Zusammenhang überhaupt nichts, mein Lieber! Religionen sind keine Äpfel, die an Bäumen wachsen! Und keine Maikäfer!

F. (befremdet und argwöhnisch nach langer Pause): Was Sie reden! Äpfel! Worauf wollen Sie denn da hinaus mit diesen ... Und Maikäfer!

Ph.: Nach wie vor auf unser Ausgangsproblem. Auf das der sogenannten »Freiheit der Religionen«.

F.: Und warum reden Sie noch immer von dieser *sogenannten*? Sind Sie denn im Ernst gegen Freiheit?

Ph.: Gegen *deren* Freiheit.

F. (lange Pause): Und warum?

Ph.: Vor allem deshalb, weil ich mich schämen würde, das zu tun, was *Sie* tun. Und was Sie nicht nur tun, sondern womit Sie sogar *prahlen*.

F.: Und womit prahle ich?

Ph.: Damit, daß Sie Glaubenssystemen, die Sie für unwahr halten, aus Opportunismus sog. »Freiheit« zubilligen.

F.: Aber was bleibt einem denn anderes übrig?

Ph.: Manchem manches. – Wissen Sie, wie Sie jetzt aussehen?

F.: Na?

Ph.: So, als wenn Sie mir um den Hals fallen würden, wenn auch ich irgendeiner Religion anhinge. Ruhig irgendeiner. Auch irgendeiner falschen. Darauf kommt es Ihnen ja nicht an. Statt gar keiner.

F. (wagt das weder zu bestreiten noch direkt zu bejahen).

Ph.: Kurz und gut, Sie meinen, Religionen seien unter allen Umständen, gleich was sie lehren oder zu glauben verlangen, etwas Bejahenswertes? Und gleich, ob ihre Dogmen wahr sind oder reines Blabla? Und einer unwahren anzuhängen, sei immer noch besser, als keiner anzuhängen? *Aufs Anhängen kommt es an? Nicht auf den Nagel?*

F. (wagt nichts).

Ph.: Fehlt nur noch ein *Gläubige aller Länder, vereinigt Euch!*

F. (Pause): Was vielleicht gar nicht das schlechteste ...

Ph. (abschneidend): Wenn ich einer dieser Religionen anhängen würde, einer von diesen vielen ... und außerhalb Molussiens soll es ja sogar noch hunderte ...

F.: Ich bitt' Sie gar schön!

Ph.: Ist das ein so grundsätzlicher Unterschied, ob es drei sind oder dreihundert? Da es ja *die Pluralität als solche ist, die der Wahrheit widerspricht?* Sind nicht schon drei zwei zuviel?

F. (ängstlich): Das klingt verdammt verlockend.

Ph.: Das glaube ich Ihnen gerne, mein Lieber! Aber es gibt Tausende.

F. (stimmlos): Um Gottes Willen! Wie kommen Sie darauf? Die Ziffer ist ja geradezu ...

Ph.: Was?

F.: ... sakrilegisch!

Ph.: Nicht meine Schuld! – Gleichviel, wenn ich das Pech gehabt hätte, als einer von diesen tausend verschiedene Götter anbetenden Millionen ...

F.: Tausende!

Ph.: Nein, Millionen geboren worden zu sein – mich in diese ... kuriose Situation hineinzuversetzen, fällt mir nicht ganz leicht –, dann würde ich wohl kaum auf den Gedanken verfallen, für das Glaubensrecht und die Glaubensfreiheit derer einzutreten, von denen ich annähme, daß sie im Morast ...

F.: Bitte?

Ph.: ... derer, deren Ansprüche und Dogmen ich für unwahr hielte. Und gewiß wäre ich nicht so genügsam (und gewiß würde ich mit der Genügsamkeit nicht so prahlen, wie Sie es tun), mich für meine »Wahrheiten« mit dem gleichen Respekt abzufinden, der den (schließlich nur angeblichen) Wahrheiten der 999 anderen Religionen zugestanden wird. Und es ginge mir gegen den Strich, wenn ich diesen als Bezahlung für die mir von ihnen gezollte Hochachtung und für die »Freiheit«, die sie meinem Glauben einzuräumen bereit sind, mit gleicher Münze zurückzahlen müßte. Nein, mein Lieber, für ein solches Geschäft auf Gegenseitigkeit wäre ich (wenn ich – wie gesagt: schwer vorzustellen – gläubig wäre wie Sie) einfach *zu stolz*.

F. (langsam und stolz): *Das* ist nun freilich keiner von uns!

Ph.: Was?

F.: Stolz!

Ph.: Reden Sie sich doch keine Schwachheiten ein! Vielmehr seid Ihr durch die Bank ungeheuer stolz und darin auch ungeheuer solidarisch! Und nicht nur auf Eure Wahrheit seid Ihr stolz, sondern auch auf Eure Bescheidenheit und Toleranz und Demut. Während ich, wie gesagt, zu stolz wäre, um in ein solches Gegenseitigkeitsgeschäft einzusteigen und es mitzuspielen.

F. (versteht kein Wort).

Ph.: Aber lassen wir das! Worum es hier geht, ist ja wahrhaftig nicht der Konjunktiv: nicht das, was ich nicht täte, wenn ..., sondern ausschließlich der Indikativ: dasjenige, was Sie tatsächlich *tun*.

F. (unsicher abwartend).

Ph.: Wenn Sie die angebliche »Freiheit« Ihrer Religion so uneinschüchterbar in Anspruch nehmen, wie Sie es tun; diese sogar als verwirklicht darstellen, dann bleiben Sie ja noch immer dazu verpflichtet, die Frage zu beantworten, *wie Sie zu der Religion, der Sie sich so frei und unbehindert zubekennen dürfen, gekommen sind. Ob frei oder unfrei.* Ob Sie Ihre Freiheit durch einen eigenen Akt erworben haben, z. B. durch eine selbständige Einsicht, der Sie sich nicht hatten verschließen können ...

F.: Oder?

Ph.: Stellen Sie sich doch nicht noch dümmer als Sie sind! Oder ob Sie nicht durch eine force majeure, eine Ihnen vielleicht willkommene force majeure, durch ein, wie Ihr das so gerne pompös nennt, »Schicksal« dazu gekommen seid. Z. B. einfach durch Ihre *Geburt? Ob Sie nicht in dasjenige, dessen Freiheit Sie beanspruchen und proklamieren, einfach hineingeschliddert sind?*

F. (durch das Wort gekränkt): »Hineingeschliddert«!

Ph.: Gewiß. Jedenfalls steht das Recht darauf, den Ausdruck »Freiheit des Glaubens« in den Mund zu nehmen und diese »Freiheit« zu vertreten, allein demjenigen zu, der die Frage, ob er durch eine eigene freie Entscheidung zum Angehörigen seines Glaubens geworden ist, bejahen kann. Wer dagegen seinem Glauben ausschließlich deshalb zugehört und wer dessen sogenannte »Freiheit« ausschließlich deshalb postuliert, weil er ihn nicht anders *mitbekommen* hat und nun *hat* und nun sogar *ist* als z. B. seine *Nase* ...

F. (glaubt nicht recht gehört zu haben): Haben Sie »Nase« gesagt?

Ph.: Was haben Sie dagegen? Die haben Sie sich ja auch nicht selber ausgesucht ... dieses »Stück Unfreiheit«.

F. (zieht einen Taschenspiegel und begutachtet sein »Stück Unfreiheit«).

Ph.: Aber trotzdem ist sie nun *Ihre*. Und in gewissem Sinne sind Sie sogar auch *ihrer*. Jedenfalls sind Sie zu dieser *»ontischen Mitgift«* verurteilt.

F. (greift sich prüfend an die Nase): »Ontische Mitgift«?

Ph.: Ja. So wird das später einmal in der Philosophie genannt werden. In ein paar Jahrtausenden.

F.: Woher wissen Sie denn das?

Ph.: Never mind! Soweit sind wir freilich noch nicht. Darum frage ich ganz ohne solchen Vorgriff und ganz unakademisch: *Ist Ihre Nase Ihr Stück?* Beziehungsweise: *Sind Sie deren Stück? Und sind Sie zufrieden mit ihr? Und sind Sie für ihre Freiheit?*

F. (bleibt stumm).

Ph.: Und ist nicht, was Ihrer Nase recht ist, auch Ihrem Glauben billig?

F.: Wie?

Ph.: *Haben* Sie Ihren Glauben auf die gleiche Weise mitbekommen wie Ihre Nase?

F. (weiß es nicht).

Ph. (nun gewissermaßen zuschlagend): *Eben hoffentlich nicht!* Meine Frage steht also noch immer: *Wie ist es dazu gekommen, daß Sie ausgerechnet denjenigen Glauben haben, den Sie nun einmal haben?* Durch welche unwahrscheinlich glückliche Koinzidenz sind Sie zu derjenigen unter den Tausenden von Sekten gestoßen, mit der Sie sich restlos identifizieren können, weil sie für Sie die »wahre« ist? Ausgerechnet zu *der?*

F.: Na hören Sie mal! Ausgerechnet!

Ph.: Jawohl, ausgerechnet! Oder wollen Sie sich oder gar mir weismachen, es handle sich um eine Art von »praestabilisierter Harmonie« zwischen Ihnen und ihr? Wo es ja 999 andere Möglichkeiten gegeben hätte! Oder es sei mehr als Koinzidenz, daß Sie nun gerade diejenige Nase ... daß Sie nun gerade denjenigen Glauben haben, den Sie haben? (Pause) Oder mindestens zu haben glauben?

F. (selbstbewußt): Daß ich dasjenige, was ich glaube, glaube, das ist ein Faktum. Das glaube ich ja nicht nur!

Ph.: Glauben *Sie!* Ich frage Sie also noch einmal – weiß der Himmel, zum wie vielten Male: *Ist Ihre Zugehörigkeit zu Ihrer Religion und Ihre Identifizierung mit dieser von Ihnen ausgegangen?* Ist sie das Ergebnis einer von Ihnen getroffenen Entscheidung? Einer Auswahl aus vielen Möglichkeiten? Eines freien Entschlusses Ihrerseits?

F. (nun wird ihm das endgültig zuviel. Leidenschaftlich aus Borniertheit): Also das ist nun wirklich Freiheitsberaubung!

Ph.: *Ich beraube Sie Ihrer Freiheit?*

F.: Ja, meinen Sie denn wirklich, daß ich meine Religion allein dann »meine« nennen darf ... wenn ich ...? Als wenn ein solches »Wenn«, eine solche Bedingung jemals erforderlich gewesen wäre! Fakten zählen für Sie gar nicht? Daß schon meine Eltern in diese Religion hineingeboren worden waren, zählt für Sie gar nichts?

Und auch deren Eltern schon? Das genügt Ihnen nicht? Wissen Sie, was Sie tun?

Ph.: Da bin ich aber gespannt.

F.: *Meiner Vorfahren berauben sie mich! Die mißgönnen Sie mir!*

Ph.: Ich dachte, wir reden von Freiheit.

F.: Richtig! *Sie mißgönnen mir eine Freiheit. Die Freiheit, dasjenige zu glauben, was meine Vorfahren geglaubt hatten! Weil die das geglaubt hatten! Kurz: Der Freiheit ... zu* erben *berauben Sie mich!*

Ph. (trocken): »Erwirb es, um es zu besitzen!«

F. (versteht das Zitat nicht).

Ph.: Sie mögen glauben, mein Lieber, was Ihnen Spaß macht. Aber ...

F. (gekränkt durch das Wort, zugleich stolz auf sein Gekränktsein): Spaß!

Ph.: Aber wenn Sie deshalb glauben, wenn Ihnen Ihr Glauben deshalb »passiert«, weil das schon Ihren Eltern und Ihren Urahnen »passiert« ist, – was um Gottes Willen hat diese Abhängigkeit denn dann mit »Freiheit« zu tun? Autorisiert Sie dieser Zustand Ihrer Vorfahren dazu, das Wort »Freiheit« (gleich ob als Bezeichnung eines Anrechts oder eines Zustands) auszusprechen? *Ist nicht, was Sie da als »Freiheit« verlangen oder beteuern oder in Schutz nehmen, vielmehr etwas Widersprüchliches, nein, schlimmer als das: etwas ganz Lächerliches? Nämlich Ihr angebliches Recht darauf, die Unfreiheit Ihrer Ahnen zu erben? Und ist nicht auch dieses Erben selbst noch einmal ein Akt der Unfreiheit?*

F. (achselzuckend. Hilflos, aber seine Hilflosigkeit nicht eingestehend): Jetzt wollen Sie mich nur verwirren!

Ph.: Im Gegenteil! Immer nur entwirren! *Verlangen Sie nicht einfach das Recht darauf, die Unfreiheit Ihrer Vorfahren zu erben? Kurz: die »Freiheit«, unfrei bleiben zu dürfen*?

F. (verächtlich): Paradoxe! Nichts als Paradoxe!

Ph.: Gewiß. Nur daß diese nicht von mir herrühren. Und daher haben wir die Klimax der Paradoxie überhaupt noch nicht erwähnt!

F.: Und worin besteht diese?

Ph.: Darin, daß Ihr Recht, sich auf Ihre Vorfahren zu berufen, heute ganz fragwürdig ist.

F.: Und warum das?

Ph.: Deshalb, weil Sie noch *andere Vorfahren* haben. Die Sie entweder selbst unterschlagen oder die man Ihnen gegenüber unterschlagen hat, so daß Sie wirklich nichts von ihnen wissen.

F.: *Ich habe nur einen Ursprung!*

Ph.: Da irren Sie aber ganz gewaltig. – Kurz und gut: Es dürfte Ihnen ja nicht ganz unbekannt sein, daß *die Eltern von vielen der Ahnen, auf die Sie sich berufen, die Bamba-Religion*, in die sie ursprünglich hineingeboren worden waren – wie gesagt: das ist Jahrhunderte her – *bereits über Bord geworfen hatten.* Jawohl, auf Grund eigener Einsicht! Aus freien Stücken! Jawohl, wenn die von Freiheit gesprochen hätten, *die* wären dazu berechtigt gewesen. Da sie sich eben tatsächlich befreit hatten.

F. (beinahe glaubwürdig): Ich weiß leider wirklich nicht, worauf Sie da anspielen.

Ph.: Eine Ignoranz, durch die Sie Ihre Unfreiheit gegenüber Ihrer Vergangenheit zusätzlich beweisen! *Ist es nicht immerhin bemerkenswert*, nein: beschämend, *daß Sie heute, am Ende des Jahrtausends, Ihrer Bamba-Religion nur deshalb anhängen, weil sich vor mehr als vier Jahrhunderten eine Katastrophe ereignet hat? Eine Niederlage?*

F. (verständnislos): Eine Katastrophe? Eine Niederlage? Was für eine denn? Und deshalb sollte *ich* ...

Ph.: *Ja, deshalb! Ja, Sie!* Denn Ihrer Religion hängen Sie heute allein deshalb an, weil vor mehr als ... vierhundert Jahren die Befreiungsrevolution, die ich eben erwähnt habe, *wieder rückgängig gemacht* worden ist. Weil damals die Kinder derer, die ihre Bamba-Religion bereits wiederrufen und sich von dieser bereits befreit hatten ...

F.: Wer? Was für Kinder?

Ph.: Großväter der Großväter Ihrer Großväter. Die eben auch einmal Kinder gewesen sind. Die *Kinder derer, die sich befreit hatten.* Und Sie, mein Lieber, hängen deshalb der Bamba-Religion an und haben deshalb den Mut, von der Freiheit Ihrer Religionszugehörigkeit daherzureden, weil die Kinder derer, die sich bereits befreit hatten, gewaltsam wieder zurückgezwungen worden sind; dazu gezwungen, der Widerrufung, die deren Eltern gewagt hatten, wieder abzuschwören, diese zu widerrufen, also die von ihren Eltern bereits verworfenen und über Bord geworfenen Dogmen eigenhändig wieder aufzufrischen und von neuem herunterzuwürgen ... Jawohl: zu würgen. Wenn auch Euch Heutigen diese Speise wieder altvertraut und deshalb auch süß und deshalb sogar auch wieder respektabel und wahr und sogar heilig vorkommt.

F.: Wenn ich nur wüßte, was *ich* damit ...

Ph.: Sie? Sie sind eben einer der Ururenkel dieser Kinder und haben als ein solcher das Wiederaufgezwungene *geerbt*. Und *da der geerbte Zwang dadurch, daß er ein »Erbstück ist, wie ein Stück Eigentum wirkt, insistieren Sie auf dem Recht, ihn zu besitzen.*

F. (unglaubwürdig): ... *auf dem Recht, den Zwang zu be* ...?

Ph.: Richtig. Und daß der Schritt vom Worte »Recht« zum Worte »Freiheit« ein ganz kurzer Schritt ist, das wissen Sie ja allein. Kurz: Sie verteidigen heute das Recht darauf, die Ihren Vorfahren mit Waffengewalt oder durch Erpressung aufgezwungene Unfreiheit zu übernehmen. Und dieses angebliche Recht verfälschen Sie in einen Anspruch auf die »Freiheit des Glaubens«. Nicht nur moralisch indiskutabel: nämlich würdelos, scheint mir solche Verfälschung; sie ist mir, offen gesagt, psychologisch absolut unnachvollziehbar.

F.: Was? Was können Sie nicht nachvollziehen?

Ph.: Den Gedanken, daß es *Menschen gibt, die mit-glauben können*. Hören Sie, denn »tua res agitur«: *mit-glauben*. Sogar einen ihnen aufgezwungenen Glauben.

F.: Das verstehe ich nicht recht. Was stört Sie denn an diesem Worte? Das es übrigens gar nicht gibt. Das Sie wahrscheinlich eben geprägt haben.

Ph.: »Geprägt«! Nehmen Sie den Mund nicht so voll!

F.: Jedenfalls bezweifle ich, daß es viele Menschen gegeben hat, außer Geisteskranken vielleicht, die als Einzelne und als Einzige einen Glauben gehabt haben.

Ph.: Sie meinen: die selbständig einen Glauben haben, die nennt Ihr eben »geisteskrank«.

F.: ... *ich bezweifle sogar, daß es überhaupt »Glauben« gebe, der nicht »Mit-glauben« wäre.*

Ph.: Gratuliere!

F.: Und Sie behaupteten, daß Sie Menschen, die »mitglauben können«, nicht verstünden. Warum »können«? Warum soll denn Mitglauben ein »können« sein?

Ph. (an F. vorbeiredend): Und nicht nachvollziehen kann ich den Gedanken, daß es sogar Menschen gebe, die es sich einreden können, ihr nur Mit-Geglaubtes sei auf ihrem eigenen Mist gewachsen.

F.: Aber das glauben die ja gar nicht! Umgekehrt würden die ja jedem Glauben mißtrauen, von dem sie annähmen, er sei auf ihrem eigenen Mist, *nur* auf ihrem eigenen Mist gewachsen. Wenn sie etwas wirklich, also ohne Hemmung, glauben, dann deshalb, weil sie die Gewißheit haben, daß sie es nicht von sich aus tun. Sich selbst trauen sie ja nicht, trauen sich nichts zu. Und das mit Recht. *Wenn Sie wirklich glauben, dann also gerade deshalb, weil sie »mit-glauben«.* Ohne »Nur«.

Ph. (an ihm vorbeiredend): Und nicht nachvollziehen kann ich diejenigen, die ihre Illusion, ihr »Mitgeglaubtes« sei wirklich Geglaubtes, sogar leidenschaftlich verteidigen!

F. (triumphierend, mit dem Hochmut des Inferioren): Offen gesagt: *Dasjenige, was ich glaube, was ich*, wie Sie's nennen, *nur* »*mit-glaube*« (warum um Gottes Willen »nur«?), das (glauben Sie mir!) *könnte ich gar nicht nicht-glauben!*

Ph. (der den letzten Satz gehört hat, aufgebend): *Das ist, fürchte ich, die Definition des Glaubens.* Aber das ist durchaus nicht der einzige Grund, aus dem ich Ihnen Ihren »Kampf für die Freiheit Ihrer Religion« nicht abnehmen kann.

F.: Und was kommt noch dazu?

Ph.: Die gewiß nicht zufällige Tatsache, daß das Wort »Religion« das Gegenteil von »Freiheit« bedeutet: nämlich *»Bindung«!*

F. (voreilig enthusiastisch): Richtig! Sogar »Rückbindung«!

Ph.: Hold your horses!

F.: Doch, doch! Rückbindung an Bamba, dem man sein Dasein zwar verdankte, von dem man sich aber durch einen »Fall« oder »Abfall« entfremdet hatte!

Ph.: Bedaure! Diese etymologische Ableitung kommt zwar Euren bambistischen Theologen zupaß, ist aber historisch dilettantisch. Denn der Gedanke, daß wir zu den Göttern, nachdem wir diesen durch einen Fall oder Abfall untreu geworden, zurückkehren und uns wieder an sie binden, »zurückbinden«, religare, sollten – dieser Gedanke hätte den Römern, die das Wort »religio« ja schließlich geprägt hatten, gar nicht kommen können. Ich glaube sogar kaum, daß sie das Verbum »religare« überhaupt verwendet haben.

F.: Ach!

Ph.: Ja, zur Enttäuschung haben Sie wahrhaftig allen Anlaß! Denn daß das Wort »religio« stets das Gegenteil von Freiheit angezeigt hat, nämlich *die skrupelhafteste Pflichterfüllung* (so noch im heutigen Englisch »to do one's duty religiously«), das steht nun freilich fest. Und was unter diesen Umständen Ihre Rede von der »Freiheit der Religionen« bedeuten könnte, das bleibt mir schleierhaft. Etwa die Erlaubnis, dem speziellen Regelsystem, in das man hineingeboren wurde, aufs skrupelhafteste gehorsam zu sein? *Die Freiheit*, nach eigenem (allerdings nicht frei gewähltem) Gusto *unfrei sein zu dürfen?*

F. (spricht fassungslos die letzten Wörter nach): »unfrei ... sein ... zu ... dürfen?«

Ph.: That's it!

JENS VON BANDEMER

Was ist Glaube und was heißt glauben?

Glaube ist für mich die persönliche, durch unsere Wünsche und Ängste, unsere Charakteranlagen und Lebensumstände, aber auch unsere Denkgewohnheiten und Vorstellungen »gefärbte« Ahnung der Wahrheit. Im Glauben bemühe ich mich um eine Antwort auf die Frage nach Gott und dem Sinn unseres Daseins. Es geht mir nicht um Weltanschauung, um theologisches, philosophisches oder esoterisches »Wissen«. Was mir nicht im Inneren Geborgenheit, Gelassenheit und Kraft und im Äußeren Orientierung für mein Verhalten gibt, ist nach meinem Empfinden nicht Glaube.

Lange Zeit in meinem Leben habe ich für wahr gehalten, was ich im Religions- und Konfirmandenunterricht gelernt hatte. Wirklich wichtig war dieses »Wissen« für mich nicht. Beruf, Familie und Sport waren wichtiger. Dann, im Gefolge beruflicher Kämpfe, begann ich nach dem Sinn meines Lebens zu suchen. Ich bemerkte, daß mein Glaube tot war, daß er mich nicht trug.

Bei meiner Suche habe ich die Erfahrung gemacht, daß der Glaube erst lebendig wird, wenn ich mich bemühe, danach zu leben. Erst dann »tut« sich etwas im Inneren, aber auch im Äußeren. Seitdem ich mich bemühe, mein Verhalten zu beobachten, nach meinen Motiven, Wünschen und Ängsten zu suchen und an mir zu arbeiten, erfahre ich immer wieder, daß ich im Inneren und im Äußeren geführt werde. Glauben heißt für mich: der inneren Führung trauen und danach leben. Glaube als Erleben innerer Kraft erwächst nach meiner persönlichen Erfahrung aus dem Bemühen um rechtes Tun.

Wer glaubt, wird sich mit der Tatsache auseinandersetzen müssen, daß andere Menschen einen anderen Glauben haben. Nach meiner Beobachtung besteht ein enger Zusammenhang zwischen dem, was wir im Leben wollen und unserem Glauben, wobei ich auch hier nicht den »erlernten« Glauben, sondern den er-lebten, persönlichen Glauben meine. Die Geschichte der Religionen und Kirchen zeigt, wie sinnlos es ist, über den Glauben zu diskutieren oder gar um den »rechten« Glauben zu streiten. Es wäre besser, uns über unsere Wünsche, Lebensziele und Ängste klar zu werden. Ich glaube, daß es nur eine Wahrheit und einen Weg zur Wahrheit gibt. Je nach unseren Bewußtseinszuständen und Mentalitäten haben wir jedoch eine andere Ahnung von der Wahrheit, und auch den Weg erlebt jeder anders, entsprechend seinen Charakteranlagen und seinem Schicksal. Solange wir glauben, sind wir noch nicht in der Wahrheit, und auf dem Weg kommen wir nur voran, wenn wir Toleranz und Demut üben.

Aus eigener Erfahrung weiß ich, wie wichtig es ist, den Weg selbst zu suchen und zu gehen. Erst wenn wir frei geworden sind vom Zwang, uns anzupassen und frei von den Erwartungen anderer, können wir wahrnehmen, ob und was wir glauben. Einen Glauben als den rechten oder gar »die Wahrheit« zu lehren, verletzt nach meinem Empfinden das Gebot der Toleranz. Wir können nur den Suchenden helfen und im übrigen uns bemühen, durch unser Verhalten ein ermutigendes Beispiel zu geben.

Als Glaubende haben wir auch mit Zweifeln zu kämpfen. Wir können Zweifel verdrängen oder überwinden. Verdrängen wir, so werden wir die Ruhe und Gelassenheit nicht finden, die wir suchen. Ich sehe Intoleranz, Fanatismus und den Drang, andere bekehren zu wollen, als Äußerungen verdrängter Zweifel, die der intellektualisierte Ausdruck von Unsicherheit und Angst sind. Angst ihrerseits entspringt der Eigenliebe und kann durch selbstlose Liebe überwunden werden.

Ich glaube, daß Gott Liebe ist

Ich empfinde es als Wahrheit, daß Gott die allmächtige, allwissende, ewige und absolute Liebe ist, die ihrer Schöpfung dient und gibt. Die Liebe ist Ursprung, Urgrund und Gesetz allen Seins und Werdens. Sie ist die Urkraft, die in allen Kräften wirksam ist. Die Liebe läßt unsere Herzen schlagen und beatmet uns. Sie ist das Leben, das sich in allen Formen, im Menschen, im Tier, in der Pflanze, ja auch im scheinbar unbelebten Stein manifestiert.

Gott ist für mich auch »Person«. Ich empfinde Ihn als Vater und

Mutter – unser aller Vater und Mutter. Ich glaube, daß der Schöpfer sich zur Freude seiner Kinder selbst auch eine Form gegeben hat – unsere Liebe triff sich im schönsten und strahlendsten Wesen, das wir anbeten und dem wir danken können.

Mein Glaube scheint auf den ersten Blick in der unserem Bewußtsein zugänglichen Realität nur wenig Bestätigung, aber vielfachen Widerspruch zu finden. Seitdem ich mich bemühe, nach meinem Glauben zu leben, finde ich jedoch Erklärungen für die Widersprüche und erlebe im Inneren das Entstehen einer neuen Realität.

»Mein« Himmel ist kein weltfremdes inneres Refugium, in dem ich vor den Härten des irdischen Daseins Zuflucht suche. Ich erfahre die Realität Gottes bei der Bewältigung des Alltags. Wenn ich Schwierigkeiten dankbar annehme und meine Sorgen vertrauensvoll in Seine Hände lege, erlebe ich immer wieder, wie es Lösungen gibt und die Sorgen ihre bedrückende Macht verlieren. Ich glaube, daß Gott als Lebenskraft, Energie und Weisheit in jedem von uns ist. Wenn wir seine Realität glaubend bejahen und danach leben, wird uns das Leben, die Natur und die Erde dienen.

Wer sind wir?

Wenn ich von der Realität der Liebe ausgehe, finde ich auch Antworten auf die Grundfragen unserer Existenz. Im Folgenden will ich versuchen, meine Antworten auf diese Fragen zu geben.

Die Frage, die uns nächst der Gottesfrage wohl am meisten beschäftigt, lautet: Wer bin ich? Wir erleben die Suche nach unserer Identität meist als Wunsch, »wer« zu sein. Wir sind alle, so glaube ich, Ebenbilder Gottes – anders kann ich die Geschöpfe der Liebe nicht empfinden. Gott ist vollkommen, absolut und ewig – so sind auch wir. Nun erleben wir uns allerdings als unvollkommen und sind uns unserer Vergänglichkeit angstvoll bewußt – wie erklärt sich dieser Widerspruch?

Ich glaube, daß unser Bewußtsein, sterblicher, unvollkommener Mensch zu sein, nicht unser eigentliches Bewußtsein ist. Ich nenne das menschliche Bewußtsein das Körperbewußtsein und unser eigentliches Bewußtsein als Ebenbild Gottes das Geistbewußtsein. So gesehen ist unser Körperbewußtsein wie ein Traum, und unser Geistbewußtsein ist die eigentliche Realität.

Wie konnte es zu dieser Bewußtseinsveränderung kommen? Da Gott, die vollkommene Liebe, sie nach meinem Empfinden nicht gewollt und bewirkt haben kann, bleibt als Erklärung nur übrig, daß wir die Bewußtseinsverengung selbst verursacht haben. Gott hat uns, so glaube ich, zur Vollkommenheit den freien Willen geschenkt. Es ist für mich ein Akt der Liebe, daß der Schöpfer Seinen Geschöpfen die Möglichkeit gab, sich auch gegen Ihn zu entscheiden. Daß wir es taten, muß kein Widerspruch zur Vollkommenheit sei. Ich glaube, daß unsere Trennung von Gott mit all ihren Folgen zum Schöpfungsgeschehen gehört, wie die Gärung zum Werden des Weines. Ich empfinde die Schöpfung nicht als einen abgeschlossenen Vorgang, sondern als Evolution. Vielleicht dürfen wir noch lernen, unsere Freiheit und unsere Möglichkeiten in rechter Weise zu gebrauchen?

Ich glaube, daß wir mit den Gedanken und Absichten, die uns von Gott trennten und noch trennen, ein verzerrtes Abbild der Wirklichkeit in unser eingeschränktes Bewußtsein projezieren. Wir erfahren die Welt und unsere Möglichkeiten als begrenzt. Die Schöpfung Gottes kann jedoch nur vollkommen und also auch ewig und unbegrenzt sein. Wir erleben uns als Ich, das seine Umgebung als Nicht-Ich empfindet, während in unserer geistigen Heimat die Einheit allen Seins Wirklichkeit ist.

Der Sinn unseres Daseins

Aus dem Glauben, daß wir Ebenbilder Gottes sind, ergibt sich für mich eine klare Antwort auf die Frage nach dem Sinn unseres Daseins. Als Menschen im Körperbewußtsein verwirklichen wir nicht oder nur unvollkommen unsere wahre Natur, die Liebe ist. Wir empfinden diese Situation mehr oder weniger bewußt als Angst um unsere Identität. Die »Ur-Angst« und »Ur-Sehnsucht« sind Ausdruck des Bewußtseins, daß irgend etwas mit uns nicht stimmt. Im Körperbewußtsein versuchen wir vergeblich, mit dem

Streben nach dauerhaftem Glück, nach Erfolg, Bestätigung und Individualität die Fragen zu beantworten: bin ich? und wer bin ich?

Solange wir im Körperbewußtsein denken, streben und fühlen, werden wir keine dauerhafte Antwort auf diese Frage finden, denn als Menschen werden wir immer vom »Schicksal« in Frage gestellt. Angst, Vergänglichkeit und fortwährendes Suchen kennzeichnen unser Leben im Körperbewußtsein.

Ich sehe den Sinn unseres Daseins auf Erden darin, das menschliche Ich zu überwinden, um zu unserem wahren Bewußtsein zu erwachen. Ich glaube, wir finden zu unserem Geistbewußtsein, indem wir uns konsequent, geduldig und demütig bemühen, uns wie das Ebenbild Gottes zu verhalten. Wir sind nicht Sklaven unserer menschlichen Natur. Mit selbstlos liebenden Gedanken, Worten und Handlungen aktivieren wir in uns liegende Kräfte, die den Menschen und die Welt überwinden. »Selbstlos« heißt dabei für mich: der Schöpfung und ihrer Entwicklung dienend.

Was ist Schicksal?

Wir erleben das Sein nicht nur als Aufgabe, sondern auch als Schicksal und fragen uns, welchen Sinn dieses Schicksal hat, das vielen Menschen als willkürlich, zufällig und ungerecht erscheint. Für mich ist die einzige Erklärung des Schicksals, die sich mit der Liebe vereinbaren läßt, die, daß wir selbst seine Verursacher und Gestalter sind.

Das Geschenk des freien Willens, das wir vom Schöpfer erhielten, bekommt für mich erst durch die Verantwortung seinen vollen Wert. Ich empfinde es als Gnade, daß ich für die Konsequenzen meines Tuns selbst einstehen und meine Verantwortung auf mich nehmen darf. Ich sehe mein Schicksal als Folge meines eigenen Verhaltens. Der Gedanke, daß ich mit dem Durchleiden dieser Folgen die Gedanken, Worte und Handlungen, die mich von Gott getrennt haben, auslöschen kann, gibt mir Kraft, die Widrigkeiten des Daseins dankbar anzunehmen.

Das Prinzip der Verantwortung hat nach meinem Empfinden

zur Konsequenz, daß wir mehr als einmal auf der Erde leben. Nur so kann ich mir die scheinbaren Ungerechtigkeiten erklären, die wir in vielen Menschenschicksalen beobachten. Ich sehe den Sinn des Daseins auch darin, die Kette der Wiedergeburten zu durchbrechen, indem wir keine neue Ursachen schaffen, die wir in einem weiteren körperlichen Leben beseitigen müßten.

Ich glaube auch, daß wir an den Körper gebunden bleiben, solange unser Sinnen und Trachten darauf gerichtet ist, das Dasein mit den körperlichen Sinnen zu genießen. Was mir an Annehmlichkeiten geschenkt wird, nehme ich mit Freude und Dankbarkeit an, aber ich bemühe mich vor allem um die innere Freiheit.

Ich glaube, daß unser Dasein auf Erde ein Ringen um Freiheit ist. Wer sich anschickt, im täglichen Leben Liebe zu verwirklichen, erkennt in den Schwierigkeiten, die er dabei zu bewältigen hat, woran er gebunden ist. Nur was wir aus selbstloser Liebe tun, tun wir in wirklicher Freiheit.

Was ist Liebe?

Wir können im Körperbewußtsein Liebe nur unvollkommen empfinden, da wir mit den »Objekten« unserer Liebe nicht eins sind. Liebe ist für mich Leben im Bewußtsein der Einheit. Alles, was die Trennung in Ich und Du, in Ich und die Natur aufhebt, ist Liebe. Ich glaube, daß Liebe in letzter Konsequenz bedeutet, das Ich-Bewußtsein ganz zu verlassen. Wenn wir den Mut haben, das im täglichen Leben zu praktizieren, werden wir erfahren, daß die Fülle des Seins in uns ist, aus der wir uns mit unseren Wünschen nach und unseren Ängsten um unsere kleine Individualität zurückgezogen hatten.

Was es heißt, Liebe zu verwirklichen, hat uns Jesus Christus gelehrt und vorgelebt. Ich sehe in der Bergpredigt die Beschreibung des Weges zu Gott. Wir sind der Bergpredigt ausgewichen, seit es sie gibt. Wir haben versucht, uns hinter Glaubenslehren, Dogmen, Sakramenten und Zeremonien zu verstecken. Die Situation der Menschheit zeigt mir, daß wir die falschen Wege gewählt haben.

Es ist gegen die Bergpredigt immer wieder eingewendet worden, daß wir zu schwach sind oder unsere menschliche Natur zu stark, um sie zu verwirklichen. Ich glaube jedoch, daß sie uns nicht als utopische und ideale Lebensweise, sondern als praktizierbare Verhaltenslehre gegeben wurde. Jesus sagte selbst, man müsse seine Lehre tun. Ich glaube auch, daß Er durch Sein Tun den Weg für uns bereitet hat. Wenn wir uns bemühen, Jesus nachzufolgen, werden wir die Hilfe Christi erfahren. Wir können den Weg nicht allein aus eigener Kraft gehen. Der Pfad der Liebe erfordert vor allem Demut.

Aus eigener Erfahrung weiß ich, wie schwer es ist, sich auf die Bergpredigt einzulassen, aber ich weiß auch, daß es möglich ist – wir müssen nur beginnen. Wenn wir den ersten Schritt tun, werden wir erleben, daß uns Kraft, Mut und Weisheit für den nächsten geschenkt werden. Bevor wir unsere Feinde lieben können, müssen wir lernen, unsere Freunde zu lieben und unsere Feinde nicht mehr zu hassen. Bevor wir die andere Backe darbieten können, wenn wir auf die rechte geschlagen werden, können wir üben, nicht zurückzuschlagen.

Gehen wir im Daseinskampf unter, wenn wir gewaltlos leben, unsere Feinde lieben und konsequente Wahrhaftigkeit praktizieren? Ich glaube, daß uns die Kräfte der Liebe dienen, wenn wir frei geworden sind von der Sorge um unseren Körper und unsere Seele. Ich erlebe im Alltag immer wieder die Wahrheit der Lehre Jesu, der sinngemäß sagte: Trachtet ihr zuerst nach dem Reich Gottes, so wird euch alles gegeben, was ihr braucht. Es erscheint mir auch logisch, daß die Kräfte der Schöpfung uns dienen, wenn wir ihre Diener geworden sind.

Unsere Zukunft

Ich glaube trotz aller Bedrohungen, denen wir uns in zunehmendem Maße ausgesetzt sehen, an die Zukunft des Menschen auf der Erde.

Ich bin aber auch sicher, daß wir den nächsten Schritt in unserer Entwicklung nur tun können, wenn wir den Irrweg des Materialismus' verlassen, jenes Bewußtseinszustandes, in dem wir meinen, nur das sei Wirklichkeit, was wir mit unseren Sinnen und unserem Verstand erfassen können. Wir müssen die Realität der geistig-seelischen Kräfte erkennen, die in uns bereitliegen, uns bei der Lösung aller Probleme zu dienen. Solange wir uns aber nur darum bemühen, unser Dasein auf der Erde, die doch gar nicht unsere Heimat ist, so angenehm wie möglich zu gestalten, ohne an die Nachbarn und die nachfolgenden Generationen zu denken, werden wir auch weiterhin mit der Lösung eines Problems mehrere neue schaffen.

Ich glaube, es geht nicht darum, das Paradies auf Erden zu verwirklichen, sondern darum, daß die Erde ein Ort wird, an dem wir in Freiheit und Frieden einander helfen können, in unsere eigentliche Heimat zurückzukehren.

Wir können nicht hoffen, daß dies von selbst geschieht oder daß andere damit beginnen. Jeder von uns hat die Möglichkeit und die Verantwortung, in seinem Lebensrahmen den ersten Schritt auf dem Pfad der Liebe zu tun. Ich glaube, daß niemand für sich allein lebt. Niemand kann angesichts der zunehmenden globalen Probleme achselzuckend sagen: Was kann ich schon tun! Alles, was wir denken, sagen und tun, pflanzt sich fort als positive, die Entwicklung der Menschheit fördernde oder negative, sie hemmende Schwingung in dem uns alle verbindenden, allgegenwärtigen Leben. Ich glaube, daß einige wenige mutige Menschen, die aus Einsicht und Liebe entschlossen sind, sich selbst zu verleugnen und ihr kleines Ich zu opfern, geistig-seelische Kräfte aktivieren können, die die Welt verändern.

Unsere Zukunft liegt in der Umkehrung unseres bisherigen Denkens: nicht die Welt um uns verbessern, sondern in uns überwinden, nicht nehmen, sondern geben, nicht herrschen, sondern dienen, nicht nach dem eigenen Nutzen streben, sondern nach dem des Nächsten, nicht andere kritisieren, verurteilen und richten, sondern sich selbst erkennen und überwinden.

Ich glaube an ein Reich des Friedens und der Liebe, das auf der Erde entsteht. Die Geschichte der Menschheit mit ihren Kriegen, Morden, Kämpfen und Leiden beweist nicht, daß ich an eine Utopie glaube, sondern, daß sich bisher nicht genügend Menschen konsequent und ausdauernd bemüht haben, nach den Gesetzen der Liebe zu leben. Jetzt, da wir mit der Wahrscheinlichkeit des Untergangs unserer materialistischen Zivilisation konfrontiert sind, ist die Zeit gekommen, uns auf unsere eigentliche Natur zu besinnen und einen grundsätzlich anderen Weg einzuschlagen. Wir werden zu dem Bewußtsein erwachen, daß wir Liebe sind:

amo ergo sum.

SCHALOM BEN-CHORIN

Die Hand hinter der Welt

Ich glaube an den Menschen, an den Menschen als Ebenbild Gottes. In der Begegnung mit Menschen *kann* Gott zu uns sprechen, wie wir aus der Dialogik Martin Bubers gelernt haben.

Auch aus der Natur kann Gott zu uns sprechen, aber nicht antworten. Über unseren größten Schmerz mag sich ein strahlend blauer Himmel wölben, über unserer höchsten Lust können sich dunkle Wolken ballen. Die Natur bezeugt zwar den Schöpfer, aber nicht den antwortenden Gott.

Ich habe keinen Gottesbeweis. Ich kann die Existenz Gottes nicht beweisen, aber ich könnte ohne IHN nicht existieren: so werde ich mir selbst zum »Gottesbeweis«

Ich glaube an die Hand hinter der Welt, die mir immer wieder durch Koinzidente bewußt wird, mir zeigt, daß ich geführt werde:

Erkenne die Hand hinter der Welt,
Die dich führt, die dich hält.
Erkenne die kleinen Dinge,
Des Lebensbaums Jahresringe.

Immer führt dich die Hand
In unbekanntes Land.

Bist du auch ganz allein,
Läßt dich die Hand nicht frei.
Mag es auch dunkel sein,
Die Hand, die Hand bleibt dabei.

Ich glaube an die Losung meines Volkes: »Höre Israel, der HERR unser Gott, der HERR ist Einer (Deut 6,4).

Mit diesem Bekenntnis soll der Jude aus der Welt scheiden, denn es enthält die Essenz der Erkenntnis der Jahrtausende Israels, und die kann nicht mehr weiter hinterfragt werden.

Ich glaube an die Erwählung Israels, aber nicht im Sinne einer ethischen oder gar »rassischen« Überlegenheit dieses Volkes – »Nicht hat euch der HERR angenommen und euch erwählt, darum daß euer mehr wären als alle Völker, denn ihr seid *das Geringste* (Ex 32,9) unter allen Völkern –, sondern darum, daß ER euch geliebt hat und daß ER seinen Eid hielt, den ER euren Vätern geschworen hat!« (Deut 7, 7–8).

Noch deutlicher sagt es der älteste der Schriftpropheten, Amos (3,2): »Aus allen Geschlechtern auf Erden habe ich allein euch erkannt, darum will ich auch an euch heimsuchen alle eure Sünden.« Derselbe Prophet Amos (9,7) warnt Israel vor jedem Hochmut: »Seid ihr mir denn besser als die Mohren, ihr Kinder Israels, spricht der HERR, habe ich nicht Israel aus Ägypten geführt und die Philister aus Kaphtor, und die Aramäer aus Kir?«

Worin besteht dann die Erwählung Israels? Darin, daß es das mündigste der Völker ist. Bei seinen Verfehlungen kann es nicht sagen, was alle anderen Völker bis heute so gerne bekennen: »Wir haben es nicht gewußt.« Uns ist gesagt: »Du sollst«, und »Du sollst nicht«, uns ist der Wille Gottes in seinem Gesetz offenbart, und daher stehen wir voll in der Verantwortung vor ihm.

Erwählung ist ein schweres Schicksal. Israel bleibt eine Schicksalsgemeinschaft, aus der man nicht ausscheren kann.

Der Dichter Richard Beer-Hofmann, Freund und Mentor Hofmannsthals, hat es in seinem Drama »Jaákobs Traum«, in welchem Gott zu Jaákob spricht, so ausgedrückt:

Ich will mich dir, mein Sohn,
Ja nur so tief verschulden,
Daß ich erhöhen dich
Vor allen darf ...

Die Geschichte zeigt uns, daß die Erwählung Israels eine Erwählung zum leidenden Gottesknecht war und, sich steigernd, bis in die Unheilsjahre des Holocaust hinein blieb.

Aber die Erwählung Israels zeigt sich auch, und nicht zuletzt, darin, daß dieses Volk bei der Begegnung mit dem Ewigen, am Berge Sinai, gleichsam mit Ewigkeit imprägniert wurde.

Mächtige Reiche und Völker, von Ägypten über Babylon bis

Rom und das Dritte Reich, sind versunken, aber das machtlose, kleine Israel dauert durch die Zeit, und erhebt sich immer wieder zu neuer Gestalt. Das will bedacht sein.

Ich glaube an das Reich Gottes als das Ziel der Geschichte, das Reich des Friedens, der Gerechtigkeit und der Liebe. Ohne diese Hoffnung müßten wir verzweifeln, denn es ist kein Fortschritt zu sehen, der unmittelbar aus der Nacht zum Licht führen würde. Es ist das ganz Andere, das Geschichtswunder, der Einbruch der Transzendenz in die Immanenz: Reich Gottes für diese Erde.

Nicht ein jenseitiges Himmelreich frommer Illusionen ist damit gemeint, sondern der Glaube an eine neue Schöpfung, die die erste vollendet.

Dieser messianische Optimismus hat das jüdische Volk am Leben erhalten und klingt noch in der Nationalhymne des Staates Israel an, die »Hatikwa« (Die Hoffnung) genannt wird: »Noch ist unsere Hoffnung nicht geschwunden ...«

Solches klingt zusammen mit dem Bekenntnis des Apostels Paulus: »Nun aber bleibt Glaube, Hoffnung, Liebe, diese drei; aber die Liebe ist die größte unter ihnen« (1 Kor 13,13). Diese drei bedingen einander: der Glaube ist der élan vitale der Hoffnung, und aus ihr erblüht die Liebe. Es wird uns oft so schwer, das Gegenwärtige zu lieben, und nur in der Hoffnung auf Wandlung kann der Funke der Liebe nicht erlöschen.

Ich glaube, daß es viele Tore zu Gott hin gibt, wie es der Raschba (Salomo Ben Abraham Adereth, Barcelona 1235–1310) lehrt. Im selben Sinne sagt Jesus: »In meines Vaters Hause sind viele Wohnungen« (Joh 14,2).

Ich glaube nicht an eine allein seligmachende Kirche oder Synagoge; ich glaube vielmehr, daß sich jedem Menschen sein Weg zu Gott öffnen kann. Ich meine aber, daß Konversionen immer bedenklich bleiben, wenn der Mensch nicht versucht hat, seinen Weg zu Gott, innerhalb der ihm überkommenen Glaubensweise, ernsthaft zu suchen.

Dabei soll man sich der Relativität aller institutionalisierten Religion immer bewußt bleiben.

Martin Buber sagte mir einmal im Gespräch: »Die Religionen sind Exile des Glaubens, aber es ist Gott selbst, der uns in diese

Exile einweist.« Das schließt freilich nicht aus, daß es seltene Fälle gibt, in welchen Menschen aus der ihnen überkommenen Form des Glaubens in eine andere geführt werden. Wo dieses Bewußtsein sich zum unabdingbaren Befehl steigert, haben wir kein Recht zum Einspruch, aber es darf gefordert werden, daß sich der so Angeredete erst gründlich mit den Möglichkeiten innerhalb seines ihm zugewiesenen Wahrheitsteilhabens vertraut macht.

Ein Beispiel dafür ist Franz Rosenzweig (1866–1929), der assimilierte deutsche Jude, der am Rande des Taufbeckens stand, aber beschloß, nur als wissender Jude den Schritt aus dem Judentum ins Christentum zu wagen. So begann er sein Judentum zu lernen und wurde einer der großen Lehrer im Judentum, der bekannte: »Ich bleibe Jude.«

Das Verbleiben in der angestammten Glaubensweise darf aber nicht zur Negation anderer Formen des Glaubens führen. Wir müssen uns immer bewußt machen, daß in keiner Religion die ganze Wahrheit enthalten ist. So wie wir das Licht in der Berechnung der Farben erkennen, so auch das Wesen Gottes nur in den Brechungen der Religionen. Wer meint, im alleinigen Besitz der Wahrheit zu sein, macht sich der Sünde der Hybris schuldig.

Wie aber steht es nun um die Menschen, denen der Glaube versagt bleibt, Atheisten und Agnostiker aller Spielarten? Der Gläubige muß ihnen gegenüber die Tugend der Geduld wahren, darf sich nicht besser dünken und muß den tiefen Grund ihrer Negation zu verstehen und zu verarbeiten suchen, im Sinne einer gleichwertigen Position.

Nur die Indifferenz hat keinen Anspruch auf Ehrerbietung. Wer um Erkenntnis ringt, gehört in den Kreis derer, die sich menschlicher Existenz bewußt sind.

Der Vater Jakob hat mit Gott gerungen und – hinkend – obsiegt. Viele haben bei diesem Ringen zwar, wie Jakob, zu hinken begonnen, ohne zu siegen.

Der Sieg liegt nicht bei uns, aber das Ringen ist uns aufgetragen, wie es in einem Spruch des Rabbi Chanina heißt: »Alles ist in die Hand des Himmels (Gottes) gegeben, nur nicht die Gottesfurcht« (b. Berachoth 33 b).

Darum müssen wir uns selbst bemühen, um die Gottesfurcht, und, was noch viel schwerer ist, um die Liebe zu Gott.

Goethes Wort aus dem Schluß seines »Faust« hat für mich Gültigkeit:

Wer immer strebend sich bemüht,
Den können wir erlösen ...

Auf diese Bemühungen kommt es an, wohin immer sie führen mag. Ich glaube an den Menschen, an das Ewige im Menschen, an eine uns sicher nicht klar definierbare Form der Unsterblichkeit.

Die Sehnsucht nach Unsterblichkeit ist der menschlichen Seele eingegeben, gehört zu den Urtrieben.

Die Erfahrung lehrt uns, daß wir nicht nach der baren Unmöglichkeit Sehnsucht tragen. Es gibt kein Herz, das sich nach dem Perpetuum mobile sehnen würde, aber nach Liebe sehnt es sich und kann sie finden.

Wir hungern, und es gibt Speise. Wir dürsten, und es gibt Trank. Wir sehnen uns nach Liebe und können den Partner finden. Sollte das nicht ein Hinweis darauf sein, daß auch die Sehnsucht nach Unsterblichkeit gestillt wird, wie es Goethe ausdrückt:

Du hast Unsterblichkeit im Sinn;
Kannst du uns deine Gründe nennen?
Gar wohl! Der Hauptgrund liegt darin,
Daß wir sie nicht entbehren können.

Damit ist nichts über die Form der Unsterblichkeit ausgesagt. Es bieten sich, im Judentum, drei Auffassungen dar: ein transzendentes Fortleben nach dem Tode, aber auch die mystische Vorstellung der Reinkarnation, und endlich die Lehre von der Auferstehung der Toten.

Ich lasse, bewußt, diese Möglichkeiten offen, in der Erkenntnis, daß hier die Sehnsucht spricht, die von keiner Definition umfaßt werden kann, es sei denn von jenem Grundgedanken, den ich abermals in einem Zweizeiler Goethes finde:

Kein Wesen kann in Nichts zerfallen,
Das Ewige regt sich in allen.

Habe ich Gott?

Die ersten vier Worte sind klar: Ich glaube an Gott. Dann beginnen die Fragen. »Wer Gott hat, braucht keine Religionen.« Wer hat das gesagt? Aurobindo? Krishnamurti? Jesus könnte es gesagt haben.

Habe ich Gott? Hat man Gott wie einen Besitz? Wie Geld? Wie eine Sache? Hat Er nicht vielmehr uns? Also: Hat er mich?

Ich bin protestantisch aufgewachsen – mit der Hypothek des evangelischen Pfarrhauses: Neues und Altes Testament – Luther – Paul Gerhardt – jeden Sonntag eine Kantate von Johann-Sebastian Bach.

Schon früh habe ich begonnen, die Hypothek abzuschütteln. Als junger, protestgeladener Mann glaubte ich, es sei mir gelungen. Heute ist aus der Hypothek ein Schatz geworden. Ich möchte ihn nicht mehr missen.

Andere Schätze sind hinzugekommen: Zen – Buddha – Brahmanisches und Indisches – Tanra – Tibet – Indianisches – viele heutige Meister: Krishnamurti, Osho Rajneesh, Ammaji, Pir Vilayat Khan ... Wenn ich bei einem von ihnen meditiere – z. B. in Pirs sommerlichem Meditationscamp 2000 m hoch in den Alpen –, dann empfinde ich die Frage, woran ich glaube, als »vorbeigefragt«.

Machen wir Europäer uns eigentlich deutlich, daß die Idee des Glaubens eine abendländische ist? Die Erleuchteten und Weisen des Ostens sprechen nur selten von Glauben. Für sie ist es wichtig, daß Gott erfahren wird. Was man erfahren hat, weiß man. Daran braucht man nicht zu glauben, man »hat« es. Dieses »Haben« hat mit Gnade zu tun.

Das Abendland hat Glauben potenziert. Von Paulus bis Martin Luther – eine Lawine des Glaubens. Je mächtiger sie wuchs, desto weniger wurde es nötig, Gott zu erfahren. Es genügt ja schon, an ihn zu glauben.

Glaube ist der Trick, mit dem der abendländische Mensch es

fertiggebracht hat, »religiös zu sein« (dieser Ausdruck bezeichnet genau, was ich sagen möchte) und dennoch rational oder, wie man heute sagt, »linkshirnig« zu denken. Liegt nicht Ironie darin, daß gerade der moderne westliche Mensch, der sich so viel auf seine Vernunft zugute hält, entdecken mußte, daß er meist nur sein halbes Hirn – das linke – braucht und auf das mehr analoge als logische, mehr intuitive als rationale, mehr holistisch-ganzheitliche als analytische, mehr synchronistische als deduktiv-kausale Potential seiner rechten Hirn-Hemisphäre so häufig verzichtet?

Wenn unser linkshirniges Denken, wie ja die Kybernetik gezeigt hat, nicht einmal geeignet ist, die Verkehrsprobleme einer mittleren Großstadt oder das Waldsterben zu verstehen, dann sollte plausibel sein, daß dieses Denken in spirituellen Dimensionen zwangsläufig zu unerheblichen Ergebnissen führen muß.

Wie »uneffizient« das moderne westliche Denken in religiösen Fragen ist, macht schon der Vergleich der wenigen und geringfügigen Ergebnisse und Persönlichkeiten der aufgeklärten westlichen Welt in diesen Fragen mit dem nie versiegenden Reichtum der Ergebnisse und Persönlichkeiten des Ostens deutlich: Allein in Indien folgten auf Ramakrishna, der die spirituelle Renaissance des Hindutums ausgelöst hat, Vivekananda, Maharshi, Aurobindo, Babaji, Sai Baba, Maharishi, Osho Rajneesh, Krishnamurti, Gurumayi, Ammaji und Dutzende anderer – und außerdem noch viele im Tibet und im japanischen Zen –, von denen die meisten ihre Erkenntnisse so brillant und genau gefaßt haben, daß sie auch westliche Denker beeindrucken und beeinflussen konnten.

Freilich muß man – wie immer, wenn man etwas lange nicht getan hat – üben, wenn man »vollhirnig« leben, denken und empfinden will. Wir müssen üben, damit unsere rechte Hirn-Hemisphäre aus der ihr zugewiesenen und nun schon jahrhundertelang vertrauten Position des »underdog« wieder herausgelockt wird. Es gibt viele Übungen, um dies bewerkstelligen zu können; die effektivste ist die Meditation.

Dennoch weiß ich natürlich, Glaube kann eine Brücke zu Gott schlagen – meist eine lange, wacklige, leicht zusammenstürzende –, aber wenn mir die Frage gestellt wird, woran ich glaube – als griffiger Buchtitel eines geschätzten Herausgebers und eines erfahrenen Verlages –, dann empfinde ich das Wort Glaube viel eher als eine Hürde vor Gott denn als Brücke – Glaube sozusagen *statt* Gott, Glaube als Gottesersatz, »allein durch den Glauben« anstelle von »allein durch Gott«.

Muktananda: »Du brauchst keinen Glauben, du mußt nur den Raum der Wahrheit beobachten.«

Je älter ich werde, desto stärker empfinde ich den Widerspruch zwischen Gott und Religion – welcher auch immer. Vor allem aber empfinde ich einen Widerspruch zu der Idee eines einzigen absoluten Gottes, zu dem nur eine einzige Religion den Zugang besitzt. Besonders das Christentum und der Islam – die großen monotheistischen Religionen – erheben diesen Anspruch; das erschwert meinen Zugang zu ihnen. Ich empfinde den Widerspruch auch als politischer Mensch, weil ich weiß, daß die Vorstellung eines einzigen, für alle verbindlichen Gottes und der Herrschaftsanspruch der Anhänger dieses Gottes unlösbar miteinander verbunden sind. Die Geschichte zeigt, wieviel Unheil diese Verbindung ausgelöst hat.

»Wenn Gott unendlich ist, dann muß es auch unendlich viele Wege zu Ihm geben«, hat Ramakrishna gesagt – und dann entwarf er ein schönes Bild: Wie Eisberge in ihren unendlich vielen Formen und Gestalten Materialisationen von Wasser sind, so sind Glauben, Gott, Götter, Göttinnen, Religionen, Riten Materialisationen Göttlichen Geistes. Im Licht und in der Wärme der Liebe schmelzen sie alle und werden wieder das, was sie von allem Anfang an gewesen sind: Wasser im Meer des Absoluten.

»So viele Seelen, wie es gibt, so viele Götter gibt es«, sagt die indische Tradition.

Ich habe Gottesdienst, Zeremonien, Rituale in der ganzen Welt besucht, habe in christlichen Kirchen, Hindu-Ashrams, buddhistischen Tempeln, in Shinto-Schreinen, in Moscheen von Moslems und Sufis, an schaministischen Opfer- und Ritualplätzen in vielen Erdteilen gebetet und bin dankbar für all dies. Aber mein Weg zu Gott – meine Erfahrung Gottes – begann erst, als ich zu meditieren begann. Muktunandas »Den Raum der Wahrheit beobachten«: das heißt Meditation.

Ich mag hier nicht sagen, wie ich meditiere, aber vielleicht sollte ich andeuten, es daß die verschiedensten Techniken sind: Zen (dies am längsten und meisten) – verschiedene Mantras (indische sowohl wie christliche, denn natürlich gibt es Mantren auch im Christentum; »Kyrie Eleison« z. B. ist ein Mantra) – die so tief gehenden Bewegungs-Meditationen von Osho Rajneesh – auch meine eigenen Klang- und »Urton«-Meditationen ... Es kommt nicht auf die Techniken an, wichtig ist allein, *daß* ich meditiere.

Ich glaube an einen erfahrenen Gott. Aber ich kann den Gott, den ich meine, nicht beschreiben. Dennoch bin ich sicher, es gab – und gibt – Erfahrungen, in denen ich Gott nahe bin – ja, »eins« bin mit Ihm – in denen ich Seine Stimme höre: das Atman – das Höhere Selbst – den Buddha-Geist – den Logos – das Göttliche Licht – das »Ungeborene« des Zen – den »Christus in mir« ... Deshalb gibt es so viele Ausdrücke dafür, weil Menschen aller Kulturen und Zeiten – unabhängig von ihrer Religion – diese Erfahrungen gemacht haben.

Freilich muß ich wirklich Seine Stimme hören *wollen.* Ich kann das am besten in der Meditation: stille werden – immer noch »hörender« werden, damit ich die Stimme »er-hören« kann. Wenn ich nicht auf sie höre, »hört sie auf«, zu mir zu sprechen. Darin gleicht sie anderen Stimmen: Wenn einer zu einem spricht und man hört nicht auf ihn, dann hört er auf zu reden.

Ich bin sicher: Gott ist in mir. Und in dir. In uns allen. Im Universum. Im Kosmos. Im Atomkern. In jedem Elektron. In der Gaia, der Erde. In jeder Pflanze – jeder Blüte – jeder Frucht – in jedem Samenkorn – in jedem Ton, Klang und Musik ...

Ich weiß das, nicht weil ich es glaube, sondern weil ich es erfahre – immer wieder neu.

Aber ich weiß auch, daß nicht nur Meditation geeignet ist. Auch die Natur: ein Sturm am Meer – ein Sonnenaufgang im Gebirge – eine Nacht in einer Berghöhle. Das Wunder der Musik: Johann Sebastian Bach – die Meister der klassischen indischen Musik ... Und natürlich das Wunder der Liebe – jenes irdischen Eins-Seins, das ein Gleichnis des Eins-Seins mit Gott ist, jener »Ek-stase« hier, die (dem verdankt sich die *»ek-stasein«* der alten Griechen) die Ekstase nach »dort« meint. Deshalb ist es auch gleich schwer, über beides zu reden. Beides ist gleich intim. Die Frage, woran ich glaube, und dann auch noch der Wunsch, Näheres darüber zu berichten, gleicht immer ein wenig der Frage: Mit wem hast du die letzte Nacht verbracht? – samt der Bitte, Einzelheiten darüber zu erzählen. –

Meister Eckehart begegnete ein schöner, nackter Bube.

Da fragte er ihn, von wannen er käme?

Er sprach: »Ich komme von Gott.«

»Wo ließest du ihn?«

»Im tugendhaften Herzen.«

»Wo willst du hin?«

»Zu Gott.«

»Wo findest du ihn?«

»Wo ich von allen Kreaturen ließ.«

»Wer bist du?«

»Ein König.«

»Wo ist dein Königreich?«

»In meinem Herzen.«

Da führte er ihn in seine Zelle und sprach: »Nimm, welchen Rock du willst!«

»So wäre ich kein König!«

Und verschwand.

Da war es Gott selber gewesen und hatte Kurzweil mit ihm gehabt.

Ich glaube an einen Gott, dem ich gelegentlich begegnen darf. Und auch damit kann ich viel anfangen: Wenn Er mir begegnet – so oft oder so selten das geschehen mag –, dann ist das Göttliche Kurzweil.

Ich hätte keinen »persönlichen Gott« – wird der eine oder andere sagen. Mein Gottes-Bild sei kosmisch, animatisch, pantheistisch, schamanistisch, tantrisch, hinduistisch, buddhistisch oder was sonst noch. All dies sind Worte: Etiketten, die die Theologen erfunden haben, um Bücher darüber schreiben zu können. Bücher sind nicht geeignet. Ich weiß das sicher, denn ich habe viele Bücher gelesen und mein Leben lang in ihnen gesucht. Manchmal suche ich noch immer in ihnen.

Überhaupt: Ich suche. Ist es nicht auffällig, daß die Idee des Suchens in den Vorstellungen des Christentums so verhältnismäßig wenig entwickelt ist? Da »hat« man Gott. Man hat ihn zu haben. Demgegenüber die große Idee des Sufismus (und anderer mystischer Traditionen), daß Gott nicht gefunden, sondern gesucht wird. Oder das Wissen des Taoismus, daß der Weg schon das Ziel ist. Und daß jeder, der meint, ans Ziel gekommen zu sein, sicher sein darf, den falschen Weg eingeschlagen zu haben.

Ich bewundere Menschen, die auch als Christen Gott erfahren. Es müssen besonders starke und begnadete Menschen sein. Das Christentum hat so viel dafür getan, die Erfahrung Gottes zu verstellen. Bischöfe, Päpste und natürlich die Wissenschaft der Theologie (was für eine absurde Idee, das »Wort Gottes« als Wissenschaft studieren und betreiben zu wollen!) – All dies verstellt Gott. Die Anmaßung und Selbstgerechtigkeit kirchlicher »Würdenträger« – die Art, wie sie sich kleiden, auftreten, sich geben – sind mir unerträglich. Ich stelle mir vor, wie Jesus und seine Jünger – und natürlich auch seine Jüngerinnen – junge Menschen, die gewiß auch gelacht, geflirtet und sich geliebt haben – durch Palästina zogen, und finde keine Beziehung von dieser Vorstellung zu jenen, die Jesus Christus für ihre Kirchen, Organisationen und Machtstrukturen reklamieren.

Gott kommt auf die Erde, so erzählt irgendeiner der großen zeitgenössischen indischen Weisen, und Er bringt Liebe und Licht, und die Menschen sind voller Freude. Aber der Teufel kommt gleich hinterdrein und macht eine Religion daraus und reibt sich die Hände.

Woran ich glaube? Ich glaube, daß morgen die Sonne scheint. Es kann aber auch regnen. Ich glaube, daß Jesus Christus am Kreuz gestorben ist. Er kann aber auch – wofür es ja Indizien gibt – nach seiner Kreuzigung in Nordindien weitergelebt haben. Glaube ist nicht geeignet. Diejenigen, die über ihre Begegnungen mit Jesus in Indien berichteten, haben ihn genau so intensiv erfahren wie die, die seinen Tod und seine Auferstehung in Palästina erfuhren. Erfahrung ist also geeignet.

Dennoch glaube ich auch an Jesus Christus. Aber dieser Glaube an dieses Jesus-Bild hat nichts zu tun mit dem Glauben und dem Jesus-Bild irgendeiner Religion oder Kirche. Mein Leben lang ringe ich mit dem Vaterunser. Schon als Kind – in der Kirche meines Vater, des »Herrn Pfarrers und Direktors« – habe ich das Ungenügen dieses Gebetes empfunden – und es dennoch gebetet. Später konnte ich das Ungenügen in Worte fassen, wie es ja auch andere getan haben: zweimal Reich und keinmal Liebe – die Reduktion auf die Männlichkeit – die absurde Idee eines Gottes, der die Menschen in Versuchung führt und dem seine Macht und seine »Herr«-lichkeit, die er irgendwo fern »im Himmel« besitzt, bestätigt werden muß – samt all dem anderen, was dazu gesagt worden ist.

Ich habe, basierend auf den Arbeiten George Lamsas über die aramäischen Urtexte und einer aus Sufi-Geist getragenen Übersetzung von Saadi Neil Douglas-Klotz, mein eigenes Vaterunser entwickelt. Ich bräuchte viele Seiten, um mein Gebet zu begründen; ich habe das an anderer Stelle (»Ich höre – also bin ich«, Bauer-Verlag, Freiburg/Brsg.) Wort für Wort getan, ich möchte deshalb nur anfügen, daß das in der westlichen Welt gebetete »Vater Unser« erst zwei Jahrhunderte nach Jesu Tod in Alexandria aufgeschrieben wurde und daß diese Version Worte und Vorstellungen enthält, die von Jesu, der weder griechisch noch lateinisch sprach, schon deshalb nicht gesagt worden sein können, weil sie in seiner Sprache – in Aramäisch – nicht ausgedrückt werden können, und möchte nun einfach »mein« Vaterunser hierher setzen. Es sagt, woran ich glaube:

»Mutter-Vater alles Geschaffenen!

Dein Name tönt heilig durch Zeiten und Raum.

Dein Eins-Sein schaffe in Liebe und Licht – ewig und jetzt.

Laß Deinen Willen durch meinen geschehen.

Gib uns Nahrung täglich – wie dem Körper, so der Seele.

Löse die Bande meiner Fehler –

wie ich sie anderen löse.

Laß mich nicht verlorengehen an Oberflächliches und Materielles.

Befreie mich von Unreife. Von allem, was mich festhält und mich nicht loslassen läßt.

Denn Dein ist die Kraft und der Gesang des Universums.

Hier und jetzt. Und in Ewigkeit. Amen.«

Ich spüre die Widersprüche. Von anderen. Auch meine eigenen.

Auch die Widersprüche zwischen Glauben und Erfahren. Nicht zuletzt deshalb ist das, was westliche Menschen über den Glauben sagen, so unbefriedigend, weil sie immer noch der absurden abendländischen Liebe zur Widerspruchsfreiheit anhängen. Gott und seine Erfahrung sind widersprüchlich. Man kann »es« immer nur umschreiben. Alles, was ich hier schreibe, sind Umschreibungen. Ist ein Suchen nach Umschreibungen.

Als Ramakrishna, der große indische Weise, der durch Romain Rolland und Aldous Huxley in der westlichen Welt bekannt wurde, einmal eine seiner ekstatischen Gotteserfahrungen gehabt hatte, stürzte er strahlend zu seinen Anhängern: »Jetzt weiß ich es genau. Jetzt kann ich es euch endlich genau sagen. Kommt alle zu mir, damit ich es sage.« Die Jünger kamen, und als sie versammelt waren, begann der Meister zu stottern. Tränen flossen über sein Gesicht – während die Anwesenden immer noch sicher waren: Gleich würden die entscheidenden Worte fallen. Doch Ramakrishna weinte und schüttelte sich und stammelte: »Es geht nicht – ich kann es nicht – niemand kann es aussprechen.«

Habe ich Gott? Nichts – wirklich nichts – wäre mir wichtiger in diesem Leben – keine Liebe, kein Erfolg, keine Erkenntnis – als die Gnade, auf diese Frage mit »Ja« antworten zu dürfen. Ohne irgendetwas Weiteres. Nichts Umschreibendes – nichts Erklärendes – nichts Vermutendes, einfach nur Ja. Hat Gott mich? Ja.

HERMANN BONDI

Wissenschaft als kritisches Kooperationsmodell

Ich möchte mich als Naturwissenschaftler vorstellen, und als einer, der an keine offenbarte Religion glaubt. Mein Hinweis darauf, daß ich ein Naturwissenschaftler bin, beruht nicht darauf, daß ich der Ansicht bin, daß alle Naturwissenschaftler Ungläubige sind oder sein sollten. Im Gegenteil, ich habe den Eindruck, daß die verschiedenen Arten von Glauben und Unglauben gleichmäßig unter Naturwissenschaftlern und der allgemeinen Bevölkerung verteilt sind. Ich betone jedoch, daß ich ein Naturwissenschaftler bin, weil meine Haltung zur Religion etwa mit der kritischen, analytischen, ja, skeptischen Einstellung zu tun hat, die man lernt, wenn man Naturwissenschaftler wird:

Die Haltung oder Einstellung zum Leben, die man hat, enthält viele Elemente, positive und negative. Lassen Sie mich mit den negativen beginnen, mit meinem Zweifeln gegenüber der Religion. Es gibt zahlreiche Religionen in der Welt, von denen jede viele Anhänger hat, einschließlich Menschen höchster Intelligenz, Aufrichtigkeit und Ehrlichkeit. Sie stimmen in manchen Dingen wohl überein, widersprechen einander aber leidenschaftlich in anderen. Von all diesen Religionen kann höchstens eine richtig sein; das steht wohl fest, wenn wir die heftigen Auseinandersetzungen betrachten, die zwischen ihnen stattfinden. Wir wissen also, daß Leute mit der höchsten Intelligenz, Integrität und Aufrichtigkeit von ganzem Herzen an etwas Falsches glauben können. Mit anderen Worten, der menschliche Geist hat eine unglückliche Tendenz, fest an etwas Religiöses zu glauben ungeachtet der Frage, ob es richtig oder falsch ist. Da der Geist des Menschen nun aber offensichtlich diese Schwäche hat, sollten wir gar nicht erst versuchen, herauszufinden, welche der Religionen – wenn überhaupt eine – richtig sei, sondern zugeben, daß dies ein Gebiet ist, auf dem wir uns leicht irren können (Irrtum ist ja natürlich für uns Menschen), und daß alles, was sich daraus ergibt, mit der größten Vorsicht und Zurückhaltung behandelt werden muß.

Aber die Gläubigen neigen schrecklicherweise dazu – besonders wenn es sich um Offenbarungsreligionen handelt, aber auch um andere –, die Offenbarungen ihrer Religion als etwas absolut Gewisses, absolut Sicheres, absolut Zuverlässiges anzusehen. Es ist diese Sicherheit, die Religionen aller Art dazu geführt hat, im Laufe der Jahrhunderte inhuman, barbarisch und brutal zu handeln. Offenbarung liegt all diesen schrecklichen Untaten zugrunde. Religionen sind nur tolerant, wenn sie nicht die Macht haben, intolerant zu sein. Selbst eine vom Konzept her so sanfte Religion wie der Buddhismus führte, soweit wir wissen, zu einem extremen Verhalten der buddhistischen Mönche in Ländern wie Sri Lanka; und in den westlichen Religionen gibt es so viele Beispiele von Brutalität, daß man sie gar nicht erst einzeln aufzuzählen braucht. Wegen der menschlichen Schreckenstaten, die aus dem blinden Glauben an eine Offenbarung entstanden, nenne ich mich nicht so sehr einen Atheisten als vielmehr einen Offenbarungsgegner. (Ich habe meine Zweifel in bezug auf den Begriff Atheist, weil ich es für unmöglich halte, etwas abzuleugnen, das nicht deutlich definiert ist. Für viele Leute mag ihr Gott durch die Offenbarung klar umrissen sein – was ich für unmöglich halte – aber wenn manche sagen, daß Gott die Natur sei, kann ich nicht antworten, daß ich nicht an die Natur glaubte. Oder wenn andere Gott mit Liebe gleichsetzen, will ich nicht bestreiten, daß auch ich an die Liebe glaube.) Ich kann mich aber nicht dem Gedanken anschließen, daß durch die wenigen Dinge, die die Religionen gemeinsam haben, schon ihre Gültigkeit und Bedeutung bewiesen sei. Wir wissen aus allen Bereichen, daß die Glaubwürdigkeit von Zeugen erst durch ihre Übereinstimmung im Detail hergestellt wird. Wenn sie darin nicht übereinstimmen, glauben wir ihnen auch nicht in bezug auf das, was sie sonst noch aussagen. Um nur ein Beispiel zu nennen: Wenn ein Radfahrer auf einer Kreuzung gefunden wird, nachdem er von einem Autofahrer angefahren wurde, der Fahrerflucht beging, und wir dann einen Zeugen haben, der sagt, daß es ein roter Wagen war, der nach Norden fuhr, und ein anderer, daß es ein weißer in Richtung Osten war, ein dritter, daß es ein schwarzer in Richtung Westen war, schließen wir daraus nicht, daß wir wenigstens wissen, daß der Radfahrer von einem Auto angefahren wurde und nicht von einem Lastwagen. Was wir daraus schließen, ist, daß diese Zeugen alle nichts taugen und daß die Verletzung ebenso wahrscheinlich von einem Lastwagen wie von einem Auto herrühren konnte.

Andererseits habe ich nichts gegen private Religiosität. Ich erkenne bereitwillig an, daß sie für viele Mensche eine große Hilfe im Leiden bedeutet, und wünsche nicht, daß die Betreffenden darauf verzichten. Mein Widerspruch beschränkt sich auf den öffentlichen Anspruch der Religion, nicht auf den individuellen Trost, den sie gibt.

Aber lassen Sie mich zu der positiven Seite kommen. Sobald wir akzeptiert haben, daß es keine höhere Macht gibt, die mit uns durch Offenbarung in Verbindung tritt, müssen wir uns auf die Menschen verlassen und auf das, was sie uns zu bieten haben. Wir müssen, falls wir überhaupt optimistisch sein wollen, an Menschen glauben und an Werte, die sich auf Menschen beziehen, auf Sinngebung und Wertmaßstäbe, die von Menschen geschaffen wurden. Das heißt nicht, daß ich glaube, unsere Gattung sei perfekt, noch daß sie vollkommen werden könnte, sondern einfach, daß wir uns selbst nehmen müssen, wie wir sind, mit unseren guten und schlechten Eigenschaften. Eine unserer hervorstechendsten Eigenschaften ist unsere Fehlbarkeit, die Tatsache, daß wir uns irren können. Deshalb ist zu große Sicherheit immer eine Ursache für viel menschliches Unrecht und Leiden gewesen. Das trifft auf die Inquisition und die Hexenverbrennungen zu, auf Stalins Kollektivierung und Hitlers Kriege oder auf den Völkermord der Roten Khmer in Kambodscha. In jedem dieser Fälle sind die Menschen sich so sicher gewesen, daß ihre Maßnahmen schließlich zu etwas Gutem führten, daß sie bereit waren, diejenigen, die ihnen im Wege standen, mit äußerster Brutalität und Grausamkeit zu verfolgen. Die Beschaffenheit unserer menschlichen Natur sollte uns immer mißtrauisch gegenüber denen machen, die sich gar zu sicher fühlen, ob nun aufgrund einer Offenbarung oder sonstwie. (Unglücklicherweise gibt es Menschen, die die Bücher von Karl Marx und Lenin oder anderen tatsächlich für eine Offenbarung halten.) Glücklicherweise haben wir aber auch sehr positive Charakterzüge. Wir sind von Natur aus Herdentiere, mitteilsam und auf Kommunikation mit unseren Mitmenschen eingestellt, und es liegt uns etwas daran, zusammen zu leben und zu arbeiten. Das führt zu vielen gemeinsamen Verhaltensmustern und zu einer weitverbreiteten Tendenz, einander zu helfen. Dies sollten wir unterstützen, soviel wir können. Wenn eine Frau auf der Straße zusammenbricht und Vorübergehende ihr zu Hilfe eilen, können wir nach diesem Verhalten nicht sagen, wer von ihnen welcher Religion – oder keiner Religion – angehört. Jeder wird helfen, ja jeder, falls er nicht durch eine Religion daran gehindert wird. In Nordirland mag ein Katholik zögern, bevor er einem Protestanten hilft, oder umgekehrt, ein orthodoxer Jude fühlt sich vielleicht nicht veranlaßt zu helfen, weil die Frau gerade ihre Periode haben und eine Berührung ihn unrein machen könnte. Die allgemeine Humanität führt uns zuammen, während die Religion die Tendenz hat, uns nach unseren verschiedenen Glaubenssätzen zu trennen. Die Elemente der allgemeinen Menschlichkeit hervorzuheben, gehört zu den Zielen des Humanismus, den ich als meinen Glauben bezeichnen würde. Ich denke, wir können zusammenarbeiten und leben und einander zu Glück und Erfolg verhelfen, aber wir müssen uns vor bestimmten menschlichen Tendenzen hüten, die schädlich für uns sind. Und dazu gehört auch die Religion, die uns trennt. Wenn manche sagen, daß der Glaube an eine Religion ein weitverbreitetes Charakteristikum sei, sollten wir sie dann nicht unterstützen? Meine Antwort lautet, daß Gier auch eine weitverbreitete Eigenschaft ist, daß dies aber nicht bedeutet, daß wir sie fördern sollten. Wir haben gute und schlechte Charakterzüge, und blinden Glauben halte ich für einen sehr schlechten und gefährlichen.

Meine Überzeugung ist, daß, wenn wir uns in acht nehmen vor den Dingen, die uns trennen, und unsere Fehlbarkeit anerkennen, die Beschaffenheit des Menschen etwas ist, woran man nicht zu verzweifeln braucht. Im Gegenteil, sie ist so, daß wir stolz darauf sein und etwas daraus machen können.

Wenn ich nun noch einmal auf die Naturwissenschaft zu sprechen komme, dann, weil dies ein Gebiet ist, auf dem die Leute zur Zusammenarbeit fähig sind trotz unterschiedlicher Religion, Rasse, Ideologie, Sprache und Kultur. Ich denke, sie sollte ein

Modell von Kooperation für uns sein, dafür, wie man sich auf die gemeinsamen Merkmale von Menschlichkeit verlassen kann und gleichzeitig auf der Hut sein muß gegen den schlimmen Separatismus, der so leicht aus Religionen entsteht. Wir können und müssen zusammen leben und arbeiten, und auf diesem Wege, meine ich, hat die Menschheit eine echte Chance für eine glänzende Zukunft trotz all der Gefahren und Schwierigkeiten, die aus unserer wachsenden Bevölkerung und aus den Grenzen unserer Kooperationsfähigkeit entstehen.

Ich glaube an die Menschlichkeit, aber nur, wenn wir dauernd bereit sind, uns gegen gar zu große Sicherheit, gegen Separatismus zur Wehr zu setzen, um unserer gemeinsamen Wertvorstellungen, um unserer angeborenen Abneigung gegen das Alleinsein zu stärken.

Aus dem Englischen von Marianne Reppekus

ERNEST BORNEMAN

Weshalb ich *nicht* glaube: 18 gute Gründe

1

Ich glaube an nichts. Mir ist der Glaube so verhaßt wie dem Gläubigen die Sünde.

2

Meine Subjektivität benötigt objektive Werte, an denen ich mich orientieren kann. Der Glaube aber ist ein subjektives Fürwahrhalten, das keine objektive Geltung besitzt.

3

Wenn einer behauptet, etwas zu wissen, kann ich mit ihm diskutieren. Wenn er aber behauptet, etwas zu glauben, muß ich es akzeptieren.

4

Wer weiß, kann nicht glauben. Und wer glaubt, kann nicht wissen.

5

»Blinder Glaube« ist eine Tautologie, denn der Glaube ist immer blind.

6

Ich will kritisieren und kritisiert werden. Der Glaube konstituiert jedoch eine Grundhaltung der Kritiklosigkeit gegenüber dem »göttlichen« Willen und fordert meine Unterordnung unter dessen »unerforschlichen« Sinn. Das ist eine Form der spirituellen Vergewaltigung. Ich muß das Recht haben, mich dagegen zu wehren. Ich interpretiere dieses Recht als Pflicht.

7

Wenn die christliche Theologie postuliert, nur unter der Leitung des Glaubens könne ich zu wahrem Wissen gelangen (credo ut intellegam), dann wird das tatsächliche Verhältnis zwischen Wissen und Glauben auf den Kopf gestellt (credo quia absurdum).

8

Die Glaubwürdigkeit des Glaubens kann nicht wiederum Gegenstand des Glaubens sein, denn das wäre selbst nach theologischer Logik ein Zirkelschluß.

9

Wenn ich das Prinzip in dubio pro reo auf die Religion anwende, wäre es die Pflicht der Kirche, mir die Existenz Gottes zu beweisen, statt es mir zur Aufgabe zu machen, Gottes Nichtexistenz beweisen zu müssen.

10

Ein Agnostizismus im Sinne Thomas Huxleys und Herbert Spencers läßt sich im Zeitalter der Unschärferelation nicht mehr aufrechterhalten. Aber ich bleibe dabei, daß das Transzendente von der Natur der Sache her unerschließbar und die Religion deshalb ein Aberglaube ist.

11

Es geht mir nicht darum, anderen die Lust am metaphysischen Spekulieren zu nehmen, aber mir scheint die sinnlich erfaßbare Welt von einem solchen Reichtum, einer solchen Vielfalt und einer solchen Faszination zu sein, daß ich nie das Bedürfnis nach zusätzlichen Erkenntnissen verspürt habe. Und einen neugierigeren Menschen als mich selbst habe ich nie kennengelernt.

12

Ich bin Humanist im Sinne jener revolutionären Kulturbewegung, die zwischen dem 14. und 16. Jahrhundert die Herrschaft der Kirche brechen und ein auf Wissen begründetes Weltbild schaffen wollte – ein Menschenbild, das uns einen optimistischen, diesseitigen, leibfreundlichen Lebensstil zurückgeben wollte. Mir sind die Grenzen dieses Bildes, die Grenzen der Vernunft, durchaus bewußt. Aber diese Grenzen sind mir immer noch lieber als das Uferlose des Glaubens.

13
Ich bekenne mich rückhaltlos zur Aufklärung und sehe keinen Grund, diese im heutigen Zeitalter der Gegenaufklärung (Neokonservatismus, Postmoderne, New Age) als altmodisch geltende Loyalität zu rechtfertigen.

14
Ich betrachte mich nicht als einen Positivisten im Sinne Comtes, aber ich lebe leidenschaftlich und befriedigend im Reich meiner Sinne und freue mich, mit Hilfe meines Gehirns einen halbwegs gangbaren Weg durch das Chaos steuern zu können.

15
Ich bin nicht wissenschaftsgläubig, aber von sämtlichen Formen des Aberglaubens scheint mir die Wissenschaft immer noch die erträglichste zu sein.

16
Bei allem Respekt vor der Wissenschaftlichkeit der Wissenschaft fürchte ich mich jedoch vor dem fast schon religiösen Glauben der Wissenschaftler, daß das Machbare gemacht werden müsse.

17
Ich beklage die Tatsache, daß mein Verfassungsrecht auf Glaubensfreiheit, das ich als Freiheit, *nicht* zu glauben, interpretiere, täglich von den Kirchen und ihren Werbeagenturen verletzt wird, indem Schwangerschaftsabbruch als »Kindesmord« verleumdet, nichtreligiöse Eidesformeln als »Meineidsformeln« diskriminiert und Religionskritik als »Religionsbeschimpfung« geahndet wird. In Rundfunk und Fernsehen muß ich religiöse Sendungen wehrlos über mich ergehen lassen. Atheistische, agnostische und humanistische Sendungen, wie eine große Anzahl meiner »Glaubensge-

nossen« sie sehnlichst erwünscht, werden systematisch von den Kirchen verhindert.

18

Unter dem Vorwand der Glaubensfreiheit wird Wissenschaft unterdrückt. Deshalb halte ich den Glauben für den Widersacher der Wahrheit und die Rebellion gegen den Glauben für die wichtigste moralische Aufgabe des Menschen.

FRANÇOIS CAVANNA

Glauben oder denken – man muß sich entscheiden

An was ich glaube? Die Antwort besteht aus zwei Wörtern, zwei ganz kleinen Wörtern: an nichts.

Sind diese beiden Wörter nicht klar und deutlich genug? Muß man wirklich vier Seiten zuschreiben, um sich ständig zu wiederholen? Eine Ausführung bedeutet – zumindest in diesem Falle – eine Abschwächung. Aber wir sind hier, um genau dies zu tun; also versuchen wir es.

»Ich glaube nicht« heißt übrigens genauer aufgedruckt: »Ich glaube an nichts.« Es ist aber ärgerlich, daß der Satz »Ich glaube nicht« normalerweise mit der Bedeutung »Ich denke, daß Sie nicht recht haben« gebraucht wird, was die Entstehung einer Abschwächung und eines Doppelsinns zur Folge hat. Ich werde hier den Satz in seiner absoluten, intransitiven Bedeutung verwenden: »Ich glaube nicht«, das heißt, »Ich besitze oder gebrauche nicht die Fähigkeit zu glauben«. Wie jemand, der keine Beine hat, buchstäblich sagen kann: »Ich gehe nicht«, kann ich, der ich des Organs beraubt bin, von dem der Glaube kommt, sagen: »Ich glaube nicht.«*)[1] Ich besitze nicht die Fähigkeit zu glauben, ich konjugiere nie das Verb »glauben« in der ersten Person Singular. Ich verbiete mir sogar, das Verb gedankenlos zu gebrauchen, indem ich beispielsweise sage: »Ich glaube, das Wetter wird gut.« Ich sage in diesem Falle: »Ich denke, das Wetter wird gut.« Denn es handelt sich hier nicht um einen Glaubensgrundstz, um eine persönliche und unreflektierte Überzeugung, sondern um eine Meinung, die auf logischem Wege von bestimmten Beobachtungen deduziert wurde und die mit bestimmten Vorgaben aus meiner persönlichen Erfahrung konfrontiert wurde. Dies alles hat mich zu

---

1. Französisches Wortspiel: »La voiture ne marche pas« heißt soviel wie »Das Auto funktioniert nicht«; Cavanna gebraucht das Verb »Marcher« auch hier im strikt wörtlichen Sinne in der Bedeutung von »gehen, marschieren« (Anmerkung von R. Reck).

der überlegten Voraussage veranlaßt, daß das Wetter wahrscheinlich gut wird. Das Verb »glauben« ist hier mißbräuchlich verwendet worden.

Ja, ich weiß, was man von mir erwartet. Ich weiß, daß es zum
guten Ton gehört, auf so eine Frage, wenn man nicht gläubig ist
(das heißt, sich nicht als Anhänger einer Religion versteht), mit
einem dieser noblen und aufwertenden Sätze zu antworten wie
»Ich glaube an den Menschen« oder vielleicht »an die Freiheit«,
»an die Demokratie«, »an die Zukunft«, an die Kindheit«, »an den
Fortschritt«, »an die Wissenschaft« ... Und nicht die Großbuch-
staben vergessen! Das ist es, was man von Ihnen verlangt, besonders wenn Sie in dem Ruf stehen, ein »Linker« zu sein. Es sind
Wörter, um nichts zu sagen, Geschwätz, Demagogie. Was heißt
denn – sagen wir – »an die Demokratie glauben«? Es bedeutet,
nach dem Reflektieren zu dem Schluß kommen, daß die Demokratie das am wenigsten anfechtbare System des contract social ist,
obwohl es sich nicht um einen Idealzustand handelt. (Aber gibt es
denn *den* Idealzustand? Kann im biologischen Sinne eine gerechte
menschliche Gesellschaft überhaupt bestehen und fortdauern?)

Der Satz »Ich glaube« projiziert auf den Schirm des Imaginären
ein zugleich gebietendes und romantisches Bild, eine forsche
Herausforderung für die eventuellen Widersacher. Jemand, der
betont »Ich glaube«, stellt sich in die Pose eines »Märtyrers« zur
Zeit Neros, der den ausgehungerten Löwen ausgesetzt ist. Kennen
Sie einen Wissenschaftler, der ausruft: »Ich glaube an die Wissen-
schaft!«? Was würde das heißen! »Glaubt« ein Klempner an das
Installationshandwerk?

Was wollte ein Kapitän mit den Worten »Ich glaube an die
Segelschiffahrt« sagen, wenn er sie ausrief, als sich gerade die
Dampfmaschine verbreitete? Er sagte dieses: »Ich will nicht, daß
das System, an das ich gewohnt bin und dem ich mein Leben
gewidmet habe, durch diese Neuheit ersetzt ist, die vielleicht
schneller und sicherer ist, die mich aber ins Abseits drängt zu den
alten, abgenutzten Gegenständen«. Die Literaten werden an diese
herzzerreißende Verweigerung den ganzen Trödelkram der wirklichen oder eingebildeten Nostalgien und Schönheiten hängen, und
sie werden das verherrlichen, weil das ihr Beruf ist.

»Ich glaube an den Menschen« – Was soll dieses pompöse Geschwafel bedeuten? Es heißt, daß ich in mir die Illusion erhalten *will*, daß die Menscheit verbesserbar ist, daß sie sich zum Besseren wandelt, daß es keine Kriege, keine Hungersnöte, keine Massaker, keine aller Vernunft widersprechenden Bereicherungen und keinen Drogenhandel mehr gibt. Und das trotz aller schlagenden Beweise, die man im täglichen Leben und überall in der Geschichte findet, die zeigen, daß die Menschheit uns erdrückt mit ihrer Unfähigkeit, ihre negativen Triebe (Aggressivität, Habgier, Konkurrenzgeist, Angst usw.) zu überwinden und ihr Verhalten an die fantastische Potenz der Zerstörungsmittel, die der technische Fortschritt ihr ermöglicht, anzupassen.

Man möge mir die Schlampigkeit dieser Zeilen verzeihen, die ein bißchen in Hast geschrieben sind, und man erlaube mir, zu schließen, indem ich den lieben, alten Descartes etwas paraphrasiere: »Ich denke, also glaube ich nicht.«

Aus dem Französischen von Reinhard Reck

DOBRICA ĆOSIĆ

Ich glaube an den Roman

Die Frage, woran ich glauben kann, zu beantworten, bedeutet für mich, die Antwort zu finden auf die Frage: Was ist der Sinn meines Lebens? Fünf Jahrzehnte suche ich nach diesem *Sinn*, zuerst als Revolutionär und Kommunist, dann als Schriftsteller, der Romane über das menschliche Schicksal im serbischen Land des 20. Jahrhunderts schreibt. Ich bin nicht sicher, diesen Sinn oberhalb der sozialen und ästhetischen, poetischen Ordnung der Werte gefunden zu haben. Seit langem neige ich zu einem Kunstgriff des Verstandes: der Sinn meiner Existenz ist die Suche nach dem Sinn der Existenz. Obwohl ich mich dem aufs innigste verschrieben habe, kann ich jedoch das Sisyphusresultat meines Ziels nicht übersehen: der Stein rollt nach jedem beendeten Roman an den Fuß des Berges zurück, und ich wälze ihn erneut in Richtung Gipfel. Doch kein Absurd ist nur Absurd. Der menschliche Gang hinterläßt Spuren. Die meisten im Sand, einige auch im Stein. »Ich sah an alles Tun, das unter der Sonne geschieht, und siehe, es war alles eitel und Haschen nach Wind«, sprach der Prediger.

Biographisch gesehen, kann meine Antwort auf die Frage – an was glaube ich – sehr einfach sein.

In der Jugend quälte ich mich mit dem Glauben an Gott. Es gelang mir nicht, an den christlichen Schöpfer der Welt und seine Herrschaft über den Menschen zu glauben; es gelang mir nicht, an die eigene Rettung durch den Glauben an Gott und Christus zu glauben noch an ein Leben nach dem Tode. Vom Christentum jedoch übernahm ich die Moral und den Glauben an den Sinn des menschlichen Opfers, an den Sinn der Kreuzigung für ein höheres Ziel und Ideal.

Auf dieser ontologischen, moralischen und psychologischen Grundlage, aber auch in der allgemeinen existentiellen Hoffnungslosigkeit des europäischen und jugoslawischen dritten Jahrhunderts glaubte ich an die kommunistische Ideologie, die durch eine

Revolution die Ordnung der Ausbeutung, des Unrechts und der Unterdrückung von Menschen und Völkern zerstört; eine Ordnung, in der Nazismus entstehen und man Weltkriege führen kann. Ich glaubte der kommunistischen Eschatologie – an eine neue, gerechte, harmonische Gesellschaft und eine glückliche Zukunft der Menschheit im Kommunismus; ich glaubte also an die Möglichkeit, ein Paradies auf Erden zu schaffen, und an den Menschen als einen vernünftigen Schöpfer der Geschichte. Den Beginn dieser neuen Welt und glücklichen Zukunft des Menschengeschlechts sah ich im ersten Land des Sozialismus – im sowjetischen Rußland, in der Sowjetunion. Ich kämpfte für die Verwirklichung meines Glaubens, führte Krieg für den Sieg der kommunistischen Ideologie. Nach dem Sieg und der Machteroberung tauchten Zweifel an der Richtigkeit und dem Sinn meines Glaubens in mir auf. Die Eroberung der Macht und der politische Sieg haben meinen kommunistischen Glauben nicht bestätigt. Es war der Sieg ideologischer Irrtümer und böser menschlicher Laster der kommunistischen Führer und des größten Teils ihrer Anhänger; ein Sieg der Herrschsucht, des Despotismus, von Gesetz und Moral eines unbegrenzten Egoismus, der sich in Willkür, Privilegien, im Recht auf Unwissenheit sowie in der Autorität einer gleichen Gesinnung ausdrückt. Ich habe nicht sofort an der eschatoligischen Ideologie – dem Kommunismus – gezweifelt; ich zweifelte an den Menschen, die sie verwirklichten, an ihren geistigen und moralischen Potentialen, an ihrer ethophysischen und historischen Ausrichtung und den Traditionen, die ihr Bewußtsein determinierten. Die Mißerfolge und Niederlagen bei der Verwirklichung der sozialistischen Ideale sah ich lange Zeit im subjektiven Faktor, in uns, den Menschen; und in den objektiven Umständen – in der niedrigen Entwicklungs- und Zivilisationsstufe des Raumes, in dem »der Sozialismus errichtet wird«. So kam es zur Spaltung in meiner politischen Religion, und ich selbst wurde zum Skeptiker und Abtrünnigen.

Mit dieser Geisteshaltung widme ich mich in meinen Dreißigern der Literatur, und zwar nur einer ihrer Gattungen – dem Roman. Der Roman wurde für mich zu Inhalt und Form meiner Erkenntnisse über den Menschen und seine Welt. Der Roman wurde auch für mich, wie für Malraux, zum Mittel und zur Macht bei der Beherrschung des menschlichen Schicksals. Diese »Beherrschung des menschlichen Schicksals« begreife ich als ein Überwinden der Realität durch die Fiktion, eine Auflösung der Faktizität durch die Transposition in das Imaginäre und ein Übertragen des Vergänglichen ins Ewige, was im historischen Sinne ein Besiegen des eigenen und kollektiven Todes durch das dichterische Gedächtnis bedeutet, die Begründung des imaginären Seins des Menschen und seiner Gemeinschaft. In diesem schöpferischen Prozeß bildete sich mein bleibendes Bewußtsein heraus und mein Glauben an die Tragik der menschlichen Existenz.

Diese Erkenntnis formulierte ich einmal so: Der Mensch ist im biologischen, anthropologischen, ontologischen und historischen Sinne ein tragisches Wesen. Tragisch nicht nur, weil seine biologische und soziale Existenz überall ungewiß ist, sowohl er als auch sein Werk sterblich sind, seine Wünsche unbegrenzt, aber seine Macht beschränkt, er zerrissen ist zwischen Abhängigkeit und Freiheit, zwischen Befriedigung und Schmerz, Liebe und Haß, Wissen und Nichtwissen; tragisch, da er nur in der Gemeinschaft leben kann, die ihm Rettung als auch die Quelle von Unglück und Leid bedeuten, weil er oft gezwungen ist, um zu überleben, die Grenzen seiner Macht zu überschreiten, da es ihm auch durch die größten Opfer nicht gelingt, seine Ideale zu verwirklichen, weil er sich, ist er Atheist, mit seiner Entstehung quält und dem Sinne seiner Existenz, sich dieses Rätsel aber nicht enthüllen läßt ... Der Mensch ist gerade deshalb tragisch, weil er das alles weiß, doch nichts dagegen machen, ja nicht mal seine eigene Erkenntnis verändern kann.

Mit einem solchen Bewußtsein glaube ich ganz fest an den Sinn der Kreativität, an die Kunst und die Wortdichtung. In unserem Jahrhundert einer planetaren Enthistorizität stellt einzig die Literatur das historische Sein von Mensch und Volk vollständig her. Das erzielt sie auch mit ihrer Wahrheit über das Böse, das hunderten Millionen von Menschen den Verstand, die Werte und das Bewußtsein für ihre Taten zerstörte. Auf der Suche nach der Wahrheit über den Menschen glaube ich an den Roman, mit dem auch ich die Menschen und das Volk meiner Sprache in die

Geschichte zurückführe, aus der sie eine Ideologie vertrieb. Durch den Roman begründe ich meine Welt der Fiktion, ich gestalte ihn mit meiner Macht, besiedle ihn mit Menschen, die durch das Leben verdienen, nicht zu sterben, wenn sie sterben.

Ich glaube also, daß man mit Schöpfertum auf die Frage antwortet: »Wer sind wir, was sind wir und wohin gehen wir?« Mit diesem Glauben existiere ich irgendwie und ertrage das Leben. Doch in meiner Seele sind die Würmchen, vor denen sich auch der Verfasser der Apokalypse, der Evangelist Johannes, fürchtete.

GEORG DENZLER

Ich kann gar nicht anders

Als Christ, Priester und Theologe habe ich stets geglaubt, was die Kirche mit Definitionen der Konzilien von Nikaia (325) und Konstantinopel (381) in ihrem »Credo« bekennt: »Ich glaube an den einen Gott: den allmächtigen Vater ... und an den einen Herrn Jesus Christus, Gottes einziggeborenen Sohn ... und an den Heiligen Geist, den Herrn und Lebensspender ... und an die eine, heilige, katholische und apostolische Kirche ... und ich erwarte das Leben der zukünftigen Welt.« Diesen Glauben lehrten mich Eltern, Pfarrer und Lehrer von Kindsbeinen an; und weil sie mich auch in diesem Glauben erzogen, ging er mir in Fleisch und Blut über, daß ich gar nicht anders kann, als so zu glauben. Damit ist auch schon gesagt, daß ich, falls ich anders erzogen worden wäre, zum Beispiel buddhistisch, sicher auch anders glauben würde.

Die zitierten Glaubenssätze verdichteten sich in meinem Leben schon früh zu einem kindlichen Glauben an Gott als einen Vater. Und so bete ich noch heute: »Vater unser, Du bist im Himmel.« Irgendwelche Zweifel, ob dieser Vater-Gott auch wirklich existiere und wo er zu Hause sei, bedrängten mich zu keinem Augenblick, weder als Kind, noch als Jugendlicher, noch als Erwachsener. Was sich jedoch im Laufe der Jahre änderte, ist meine Gottesvorstellung: Das konkrete Bild von Gott-Vater, vermutlich nach meinem irdischen Vater gezeichnet, wich immer mehr zurück, bis es, wie die Sonne im Meer, in einem überhellen Licht untertauchte. Heute ist Gott für mich Licht, nichts als Licht, auf das mein Leben von einem dunklen Tunnel aus unaufhaltsam zuläuft.

Warum dieser Glaube an Gott für mich ganz selbstverständlich ist, entzieht sich meiner Kenntnis. Gewiß, als Theologe müßte ich antworten: aus Gnade! Doch dieses Wort will mir hier nicht über die Lippen, weil ich sogleich an viele andere Menschen denken muß, die nicht an einen Gott glauben können und doch keinen Deut schlechter sind als ich. Warum also die Gnade ausgerechnet für mich? Am Ende kommt sie gar von einem Willkür-Gott, der seine Gnaden nach Lust und Laune verteilt, auch die Gnade des Glaubens? Dann freilich könnte ich ihn nicht mehr lieben, ja, nicht einmal mehr bejahen, weil er eben ein nicht für alle Menschen guter Gott wäre. Und mit einem solch ungerechten Gott möchte ich nichts zu tun haben. Wer gibt mir eine befriedigende Antwort? Niemand. Ich kann dieses dunkle Geheimnis nur ertragen in dem Gedanken, daß auch all jene Menschen, die nichts mit »meinem« Gott anzufangen wissen, genauso wie ich von seiner grenzenlosen Liebe umfangen sind, selbst wenn sie es weder wissen noch spüren. Entscheidend ist für uns alle, daß wir auf der Suche bleiben nach dem Absoluten, das unendlich größer ist als unser kleiner Kosmos.

Es gibt einen Gott, daran glaube ich also fest. Dieser eine Gott ist aber nach der kirchlichen Dogmatik ein dreifacher Gott, wie der Christ ihn auch mit dem Kreuzzeichen bekennt: »Im Namen des Vaters und des Sohnes und des Heiligen Geistes.« Dieser komplizierte Glaube – nur ein Gott, aber drei göttliche Personen und doch keine drei Götter! – begleitete mich ebenfalls von Kindheit an, ohne große Kopfschmerzen zu verursachen. Erst in letzter Zeit – also nicht schon während meines Theologiestudiums, auch nicht in den Jahren meiner priesterlichen Tätigkeit – springt mich öfter die Frage an, ob dieser Gott, an den ich so sicher glaube, immer nur dreipersönlich verstanden werden müsse.

Ich weiß wohl, daß mit diesem Zweifel an der Trinität Gottes mein Glaube an die Göttlichkeit des Jesus von Nazareth und auch an die des Heiligen Geistes in Gefahr gerät. Wie aber könnte ich solche Fragen, wenn sie in meinem Inneren auftauchen, gewaltsam unterdrücken? Im übrigen sehe ich auch gar keine Notwendigkeit dazu; denn diese gelegentlichen Zweifel wurden, sooft sie sich einstellten, immer wieder entlassen mit der Gewißheit, daß der schon viele Jahrhunderte alte Glaube der Kirche doch wahr ist. Und so warte ich getrost auf dieses Glaubensrätsels Lösung bis zu meiner letzten Stunde. Im Lichte Gottes wird sich vieles aufhellen, was mir jetzt noch dunkel erscheint.

Was ich von der »Jungfrau Maria« halte, aus der Gott, wiederum nach dem Credo der Kirche, »Fleisch angenommen hat durch den Heiligen Geist«? Wenn es sich nicht respektlos anhörte, würde ich am liebsten antworten: Die Jungfräulichkeit Marias interessiert mich herzlich wenig. In unzähligen Gebeten und Glaubensdokumenten der Kirche wird die »Gottesmutter Maria« wegen ihrer »immerwährenden Jungfräulichkeit« gepriesen. Wer wollte dies rein biologisch verstehen? Ich nicht. Das Prädikat »Jungfrau« bringt zum Ausdruck, daß es sich bei Marias Sohn Jesus um ein einzigartiges Kind handelt: um den »Sohn Gottes«. Dafür genügen mir die wenigen Aussagen, manchmal nur Andeutungen, von und über Jesus, wie sie in der Bibel des Neuen Testaments überliefert sind.

Zum Glaubensbekenntnis der Kirche gehört ferner der Glaube an die Kirche selbst. Früher fiel es mir leicht, an die katholische Kirche zu glauben. Heute dagegen weiß ich nicht einmal mehr genau, was mit dem Glauben an die Kirche gemeint sein soll. Genügt es denn wirklich nicht, wenn ich an Jesus als den Christus glaube?

Die Schwierigkeiten beginnen für mich schon damit, daß es mehrere (christliche) Kirchen gibt. Muß ich also, wenn ich einer bestimmten Kirche angehöre, alle anderen als falsch ablehnen? Von diesem Absolutheitsanspruch, den die Kirche seit dem Kirchenschriftsteller Origenes und Bischof Cyprian von Carthago im 3. Jahrhundert tatsächlich vertrat, hat sich das 2. Vatikanische Konzil (1962–65), wenn auch reichlich spät, ausdrücklich distanziert. Nicht nur Katholiken oder Christen dürften von Gott Rettung erhoffen, heißt es da, sondern alle Menschen, die nach ihrem guten Gewissen leben. Es gibt heute viele Kirchen(gemeinschaften) und doch nur die eine Kirche Jesu Christi, weil dieser Jesus sich niemals aufteilen läßt, sondern in jeder Kirchengemeinde, die seinen Namen anruft, ungeteilt gegenwärtig ist.

Und dann weiß ich als Kirchenhistoriker nur zu schmerzlich um die Gebrechlichkeit und Vergänglichkeit der irdischen Kirche, auch wenn sie wegen der Heiligkeit Jesu Christi heilig genannt wird. Es will mir einfach nicht gelingen, die Kirche zu einem Gegenstand meines Glaubens zu machen; sie ist eine Institution, wie es viele Institutionen in dieser Welt gibt, und vielleicht nicht einmal die beste. Da gefällt es mir schon besser, wenn große

Theologen wie der unvergeßliche Karl Rahner dafür plädieren, daß die Kirche heilig und sündig zugleich sei. Allerdings erscheint mir auch da die Unterscheidung zwischen Jesus Christus als »Seele der Kirche« und den Gläubigen als »Leib der Kirche« als reichlich schizophren.

Die Kirche hat nur dann eine Existenzberechtigung, wenn sie das Evangelium des Jesus von Nazareth unverkürzt weitergibt. Und diese frohe Botschaft lautet: Gott hat alle Menschen ohne Ausnahme lieb; und weil er uns alle gern annimmt, sollen wir auch ihn, aber nicht nur ihn, sondern auch einander ausnahmslos annehmen. Das ist der Atomkern des christlichen Glaubens, leider nur zu oft verborgen in einer mit tausend Geboten und Verboten beschriebenen äußeren Schale. Und diese oft abstoßend wirkende Schale nenne ich Kirche, bestehend aus sogenannten Amtsträgern und einfachen Mitgliedern, in jedem Fall aus sündigen Menschen.

Die »heiligen Herrscher« (Hierarchen) der Kirche stehen als Lehrer und Hirten immer dann in Opposition zu Jesus und seiner Botschaft, wenn sie, statt Freiheit des Gewissens zu gewähren, Zwang ausüben, wenn sie, statt Liebe zu spenden, Gewalt anwenden, wenn sie, statt Verzeihung zu schenken, Strafen verhängen, wenn sie, statt Brot auszuteilen, Steine anbieten, wenn sie, statt persönliche Religiosität zu fördern, auf Glaubensformeln drängen, wenn sie, statt auf Gott zu weisen, sich selbst empfehlen. Und die »simplen Gläubigen« der Kirche befinden sich immer dann im Konflikt mit Jesus und seiner Frohbotschaft, wenn sie einander nicht annehmen, wie Gott uns annimmt, sondern gegeneinander stehen.

Trotz alledem: Obwohl die Kirche neben vielem Guten auch viel Böses gestiftet hat, halte ich sie für eine heilbringende Einrichtung in dieser Welt. Doch an die Kirche zu glauben, wie ich an Gott glaube, vermag ich nicht. Sie ist selbst nur eine vorübergehende Erscheinung in der Flut der Erscheinungen und kann darum, wenn Gott will, über Nacht untergehen. Ganz sicher aber wird sie spätestens mit dem Ende dieser Welt ihr eigenes Ende finden; fortdauern dagegen wird das »Reich Gottes«, das in dieser Zeit schon mit Jesus Christus seinen Anfang genommen hat.

Ob ich auch an das Papsttum glaube? Wie sollte ich, da doch

nicht einmal im offiziellen Glaubensbekenntnis der Kirche davon die Rede ist. Die Institution des Papsttums, die es in der frühen Kirche überhaupt nicht gab und die in den folgenden Jahrhunderten bis zum unseligen Schisma zwischen Ost- und Westkirchen anders beschaffen war als auf der Höhe des Mittelalters, ist also noch mehr ein geschichtlich bedingtes Produkt als die Kirche selbst. Die kirchliche Verfassung, zu der das Papsttum gehört, wandelte sich im Laufe der Jahrhunderte so sehr, daß ich nicht sehen kann, wie Jesus ihr eine ganz bestimmte unveränderliche Verfassung vorgeschrieben haben sollte. Deshalb halte ich es auch für durchaus möglich, ja sogar wünschenswert, daß die heute, ungeachtet schöner Worte von Kollegialität zwischen Papst und Bischöfen, vom Papst absolutistisch regierte römisch-katholische Kirche eines Tages abgelöst wird von einer Glaubensgemeinschaft, deren »Führer« zusammen mit den Gläubigen den Weg des Glaubens immer wieder neu suchen und auch gehen.

Ein absolutistisch ausgeübtes Lehramt der Kirche hat überdies theologisch keinerlei Berechtigung, weil es den allgemeinen Glaubenssinn des gesamten Gottesvolkes nicht respektiert. Demgegenüber betonte das 2. Vatikanische Konzil in der Konstitution über die Kirche eindeutig: »Die Gesamtheit der Gläubigen, welche die Salbung von dem Heiligen haben (vgl. 1 Joh 2,20 und 27), kann im Glauben nicht irren. Und diese ihre besondere Eigenschaft macht sie durch den übernatürlichen Glaubenssinn des ganzen Volkes dann kund, wenn sie von den Bischöfen bis zu den letzten gläubigen Laien ihre allgemeine Übereinstimmung in Sachen des Glaubens und der Sitten äußert.«

Das Glaubensbekenntnis der Kirche beginnt: »Ich glaube an Gott«, und es endet mit den Worten: »Ich glaube an das ewige Leben.« Anfang und Ende sind für mich durch ein kausales »weil« verbunden: Ich glaube an das ewige Leben, weil ich an den ewigen Gott glaube. Ohne diesen Glauben wäre mein Leben wenig lebenswert.

Ob der rechte Glaube das Wichtigste am Christentum ist? Nein. Denn selbst dann, wenn ich den vollständig richtigen Glauben an Gott, an Jesus Christus und an den Heiligen Geist hätte – wer hat ihn schon vollständig? –, wäre über mein Los bei Gott noch längst nicht entschieden. Das Hauptgebot, das uns Jesus aufgetragen hat, lautet nämlich: »Das erste ist: Höre, Israel, der Herr, unser Gott, ist der einzige Herr. Darum sollst du, den Herrn, deinen Gott, lieben mit ganzem Herzen und mit ganzer Seele, mit all deinen Gedanken und all deiner Kraft. Als zweites kommt hinzu: Du sollst deinen Nächsten lieben wie dich selbst« (Mk 12, 30–31). In demselben Sinn hat der Apostel Paulus der Christengemeinde in Korinth unmißverständlich klargemacht, worauf es in diesem Leben entscheidend ankommt: »Für jetzt bleiben Glaube, Hoffnung, Liebe, diese drei; doch am größten unter ihnen ist die Liebe« (1 Kor 13,13). Wenn wir also am Ende des Lebens im Punkt Liebe zu leicht befunden werden, bleiben wir draußen vor Gottes Tür. Auch diese harte Wahrheit vom Gericht gehört zum »Credo« der Kirche.

Also haben Angst und Furcht vor dem richtenden Gott doch das letzte Wort? Nein. Gerade als glaubender und vertrauender Christ überlasse ich mich einer wunderbaren Kraft, wie sie der vom NS-Regime hingerichtete protestantische Pastor Dietrich Bonhoeffer verspürt hat. Am letzten Tage des Jahres 1944 schrieb er folgende Verse:

»Von guten Mächten treu und still umgeben,
behütet und getröstet wunderbar,
so will ich diese Tage mit euch leben
und mit euch gehen in ein neues Jahr.
...
Von guten Mächten wunderbar geborgen,
erwarten wir getrost, was kommen mag.
Gott ist mit uns am Abend und am Morgen
und ganz gewiß an jedem neuen Tag.«

IRENÄUS EIBL-EIBESFELDT

Glaube als Offenbarungswissen und Zuversicht

Als Biologe ist das Erfahrungswissen für mich die einzig verläßliche Quelle des Wissens. Es ist mir dabei durchaus bewußt, daß dieses Wissen seine Grenzen hat, denn unser Zentralnervensystem als Welterkenntnisapparat entwickelte sich im Laufe der Jahrmillionen in Auseinandersetzung mit jenen Problemen, die sich unseren Vorfahren auf unserer Erde stellten und die diese zu lösen hatten, um zu überleben. Konrad Lorenz und Sir Karl Popper haben die daraus resultierenden Leistungsgrenzen unseres Hirns ebenso wie dessen Realitätsbezug, d. h. seine Passung auf den Mesokosmos, brillant diskutiert. Es ist einsichtig, daß die Möglichkeiten zu erkennen für uns daher begrenzt sind. Wo allerdings die Grenzen liegen und mit welchen Tricks wir die Begrenzungen unter Umständen überwinden können, wissen wir heute nicht. Unsere Begrenztheiten werden deutlich, wenn wir daran denken, wie sehr wir in Kausalketten denken und in Begriffen wie Anfang und Ende, Kategorien, die sich auf unserer Erde sicher bewähren. Wir kommen aber in Schwierigkeiten, wenn wir uns mit diesem geistigen Rüstzeug kosmischen Dimensionen zuwenden. Es gibt keine befriedigende Theorie des Seins, denn sie setzen alle bereits das Sein voraus. Der Glaube stellt für mich keine Lösung dieses Problems dar. Er entspringt unserem Bedürfnis nach Erklärung, die die Welt voraussagbar macht und uns daher Sicherheit vermittelt. Es handelt sich um Hypothesen, die nicht nachprüfbar, aber auch nicht widerlegbar sind. Sie geben dem Menschen Sicherheit und Trost, und das soll man keinem nehmen. Darüber hinaus haben die großen Weltreligionen entscheidend zur Zivilisierung und Humanisierung der Menschheit beigetragen, obgleich es – ein grotesker Widerspruch – bis heute noch Glaubenskriege gibt.

Das Wort »Glaube« hat jedoch ein weiteres Bedeutungsspektrum. Es bezieht sich nicht nur auf Offenbarungswissen. Viele Menschen glauben an eine bessere Zukunft, und daran glaube auch ich. Worauf begründet sich dieser Glaube angesichts der zunehmenden Umweltzerstörung und der drohenden Überbevölkerungskatastrophe in den Ländern der Dritten Welt und der sich dabei abzeichnenden zunehmenden Konflikte? Ich baue auf zweierlei: Einerseits auf die uns angeborene Fähigkeit zur Mitempfindung, der auch das ebenfalls angeborene Bedürfnis zu helfen zugeordnet ist. Beides entwickelte sich ursprünglich als Anpassung der Mutter-Kind-Beziehung. Damit kamen allerdings Voranpassungen in die Welt, die es uns erlauben, auch in nicht unmittelbar nahen Familienangehörigen den Mitmenschen in Not zu erkennen und ihm mit Sympathie gegenüberzutreten. Gefördert wird dies durch die Einsicht, daß wir auf Leistungen unserer Ahnen aufbauen, die wir gewissermaßen als Geschenke bekamen, woraus eine gewisse Verpflichtung auch für künftige Generationen erwächst.

Unsere Fähigkeit, Kausalzusammenhänge zu erkennen, hat uns die Naturwissenschaft und damit die technische Zivilisation beschert. Wir beherrschen heute die Natur wie nie ein Wesen zuvor. Allerdings gefährden wir uns durch die zunehmende Umweltzerstörung, weil durch sie ja unsere eigentliche Existenzbasis vernichtet zu werden droht. Ich halte die Probleme jedoch nicht für unlösbar. Allerdings wäre es dazu notwendig, daß wir nun auch mehr in die Forschung am Menschen investieren. Es gibt zwar viele Institutionen, die über den Menschen nachdenken und an Hand vorgegebener Theorien, an denen sie wie an Glaubensbekenntnissen festhalten, eine Art Auslegekunst perfektionieren. Aber was Forschung an Menschen betrifft, da scheint eine Art Berührungsscheu vorzuliegen, als wolle der Mensch über sich selbst nichts erfahren. Dazu kommt, daß der Mensch seit der Entwicklung des ersten Faustkeils ein Bastler geblieben ist, den es fasziniert, seine Instrumentekultur weiterzuentwickeln. So steckt er Milliarden in Weltraumprojekte und sehr wenig in die Erforschung seiner selbst. Selbsterkenntnis ist jedoch eine Voraussetzung für die Selbstkontrolle, an der es uns mangelt. Unter anderem ist es wichtig, daß wir erkennen, daß die uns angeborenen verhaltenssteuernden Programme in jener Zeit entwickelt wurden, in der wir auf altsteinzeitlicher Stufe als Jäger und Sammler lebten. Wir sind Kleingruppenwesen von Natur, schufen uns aber kulturell die Umwelt der urbanen anonymen Großgesellschaft, und das stellt uns vor Probleme. Wir sind eben mit der Tatsache konfrontiert, daß Männer mit steinzeitlicher Emotionalität heute als Präsidenten Supermächte leiten, aber mit dem ihnen zur Verfügung stehenden Machtpotential emotionell gar nicht umzugehen wissen.

Hier gilt es, die möglichen Stolperstricke unserer Programmierung zu erkennen, um Unfälle zu vermeiden. Ich bin darauf in meinem Buch »Der Mensch – das riskierte Wesen« näher eingegangen.

Das uns Angeborene legt uns nicht fest. Wir sind in der Lage, unsere Natur durch unsere Kultur zu beherrschen. Allerdings müssen wir zunächst einmal über uns selbst Bescheid wissen. Entscheidend ist, daß wir Menschen als erste Geschöpfe in der Lage sind, uns Ziele zu setzen und damit unserem Leben auch einen Sinn zu erteilen. Wir steigen damit nicht aus der Natur aus, aber wir begeben uns aktiv in neue Situationen, in denen neue Selektionsbedingungen auf uns einwirken. Alles, was wir tun, wird dann letzten Endes an der Elle der Eignung gemessen. Es kommt daher darauf an, so zu handeln, daß das Überleben in genetisch verwandten Nachkommen gesichert ist. Wer das nicht schafft, tritt aus der Evolution aus.

Über lange Zeiten der Stammesgeschichte entwickelten Tiere und Menschen recht rücksichtslose Strategien der Konkurrenz, die nicht Maßstab für unser künftiges Verhalten sein können. Wir haben eine Entwicklungsstufe erreicht, die Freundlichkeit und Kooperation in den Vordergrund unserer Überlebensbemühungen stellen. Als Schrittmacher neuer Entwicklungswege bietet uns Kultur neue Chancen. Während tierische Organismen ihr Verhalten und ihre Entscheidungen, wenn sie falsch sind – also fehlangepaßt – mit dem Absterben ihrer Entwicklungslinie bezahlen, können wir Menschen aus Einsicht Fehlerkorrekturen vornehmen. Alle Organismen sind, wie Sir Karl Popper es sehr treffend formulierte, Sucher nach einer besseren Welt und nicht bloß passive Erdulder der Selektion. Durch unsere Fähigkeit zur Einsicht und Fehlerkorrektur haben wir Menschen ausgezeichnete Überlebenschancen. Wir müssen uns nur vor dogmatischer Erstarrung hüten, allerdings auch vor einer nur einseitigen Fixierung auf unsere Vernunft, denn die könnte auch zur Entwicklung inhumaner Überlebensstrategien führen. Wenn sich allerdings unsere Vernunft mit unserer Fähigkeit zur Liebe verbindet, dann dürfte sich ja unsere Zukunft weniger düster darstellen, als es manchem Propheten erscheint.

HANS J. EYSENCK

Es ist so leicht, sich zu irren

In gewissem Sinne möchte ich sagen, daß ich an nichts wirklich *glaube*. Ich bin meinem Wesen nach ein Naturwissenschaftler, d. h. jede meiner Überzeugungen muß auf Tatsachen und empirischem Beweismaterial beruhen. Die Hypothese, daß eine solche Einstellung (gegenüber Wissenschaft, Religion und Politik) sehr stark erblich begründet ist, findet viel Unterstützung. Meine Kollegen und ich haben eine großangelegte Untersuchung über eineiige und zweieiige Zwillinge durchgeführt, haben ihre Persönlichkeit, ihre soziale und politische Einstellung und ihre Überzeugungen untersucht und herausgefunden, daß genetische Faktoren in allen Fällen eine herausragende Rolle spielten. Dies war in bezug auf die Persönlichkeit nicht weiter überraschend, und zu ähnlichen Ergebnissen waren auch andere schon gekommen. Es war jedoch insofern etwas Neues, als man immer geglaubt hatte, soziale und politische Einstellungen, religiöse Ideale etc. würden durch die Familie des Betreffenden, durch seine Schulbildung etc. bestimmt. Dies war aber nicht so. Ob jemand an Gott glaubte oder nicht, ob er religiöse Interessen hatte, in seinen politischen Ansichten radikal oder konservativ war, die Todesstrafe für eine gute Sache hielt und wie er sich zu vielen anderen Fragen stellte, wurde viel mehr durch seine Erbmasse bestimmt als durch Umweltfaktoren, wie z. B. elterliche Unterweisung, Schulerfahrungen und andere Variable.

In meiner Umgebung, in Elternhaus und Schule, war nichts, was mich in Richtung auf eine solche naturwissenschaftliche Einstellung getrieben hätte. Mein Vater war ein Rheinländer, der in der katholischen Tradition aufgewachsen war; meine Mutter war eine Protestantin aus Schlesien. Mein Vater war Schauspieler, meine Mutter ein Filmstar – sicherlich kein Hintergrund, der zur Naturwissenschaft geführt hätte! Ich erinnere mich noch daran, wie ich schon sehr früh ein Buch von Max Born, dem berühmten Naturwissenschaftler, las unter dem Titel »Umsturz im Weltbild der Physik«. Im wahrsten Sinne des Wortes veränderte dies mein Leben; es öffnete mir die Augen für die Schönheiten der Naturwissenschaften und die Wahrheitssuche, die mit ihnen verbunden ist. Von dem Augenblick an war ich entschlossen, entweder Physiker oder Astronom zu werden. Mein größtes Interesse hat seither immer diesen Gebieten gegolten, und ich versuche auch heute noch, mit den Entwicklungen in den exakten Wissenschaften Schritt zu halten.

Ein unfreundliches Schicksal entschied, daß ich aus praktischen Gründen weder Physik noch Astronomie studieren konnte, als ich nach England emigrierte, und so wählte ich das einzige naturwissenschaftliche Fach, das ich studieren konnte, nämlich Psychologie. Sie hat eine naturwissenschaftliche und eine nicht-naturwissenschaftliche Seite, wobei die nicht-naturwissenschaftliche durch die Psychoanalyse und ähnliche Verirrungen vertreten wird. Ich konzentrierte mich auf die experimentelle Seite und die statistische und mathematische Analyse der menschlichen Persönlichkeit und ihrer Fähigkeiten und auf behavioristische Genetik. Nach und nach werden diese Entwicklungen zu einer besseren Erkenntnis der menschlichen Natur führen und hoffentlich auch zu der Möglichkeit, sie in Richtung auf bessere Gesundheit und größeres Glück zu beeinflussen. Meine eigene Arbeit ist immer mit der Verhaltenstherapie verbunden gewesen, die ich für eine bessere Behandlungsmethode von Neurosen halte als die Psychoanalyse, da sie kürzer, billiger und erfolgreicher ist. Es scheint jetzt auch unbestritten zu sein, daß die naturwissenschaftliche Methode in der Psychologie genauso anwendbar ist wie nachgewiesenermaßen in der Physik, Chemie und Astronomie.

Von Anfang an habe ich Leuten mißtraut, die an etwas *glauben*, besonders wenn ihre Überzeugungen sehr stark sind. Als junger Mann, der in der Weimarer Republik lebte, war ich täglich mit den Auseinandersetzungen der Sturmtruppen der Nazis und ihrer kommunistischen Gegner konfrontiert. Beide schienen mir so offensichtlich irrational in ihren Überzeugungen zu sein, daß es mir schwerfiel zu verstehen, wie irgendein intelligenter Mensch sich ihnen anschließen konnte. Die absurde »Herrenvolk«-Ideologie von Hitler und seinen Anhängern schien mir ebenso inakzeptabel zu sein wie die marxistischen Ansichten der Kommunisten, die ohnehin nur auf pseudo-wissenschaftlichen Theorien beruhten, deren Vorhersagen schon oft in der Praxis widerlegt worden waren. Ich war mehr für die Politik der »Eisernen Front«, d. h. der Koalition von all den Antinazis, die Hitler davon abhalten wollten, die Macht zu ergreifen, allerdings nur aus rein rationalen Gründen – denn der Feind meines Feindes ist mein Freund!

Obwohl ich getauft worden war – was ich nicht verhindern konnte –, lehnte ich mich dagegen auf, in einem christlichen Glauben konfirmiert zu werden, den ich nicht teilen konnte. Ich wurde schließlich bestochen, die Konfirmation zu akzeptieren, indem man mir ein Fahrrad schenkte – und meine Prinzipien waren nicht stark genug, um dieser Bestechung zu widerstehen! Aber ich konnte nie ein Interesse an der Religion gewinnen, und es kam mir äußerst irrational vor, an einen allmächtigen Gott zu glauben, der das Böse duldete, das die Menschheit zerstörte. Ich kenne all die Argumente über Gottes Akzeptanz des Bösen, aber ich habe sie nie für sehr logisch gehalten. Ein Baby, das mit angeborenem Aids zur Welt kommt, hat wenig Chancen, und nichts in der Welt kann mich dazu bringen, an einen gütigen, allmächtigen Gott zu glauben, der es zuläßt, daß so etwas geschieht. Ich habe all die Argumente gehört und gelesen, mit denen man Gott zu entschuldigen sucht, aber schließlich laufen sie doch nur alle auf den einen alten Satz hinaus »credo quia impossibile« – und an eine Religion zu glauben, weil es unmöglich ist, schien mir nicht gerade vernünftig zu sein.

Ich erinnere mich an frühe Versuche meinerseits, Tatsachen an die Stelle von Überzeugungen zu setzen. In der Schule brachte man uns bei, daß Juden Feiglinge seien, was ich angesichts ihrer Geschichte für absurd hielt. Aber konnte ich diese Überzeugung beweisen? Ich sah mir den Anteil von Juden an, die während des Ersten Weltkrieges das Eiserne Kreuz als Auszeichnung für ihre Tapferkeit erhalten hatten, und fand, daß ihre Zahl proportional höher war als die der Nichtjuden. Dies schien mir ein angemessener Beweis dafür zu sein, daß die Vorstellung von Juden als Feiglinge absurd und unzutreffend war. Von den Menschen, die Zeugen des unbeugsamen Mutes der Israelis in den Kriegen gegen die Araber gewesen sind, würde wohl kaum einer bezweifeln, daß sie sogar ganz außergewöhnlich mutig sind, aber zu jener Zeit wurden meine Lehrer wütend, als ich ihnen von meinen Nachforschungen erzählte.

Ein anderer Lehrsatz behauptete damals, als ich jung war, daß Juden körperlich anders seien als »Arier«. Ich erinnere mich noch daran, wie Hitler einen speziellen sogenannten »Biologen« in unsere Schule schickte, um alle Kinder zu vermessen und ihre rassischen Merkmale zu bestimmen. Es erwies sich dann aber, daß der Junge, den er aus körperlichen Gründen für besonders »arisch« gehalten hatte, mein bester Freund und von untadeliger jüdischer Herkunft war. Seitdem schien mir die Gültigkeit all dieser rassischen Lehrsätze zweifelhaft. Später forderte ich eine meiner Studentinnen auf, eine Untersuchung durchzuführen, in der sie einige Gruppen von zehn Studenten zusammenbrachte, jeweils zur Hälfte Juden und Nichtjuden. Sie verbrachten einen angenehmen Nachmittag zusammen, tranken Tee, tanzten und unterhielten sich; sie sollten ganz offen über alles reden, nur nicht ihre Namen nennen oder über ihre Religion sprechen. Als der Nachmittag zu Ende ging, wurde jeder gefragt, wer von den anderen Jude sei. Sie konnten alle nur aufs Geratewohl raten!

Ich denke, es ist außerordentlich wichtig, von Überzeugungen, die auf nichts anderem als Eindrücken, Propaganda und Vorurteilen beruhen, zu wissenschaftlicher Überprüfung, empirischem Beweismaterial und realen Untersuchungen der Konsequenzen überzugehen. Besonders die Erziehung hat sehr unter der unbewiesenen Überzeugung gelitten, daß bestimmte Bildungssysteme, wie z. B. die Gesamtschule, eine positive Wirkung hätten. Diese Meinung gründete sich aber nicht auf Forschungsergebnisse und erwies sich nach zwanzig Jahren als so katastrophal, daß selbst die Initiatoren der Gesamtschule begannen, die Wirksamkeit nichtselektiver Bildung in Frage zu stellen im Hinblick auf das Ziel, Kindern tatsächlich Lesen, Schreiben und Rechnen beizubringen. In England zweifelt jetzt kaum noch jemand daran, daß die Maßnahme falsch war; der Fehler lag darin, daß man sich auf Überzeugungen verlassen hatte statt auf Beweise, auf Glauben statt auf Tatsachen.

Die Kriminalität ist auch ein Gebiet, auf dem Überzeugungen an erster Stelle stehen und empirische Nachweise sekundär sind. Viele, die es nicht besser wissen, behaupten immer noch, daß die Schwere der Bestrafung keine Wirkung auf die zukünftige Verbrecherlaufbahn eines Bestraften habe oder zur Abschreckung potentieller Straftäter diene.

Ich sprach einmal mit dem Premierminister von Singapur darüber, und er erzählte mir, was geschah, als die Japaner Singapur besetzt hatten, eine Stadt, die vorher ausgesprochen gesetzlos gewesen war mit vielen Einbrüchen, Diebstählen und Mord. Die Japaner gaben bekannt, daß jeder Verbrecher, auch bei geringfügigen Vergehen, erschossen würde, sobald sie ihn faßten. Innerhalb von einer oder zwei Wochen gab es keine Kriminalität mehr in Singapur, und die Stadt wurde die gesetzestreueste der Welt! Ähnlich ist es in den arabischen Ländern, wo Diebstahl dadurch bestraft wird, daß dem Dieb die rechte Hand abgehackt wird, wo Einbrüche praktisch unbekannt sind und jeder seine Tür unverschlossen lassen kann, ohne sich vor Einbrechern fürchten zu müssen. Ich mache nicht den Vorschlag, daß wir ihrem Beispiel folgen und die Todesstrafe oder das Abhacken von Gliedern als Bestrafung für relativ geringe (oder überhaupt für irgendwelche) Gesetzesübertretung verhängen sollten, ich will nur darauf hinweisen, daß die Überzeugung von der Wirkungslosigkeit von Strafen absurd ist angesichts der Tatsachen. Was wir tun können, um die Häufigkeit von Verbrechen einzudämmen, habe ich, auf der Grundlage von empirischer Information, in meinem Buch »The Causes and Curses of Criminality« (mit Gisli Gudjonsson) zu zeigen versucht.

Habe ich persönlich denn keine Überzeugungen, die eventuell ohne rationale Basis sind? Ich denke, daß ich vielleicht bestimmte ethische Ideale und Prinzipien habe, die ich am Ende wahrscheinlich auch nicht rein rational begründen könnte. Ich verabscheue Grausamkeit, besonders an Kindern und Tieren, aber natürlich auch gegenüber Erwachsenen; ebenso ist Folter etwas Böses, das ich schwerlich entschuldigen kann. Ich glaube an Freundlichkeit gegenüber anderen, besonders wenn sie sozial niedriger stehen, und an eine allgemeine Hilfsbereitschaft denen gegenüber, die in

Not sind. Mit anderen Worten, ich akzeptiere die Grundsätze der christlichen Religion, ohne jedoch an deren angebliche Inspiration durch Gott zu glauben. Ich glaube an den Frieden und verabscheue den Krieg; ich glaube an Kooperation und lehne Streit jeglicher Art ab. Ich glaube, daß im ganzen die menschliche Geschichte in den letzten 2000 Jahren viele Beweise geliefert hat, daß diese Prinzipien für die meisten Menschen zu einem glücklicheren Leben führen, als ihr Gegenteil es tut, aber ich weiß, daß es schwierig ist, einen absoluten Beweis für eine solche Behauptung zu liefern. Erfahrung verleiht uns eine gewisse Weisheit in der Erkenntnis von dem, was für die menschliche Rasse gut oder schlecht ist, und Entzweiung, Streit, Krieg, Rassenvorurteile und andere Übel stehen dem tiefsitzenden Prinzip des Altruismus entgegen. Meine Kollegen und ich haben herausgefunden, daß altruistisches Verhalten in großem Maße von genetischen Faktoren determiniert wird, und dies wäre wohl nicht so, wenn es nicht eine sehr wichtige Rolle für das Überleben der Menschen (und Säugetiere) spielte.

Selbstverständlich kann unser Verhalten nicht immer von wissenschaftlichen Erwägungen gelenkt werden, einfach weil die Naturwissenschaft zur Zeit noch zu unvollkommen ist, um uns in allen Dingen als Richtschnur zu dienen. Wenn wir gelegentlich in gutem Glauben handeln müssen, meine ich, ist es äußerst wichtig, daß wir uns nicht zu sehr an unsere Überzeugungen klammern, sondern immer die Möglichkeit mit in Betracht ziehen, daß wir uns irren können. Es gibt in der Sozialpsychologie ein fundiertes Sicherheitsprinzip, das besagt, daß, wenn es in einer Gesellschaft gegenteilige Meinungen über irgendetwas gibt, die meisten Menschen nicht geneigt sind, eine dazwischenliegende Position der Ungewißheit einzunehmen, sondern sich eher dem einen oder anderen Extrem anschließen. Dies ist schlechte Politik, und wir sollten genau das Gegenteil tun. Wo Leute entschieden für oder gegen etwas eintreten, sollten wir sehr darauf bedacht sein, eine Position der Unbestimmtheit einzunehmen, die zwischen den beiden Extremen liegt, und recht viel Beweismaterial zu sammeln, bevor wir diese Position aufgeben. Vielen scheint dies gegen den Strich zu gehen, und die stürzen sich lieber in das eine oder andere

Extrem; tatsächlich hat uns ja unsere Arbeit an Genetik gezeigt, daß die Tendenz, ins Extrem zu gehen, selbst genetisch determiniert ist! Aber der Leser wird ja schon, ohne daß ich weiter darauf eingehe, gemerkt haben, daß ich jeder Art von Überzeugung müde bin, die sich nicht auf Tatsachen stützt, und daß ich es, falls ich aus Mangel an empirischen Beweisen in gutem Glauben handeln muß, für besonders wichtig halte, solche Aktivitäten nicht mit einem Grad von Gewißheit zu belegen, der ihnen nicht zukommt. Oliver Cromwell sagte einmal: »Ich bitte Sie flehentlich, bei den Eingeweiden Christi, zu bedenken, daß Sie sich irren können!« Das, meine ich, sollte unser oberstes Prinzip sein, wenn es um Überzeugungen geht – es kommt so leicht vor, daß wir uns irren, und darum sollten wir mit bloßen Meinungen keine Gefühle von Sicherheit verbinden. Dies ist jedenfalls das, was ich glaube, obwohl es schwer sein dürfte, es zu beweisen.

Aus dem Englischen von Marianne Reppekus

OSSIP K. FLECHTHEIM

Ich bin optimistisch: Mein Glaube an den Menschen ist begrenzt

Bevor ich ausführe, woran ich glaube, möchte ich zunächst ganz kurz sagen, woran ich *nicht* glaube. Ich glaube nicht an einen allweisen, allgütigen und allmächtigen Gott. Wäre der Herr und Vater Gott allmächtig, allweise und allgütig, so könnte der Mensch in seiner ganzen Geschichte sich nicht so unmenschlich verhalten haben, wie er es immer wieder getan hat. Es braucht hier wohl nur an Auschwitz erinnert zu werden, um die »Allgüte« der Gottheit in Zweifel zu ziehen. Ich muß mich also insoweit als Agnostiker oder gar Atheist bekennen.

Aber auch mein Glaube an den Menschen und die Menschheit ist begrenzt. Ich glaube nicht an einen vollkommenen Menschen oder auch nur daran, daß die Menschheit in absehbarer Zeit mehr oder weniger vollkommen werden kann. Eine »gütige« und problemlose Zukunft kann ich mir auch nicht vorstellen. Ich bin aber auch nicht so pessimistisch, daß ich nicht an das Gute im Menschen und die Möglichkeit einer besseren Zukunft und Gesellschaft glaube.

Der Mensch ist nicht nur ein wissendes Geschöpf (homo sapiens), sondern auch ein Werkzeuge produzierendes Wesen (homo faber). Ihm wohnt ein Spieltrieb inne (homo ludens); er handelt als ein gesellschaftlich-politisches Wesen (zoon politikon); ja, nicht zuletzt stellt er sich selber und die Welt in Frage (animal metaphysicum).

Er ist ein widersprüchliches, vielfach bedingtes und doch auch immer wieder seine Bedingungen überwindendes Wesen. Er fragt und sucht voller Furcht und Angst, voller Hoffnung und Verzweiflung, voller Phantasie und Illusion. Niemand hat das besser gesagt als Matthias Claudius:

Der Mensch verachtet und verehret,
Hat Freude und Gefahr,

Glaubt, zweifelt, wähnt und lehret,
Hält nichts und alles wahr ...

Leben und Tod, Hunger und Liebe, die Last der Arbeit und die
Lust der Libido, Aggression und Sympathie sich selber und seinen
Mitmenschen gegenüber, Streben nach Solidarität, Genossen-
schaftlichkeit und Brüderlichkeit, aber auch der Drang nach Herrschaft und Macht wohnen in derselben Brust. Der Mensch will
leben, doch ist er nur allzuoft bereit, auch zu töten und sogar
selber den Tod zu erleiden.

Der Mensch hat die Möglichkeit zu mehr oder weniger weitge-
hender Individualisierung, Verselbständigung und Entfremdung.
Zum anderen bleibt er als zoon politikon stets eingebettet in seine
Gruppe und deren Kultur. Durch die Sprache lebt er in ständiger
Kommunikation mit der Gesellschaft und ihrer Tradition – Kommunikation ist aber ohne Wahrhaftigkeit nicht denkbar. Wollen
wir sinnvoll miteinander reden, wirklich miteinander kommuni-
zieren, wollen wir auch nur feststellen, inwiefern wir *nicht* einig
gehen, so können wir das nur, wenn wir ein Mindestmaß an
Gemeinsamkeit der Begriffe, eine Öffentlichkeit und doch auch
eine tragfähige Beziehung zur Umwelt anerkennen und voraussetzen. Die Möglichkeit der Übersetzung einer Sprache in die andere
spricht dafür, daß auch zwischen verschiedenen Gruppen ein
Minimum an Wahrheit ermöglicht werden kann. Selbst wo man
auf Überzeugung verzichtet und sich statt dessen ganz auf Überre-
dung, Manipulation, Propaganda beschränkt, zollt man noch der
Wahrheit in Gestalt der Heuchelei Tribut. Dagegen ist die Lüge als
»geistige Dorfbrunnenvergiftung« gerade »eine so fundamentale
Störung der Gemeinschaft, weil durch sie das Mittel der Gemein-
schaftsstiftung, die Rede, verfälscht wird«[1]. Totale Lügenhaftig-

1. E. Brunner, Das Gebot und die Ordnung, 4. Aufl., Zürich 1939, S. 308 f.;
vgl. auch H. Weinrich, Linguistik der Lüge, Heidelberg 1966, der auch Augustin
und Thomas v. Aquin behandelt, und Th. Mann, Meine Zeit, 1950, S. 28, der
erklärt, daß »alles Wahrwerden des Unwahren letzten Endes Gewalt ist«. Es ist
nicht ohne Reiz zu lesen, daß sogar ein Stalin dekretiert: »a) Die Sprache als Mittel
des Verkehrs war und bleibt stets eine für die Gesellschaft einheitliche und für die
Mitglieder gemeinsame Sprache; b) das Vorhandensein von Dialekten und Jargons

keit oder Skepsis zerstören alles – auch sich selber. Das wußten schon die alten Griechen, als sie entdeckten, daß niemand sagen kann: Alle Menschen sind Lügner – oder nichts ist wahr. Ähnlich argumentiert Georg Lukács[2], wenn er das Absolute für das logisch stärkere Prinzip gegenüber allen Relativierungsversuchen erklärt – »das höchste Denkprinzip, das auf undialektischem Boden, in der Steinwelt der starren Dinge und der logischen Welt der starren Begriffe erreichbar ist; so daß *hier* unvermeidlich Sokrates gegen die Sophisten, der Logismus und die Weltlehre gegen den Pragmatismus, Relativismus usw. *logisch-methodologisch recht behalten müssen*«.

Bei aller Problematik eines jeden Wahrheitsbegriffs, bei aller Dialektik des Umschlags von These und Antithese, kann sich diese doch aufbauen auf einer einfachen Logik dessen, was L. Kolakowski[3] die »elementaren Situationen« genannt hat, denen gegenüber »die Taktik erlischt, d. h., an denen unser moralisches Verhalten ungeachtet der Umstände, unter denen sie eintreten, unverändert bleibt«. Umgekehrt dürfte die kulturvernichtende Unmenschlichkeit in ihren extremsten Äußerungen nicht zufällig im wahrsten Sinne des Wortes *unaussprechlich* sein. Unsere Zunge sträubt sich, Einzelheiten eines Hitler'schen oder Stalin'schen Terrorsystems darzulegen oder die Details der Intervention in Vietnam – von einem globalen Kriege ganz zu schweigen – zu beschreiben. Das hat bereits Orwell gesehen.

Führt aber nicht sogar die einfache Alltagssprache noch weiter? Erinnert sie nicht an die Möglichkeit, im Gegensatz zu einem totalen Wertrelativismus doch einige »Ur- und Grundwerte« festzulegen? Deutet die Sprache nicht an, daß in jeder Gruppe, Gesellschaft, Kultur stets gewisse Verhaltensweisen wie etwa Grausamkeit und Gemeinheit, Habsucht und Geiz, Feigheit und

ist keine Verneinung, sondern eine Bestätigung des Vorhandenseins einer Sprache des gemeinsamen Volkes, deren Abzweigungen sie darstellen und der sie untergeordnet sind; c) die Formel vom »Klassencharakter« der Sprache ist eine fehlerhafte, unmarxistische Formel« (J. Stalin, Der Marxismus und die Fragen der Sprachwissenschaft, Berlin-Ost 1952, S. 26).

2. G. Lukács, Geschichte und Klassenbewußtsein, Berlin 1923, S. 205.

3. L. Kolakowski, Der Mensch ohne Alternative, München 1960, S. 248.

Verrat, ja sogar der »Mord« als Unwerte abgelehnt werden[4]? Sind nicht auch schon sprachliche Werte wie Wahrheit, aber auch Friede, Glück, Ordnung, Gerechtigkeit, Freiheit, Menschlichkeit Primärwerte, verglichen mit den Gegenwerten oder »Unwerten« wie Unwahrheit, Unfriede, Unglück, Unordnung, Ungerechtigkeit, Unfreiheit, Unmenschlichkeit? Vermögen wir also doch, ausgehend von der Wahrheit, einen breiteren Bereich echter Normen und Werte ausfindig zu machen und von einer Sphäre der Pseudowerte oder »Unwerte« deutlich zu trennen?

Können wir etwa sagen, daß der Logik der Sprache[5] auch ein realphänomenologischer Sachverhalt entspricht, demzufolge Werte wie Leben und Liebe, Sympathie und Ordnung als »Primär- oder Urwerte« doch eine größere Würde und Mächtigkeit haben als die Gegenwerte Tod und Haß, Aggression und Chaos? Hierfür spricht der Umstand, daß man sich wohl die Wahrheit ohne die Unwahrheit, den Frieden ohne den Unfrieden, das Glück ohne das Unglück, die Ordnung ohne die Unordnung, die Gerechtigkeit ohne die Ungerechtigkeit vorstellen kann – aber nicht umgekehrt. Ja, eine Welt des totalen Friedens, der absoluten Wahrhaftigkeit, der durchgehenden Ordnung ist nicht nur abstrakt denkbar. Wie es im Prinzip Wahrheit ohne Lüge, dagegen nicht Lüge ohne Wahrheit gibt, so können wir uns sogar grundsätzlich – wenn auch nur schwer – die *Verwirklichung* jener Normen vorstellen. Dagegen würde die totale und absolute Herrschaft der Lüge, des Hasses, des Krieges doch wohl das Ende der Menschheit herbeiführen. Gibt es aber keine Menschen mehr, so gibt es jedenfalls auch keine Werte – weder Ur- noch Unwerte.

---

4. Schon Cicero (De legibus Buch I, XI, 32) fragt »quae autem natio ... saperdos quae maleficos, quae ingnatos non aspernatur, non odit«? Seine These, daß auch jedes Volk Höflichkeit (comitas), Wohlwollen (benignitas) und Dankbarkeit (gratus animus) schätzt, ist noch zweifelhafter.

5. Vgl. hierzu auch die sprachanalytische Untersuchung der Gerechtigkeit bei M. Kriele, Kriterien der Gerechtigkeit, Berlin 1963, S. 38 ff. einerseits und die Kritik an der mangelhaften (da »die Totalität des menschlichen Weltverhältnisses« nicht kennzeichnenden) Struktur der abendländischen Sprachen bei I. Goldmann, Dialektische Untersuchungen 1966, S. 196, und H. Fleischer, Marxismus und Geschichte, Frankfurt a. M. 1969, S. 118, andererseits.

Die Existenz der Wahrheit und der Kommunikation setzen also schon ein Mindestmaß an Gewaltlosigkeit, an Frieden und Friedfertigkeit voraus. Das dürfte wohl auch die Auffassung Gandhis gewesen sein, der nicht zufällig soviel Nachdruck auf die Wahrhaftigkeit legte.[6]

Heute erinnert etwa Mihailo Markovic[7] daran, daß die große humanistische Tradition der letzten 25 Jahrhunderte ebenso wie die heute jeder Moral zugrunde liegenden Grundwerte dafür sprechen, »daß die Menschen, bei sonst gleichen Bedingungen, mehr zur Freiheit als zur Sklaverei tendieren; daß sie schöpferische Tätigkeit der Vernichtung und der Passivität in Routinearbeiten vorziehen; daß sie dem Egoismus die Sorge um allgemeine gesellschaftliche Bedürfnisse vorziehen, jenem Verhalten, das die blinden unbewußten Kräfte regieren, die Rationalität der Aggressivität, die Liebe zum Frieden usw. Es wäre falsch und dogmatisch zu sagen, es seien nur diese Charakteristika, die die menschliche Natur konstituieren, wohingegen alles andere bloßer Schein sei, eine Faktizität, die keinerlei Grundlage im Wesen des Menschen hätte. Um ein allgemeines Kriterium der Wertbestimmung des Menschen in Philosophie und Praxis zu begründen, genügt es festzustellen, daß diese Charakteristika dasjenige darstellen, was als die optimale Möglichkeit des menschlichen Seins betrachtet werden muß. Diese optimalen Möglichkeiten erfüllen bedeutet: ein ›wahres‹, ›authentisches‹, menschliches Leben führen. Diese seine optimalen Möglichkeiten nicht ausnützen bedeutet: keine authentische Persönlichkeit sein, kein wahrhaft humanes Leben leben – entfremdet sein.«

»Haß befriedigt nicht«, erklärt der Tiefenpsychologe A. Mitscherlich.[8] Seine Erkenntnis legt die Schlußfolgerung nahe, daß das Verhältnis von Haß und Liebe, von Destrudo und Libido, von

6. Vgl. hierzu Th. Ebert, Gewaltfreier Aufstand – Alternative zum Bürgerkrieg, Freiburg i. Brsg. 1986, S. 43 ff.
7. M. Markovic, Möglichkeiten einer radikalen Humanisierung der Industriekultur, in: H. Marcuse u. a., Aggression und Anpassung in der Industriegesellschaft, Frankfurt a. M. 1968, S. 151 f.
8. A. Mitscherlich, Aggression und Anpassung, in: Ebenda, S. 107.

Tod und Leben dem von Lüge und Wahrheit ähnelt: Wie die Wahrheit sind Liebe, Libido und sogar das Leben als solches maximierbar, nicht aber der Haß, die Destrudo, der Tod. Ich, d. h. *der* Mensch, kann im Prinzip alle lieben, aber nicht alle außer mir hassen und vernichten. Ich bliebe ja dann als einziger übrig. Da ich mich als solcher nicht fortzeugen kann, bedeutet das das Ende der Menschheit und damit auch aller Ethik. Das Selbstzerstörerische des Cäsarenwahns, wie er sich auch in einem Hitler oder Stalin verkörpert, schildert großartig Camus in seinem »Caligula«. Da dieser den Mond, damals noch Symbol des Unerreichbaren, nicht haben kann, bleibt ihm nur übrig, seine Macht durch die Vernichtung der Menschen zu beweisen. Der Widersinn wird auch sozusagen logisch klar. Logisch widerspruchsfrei und je nach Lage der Dinge realistisch bleibt freilich auch das Verhalten der Gruppe, die auf Kosten anderer lebt, wobei sie ganz offen und bewußt subjektive Privilegien für sich beanspruchen kann. Ein Widerspruch entsteht erst, wenn sie sich zu allgemeinen menschlichen Werten *bekennt*.

Wir kommen also zu dem Schluß, daß, will und soll der Mensch überleben (das bleibt freilich eine vorwissenschaftliche Annahme!), dann das bewußte, rationale, zielstrebige Handeln des Menschen darauf gerichtet sein müßte, die eben erwähnten Grundwerte – insbesondere die der Wahrhaftigkeit und Friedfertigkeit – durchzusetzen, soweit das nur irgend möglich ist. Die totale Verwirklichung der Grundwerte und Ideale dürfte auch kaum zur »Atrophie«, zum »Absterben« infolge des Wegfalls der »Challenges« führen: Die Eliminierung der rohen Gewalt würde wohl eher zur Entfaltung sublimierter geistiger Auseinandersetzungen und Herausforderungen beitragen. Es scheint doch, als ob es genug spontane natürliche Gegentendenzen gegen zu weit gehende Domestizierung und Pazifizierung des Menschen gibt. Wir haben bereits angedeutet, daß sich Lüge und Haß, Gewalt und Krieg, Chaos und Tod von selber, ohne unser Zutun, reproduzieren, ja dazu tendieren, zu wuchern und zu überwuchern, so wie im Hintergrund noch letztlich stets das Scheitern, der Tod, das Ende lauern.

Freilich wird man noch einen Schritt weitergehen müssen.

Insbesondere wird zu fragen sein, wieweit nicht die Übereinstimmung darüber, was Wert und was Unwert ist, im rein Verbalen bleibt. In der Wirklichkeit streitet man doch immer wieder darüber, wo die Grenze zwischen dem Wert und dem Unwert verläuft. In jeder differenzierteren Gesellschaft sind sich die verschiedenen Gruppen oder Personen oft uneins darüber, was nun in concreto Grausamkeit und Habsucht, Verrat und Mord, ja sogar auch Friede und Unfriede, Wahrheit und Unwahrheit ausmachen. Was sich dem einen als unsittliche Grausamkeit oder gemeiner Mord darstellt, erscheint dem anderen als angebrachte oder zumindest entschuldbare Härte, Strenge oder Strafe. Ja, die Sprache selber kennt für *fast* jeden Unwert auch einen positiven Wert: Unfriede und Unfreiheit, Unglück und Unordnung sind schlecht – Krieg und Bindung, Leid und Disharmonie mögen gut sein. Und wenn Unmenschlichkeit und Ungerechtigkeit vielleicht als einzige ohne Gegenwert dastehen, so doch nur, weil sie so allgemeine und abstrakte Werte darstellen, daß sie nur schwer als konkrete Handlungsmaxime zu dienen vermögen – das hat Hans Kelsen[9] zumindest für den Begriff Gerechtigkeit wohl schlüssig nachgewiesen.

Paradoxerweise wird auch derjenige, der alles zur Erhaltung des Menschen und der Menschheit tun will, darauf aus sein müssen, eine »Maximierung« des Menschen zu verhindern. Die Überbevölkerung ist schon heute ein ernstes Problem und wird es in Zukunft noch mehr werden. »Zu viele Menchen« würde zur Selbstvernichtung der Menschheit führen. Auch hier müßte die Bevölkerungszahl langfristig geplant werden, so schwierig das auch sein mag. Immerhin gibt es bereits einige Ansätze in dieser Richtung.

Ich glaube nicht nur an den Menschen und seine Zukunft, sondern auch daran, daß eine bessere Zukunft und Gesellschaft im Zeichen dessen stehen dürfte, was ich als Global-, Human- und frugalen Ökosozialismus charakterisieren würde. Der Begriff Global-Sozialismus negiert vor allem die einfache Gleichsetzung von Sozialismus und totaler Verstaatlichung. Der Global-Sozialismus muß seinem Wesen nach universalistisch-pazifistisch orientiert

9. H. Kelsen, Reine Rechtslehre, 2. Aufl., Leipzig 1934, Wien 1960.

sein und zugleich neue Formen von Selbstbestimmung und Föderalismus bis hin zu globaler Rahmenplanung und einer Weltföderation entwickeln. Der Human-Sozialismus steht im schärfsten Widerspruch zu jeder Form von autoritärem Kollektivismus. Er betont die Autonomie des Individuums in der Gesellschaft und wendet sich gegen die Verherrlichung von Gewalt und Terror. Soweit er revolutionär ist, geht es ihm immer um eine gewaltfreie Revolution. Der frugale Ökosozialismus ist ein relativ neuer Begriff und bezieht sich vor allem auf die Umweltproblematik, wie sie bisher von Sozialisten und Kommunisten, Demokraten und Liberalen allzu sträflich vernachlässigt worden ist. Heute können wir weniger denn je mit der unbegrenzten Fülle und Güte der Natur rechnen. Wir müssen die Grenzen des Wachstums sehen und dem materiellen Verschleiß und der grenzenlosen Verschwendung immaterielle Werte entgegensetzen.

Wie groß sind nun aber die Aussichten für die Verwirklichung einer humanen, gerechten und friedlichen Gesellschaft? Es wäre Selbsttäuschung zu behaupten, daß die Chancen allzu groß sind. Der Atomphysiker Leo Szilard hat ganz offen erklärt: »Ich rechne mir zwar auf dem Papier 85 Prozent Wahrscheinlichkeit für den gewaltsamen Untergang aus, aber ich lebe und kämpfe für die verbleibenden 15 Prozent.«

Der Futurologe kennt jedoch auch unerwartete Entwicklungen, die sich der Prognose entziehen[10]. Ausnahmsweise ereignet sich einmal etwas, das aller Erwartung und jedem Kalkül widerspricht. Unter der Oberfläche wirken hie und da Kräfte, die höchstens unsere kühnste Phantasie erahnen kann. Verwiesen sei hier nur auf die kaum vorhersehbare demokratische Entwicklung im Osten zweihundert Jahre nach der Französischen Revolution. Heute spricht mehr dafür als noch vor wenigen Jahren, daß unsere Gesellschaft vielleicht durch eine Art historisch-soziales »Wunder« gerettet werden wird. Daran kann auch der Ungläubige glauben.

10. Vgl. hierzu O. K. Flechtheim, Ist die Zukunft noch zu retten?, Hamburg 1987 und München 1990.

MONIKA GRIEFAHN

Holland unter Wasser – Hannover an der Nordsee?

Wir stehen an der Wende zu einem neuen Jahrzehnt, einem neuen Jahrhundert, einem neuen Jahrtausend. Zehn Jahre bleiben uns, die Weichen zu stellen für ein Leben auf dieser Erde für Pflanzen, Tiere und Menschen. So wie die Menschen sich in den letzten tausenden von Jahren die Erde untertan gemacht haben, bleibt uns nicht lange Zeit, und unseren Mitschöpfern auch nicht. Wir, als intelligente Wesen, haben die Verantwortung, das Ruder herumzureißen. Zehn Jahre, die dazu dienen, die Weichen zu stellen. Zur Jahrtausendwende wird sich zeigen, ob wir es schaffen. Holland und Bangladesh unter Wasser? Hannover an der Nordsee? Palmen in Sibirien? Wüsten in Italien? Mißernten in den USA?

Wir haben das Wissen, wir haben die Möglichkeiten. Jetzt geht es darum, die Gesellschaft der Zukunft zu entwickeln. Die Gesellschaft der Zukunft ist eine »Konsensgesellschaft«. Den Weg zum Überleben können wir nicht erreichen, indem eine Gruppe dominiert. Die Industrie kann nicht den einzelnen Bürger bevormunden, politische Systeme nicht mehr die Menschen unterdrücken. Politik kann keine Vorschriften machen, ohne daß die Partner kooperieren. Konsensgesellschaft heißt, Vertreter aller gesellschaftlicher Gruppen, seien es Industriemanager, Landwirte, Bürger, Politiker, Gewerkschafter, Verbandsmitarbeiter, sind sich der Probleme des Überlebens bewußt und packen sie gemeinsam an. Wenn der Mensch ein Vernunftswesen ist, wie uns die philosophische Theorie gelehrt hat, wenn der Mensch ein Wesen ist, das barmherzig sein kann, wie uns die christliche Lehre gelehrt hat, wenn der Mensch ein Wesen ist, das Teil der Natur ist, Teil der Welt ist, wie es die Indianer gelehrt haben, dann werden wir als Menschen diese Chance ergreifen und tatsächlich die Schritte tun, die jetzt notwendig sind: die Weichen stellen für das Überleben. Die Industrie wird Vorschläge machen für Produktionsprozesse, die umweltverträglich sind, die nicht weiter die knappen Güter

Luft, Wasser, Boden und die Ressourcen verschwenden. Innovative und kreative Menschen werden helfen, aus der krebserregenden, giftigen Chlorchemie auszusteigen. Weitsichtige Manager werden entscheiden, daß die Atomenergie nur Kosten und Leid verursachte und den Ausstieg realisieren. Gewerkschafter werden erkennen, daß der Arbeitsplatz kein Selbstzweck ist, wenn er dazu dient, die Lebensgrundlagen für sich und ihre Kinder zu zerstören, und werden an ökologischen Wirtschaftsmodellen mitarbeiten. Die Politiker werden erkennen, daß mit Vorschriften (Gesetzen und Verordnungen) alleine, ohne die Möglichkeit sie umzusetzen, ohne die Kooperation derjenigen, die die Vorschriften ausführen sollen, Politik nicht umsetzbar sein wird, daß sie gebremst sein wird und schon deshalb den Dialog mit den Bürgern und allen gesellschaftlichen Gruppierungen suchen.

Die Müllprobleme zu Beginn der 90er fressen uns auf. Zwei Milliarden Tonnen Abfälle erzeugen wir zur Zeit in der EG. Für die 90er wird vermutet, daß es drei Milliarden Tonnen sein werden. Die Erde hat nicht die Energiereserven und die Ressourcen, weitere Müllberge zu verkraften; und wir wissen noch nicht, wohin mit dem Müll, ohne weiter unsere Lebensgrundlage zu vergiften.

Die Weichen werden gestellt werden müssen, unsere Gesellschaft in den nächsten zehn Jahren zur »Leasinggesellschaft« werden zu lassen:

Zeitungen werden auf Papier gedruckt mit auswaschbaren Farben. Wenn ich eine Zeitung kaufe, bringe ich gleichzeitig meine gelesene Zeitung von gestern zurück. Die Druckfarben dieser Zeitung werden ausgewaschen, das Papier wieder für die Herstellung von Zeitungen benutzt.

Ich kaufe einen Fernseher. Die Einzelteile des Fernsehers sind so montiert und bestehen aus ungiftigen Materialien, daß ich den Fernseher nach Ablauf seiner Gebrauchszeit wieder an die Firma zurückgebe, die ihn hergestellt hat. Diese montiert die Teile des Fernsehers auseinander, recyclet sie und verwendet sie wieder für den Bau von neuen Fernsehern.

»Leasinggesellschaft« bedeutet, ein Hersteller behält für die gesamte Lebensdauer eines Produktes den Besitz über dieses Produkt, das Eigentum über dieses Produkt. Er gibt es zum Gebrauch ab, ich bezahle den Gebrauch. Wenn ich dieses Gerät nicht mehr brauchen kann, weil es kaputt ist oder ich etwas anderes haben möchte, gebe ich es an den Hersteller zurück. Die Abfallberge werden verringert, die Ressourcen werden geschont, das Verursacherprinzip bleibt gewährleistet, weil der Hersteller für das Produkt von Anfang bis Ende verantwortlich ist. Und weil er es zurückbekommt, wird er selber daran ein Interesse haben, es umweltfreundlich, ressourcenschonend und energiesparend zu gestalten.

400 Millionen Automobile gibt es, vorwiegend in den Industriestaaten, allein in der Bundesrepublik 30 Millionen Fahrzeuge für 60 Millionen Bürger. Die Landschaft ist verbaut: Flächen werden mehr und mehr durch Straßen zubetoniert. Autos sind außerdem nicht nur Fahrzeuge, sondern »Stehzeuge«. 80–90 Prozent ihres Lebens stehen sie im Stau, auf dem Parkplatz, in der Garage. Autos stellen keine Lebensqualität dar – allenfalls demonstrieren sie Lebensstandard. Man zeigt, daß man jemand ist, wenn man ein Auto einer bestimmten Größe hat. Doch öffentlicher Nahverkehr und andere kollektive Verkehrssysteme müssen nicht unattraktiv sein. Auch Züge oder kombinierte Systeme wie Bus, Bahn und Sammeltaxi oder andere Modelle können bequem und komfortabel sein. Bislang hat sich nur kaum jemand die Mühe gemacht, diese Systeme für den Menschen zu gestalten. Straße hat noch immer Vorrang vor Schiene, Individualverkehr noch immer Vorrang vor Allgemeinverkehr. Mit der Einsicht, daß nicht noch mehr Fläche verbaut, nicht noch mehr Ressourcen und Energie verschwendet und nicht noch mehr Zeit in Staus verschwendet werden kann, werden die Politiker die Möglichkeit bekommen, neue Verkehrssysteme zu entwickeln. Das wird dem Überleben von Arten helfen, Allergiekrankheiten bei Kindern verringern, den Treibhauseffekt reduzieren und den Ozongehalt in den Städten verringern.

Wale sind Kosmopoliten. Sie leben seit Jahr und Millionen auf dieser Erde. Sie sind intelligente Lebewesen, die keine natürlichen Feinde haben, die durch die ganze Welt ziehen, ohne auf ihrem Wege ihre Mitgeschöpfe zu vernichten. Warum sollten wir nicht von diesen schönen und intelligenten Tieren lernen? Warum sollte nicht der Überlebenswille und der Wunsch nach Schönheit und Vielfalt auf dieser Erde auch die Menschen ganz erfassen?

Daran glaube ich!

Ich glaube an das, was ich erfahren und geprüft habe

»Woran glaube ich?« – nicht das ist die wichtigste und schwierigste Frage, sondern: »Was ist das: ›glauben‹?« Die Übersetzung »für wahr halten« hilft nicht viel weiter. Was soll dann »wahr« bedeuten? Das richtig, ohne Fehl und Falsch Gesagte und Gemeinte? Oder das, was über mein Leben Macht hat, was mir unausweichlich *so* zu leben gebietet, wie die »Wahrheit« es sagt? Oder das, was jenseits von allem Schein – aller Erscheinung – liegt, nicht erreichbar für uns, die wir im Reich der unsteten Sinne leben und eines nicht weniger unsteten Denkens?

Man sieht: Die Antwort auf die Frage »Woran glaube ich?« geht schnell in den Fragen auf: »Wie verstehe ich mein Leben?« – »Wie lege ich mich selber aus?« – »Welcher Erfahrungsweise gebe ich den Vorrang vor anderen?«

Man sieht auch: Meine Antwort – meine Bemühung um eine solche – ist schon philosophisch umstellt. Sie kann nicht mehr spontan, kurz, literarisch gegeben werden – und nur mit Anstrengung so, wie die Frage sie meint.

Versuche ich von solchen Überlegungen unberührt zu sprechen, kann ich sagen: Ich glaube an das, was ich erfahre. Weil ich erfahren habe, daß das sich prüfende Denken über das unmittelbar Erfahrene hinaus verläßlich ist, »glaube« ich auch an die von ihm erbrachte Erkenntnis. Schwerkraft erfahre ich mit meinem Körper; daß sie die gleiche Kraft ist, die zwischen der Sonne und den Planeten (also auch der Erde) waltet, ist gedacht und durch geeignete empirische Beweise (auch sie sind – nunmehr kontrollierte – Erfahrung!) gesichert. Ich verstehe die Anziehung, die da wirkt nicht, aber ich kann sie in ihren verschiedenen Erscheinungsformen hinnehmen; in ihr waltet ein Gesetz und nicht Willkür; an sie zu glauben fordert keinen Einstand, kein Risiko meinerseits, kein »commitment«, als welches mir einmal ein Amerikaner seinen Glauben umschrieben hat – keine Vertrauenskraft, die im Neuen Testament *pistis* heißt.

So freilich ist das Wort »glauben« in der uns gestellten Frage nicht gemeint. Ich tue also gut, klipp und klar zu antworten: Ich »glaube« nicht, wie ich meine, daß ein Gläubiger glaubt. Ich *denke*, und ich *lebe* – mit Wahrnehmungen und Gefühlen, mit Taten und Tatsachen, mit Beständigem und Wandel. Ich habe keine besonderen »Glaubens«-Erfahrungen, die sich nicht durch den Verstand erklären oder sich nicht unter die, nennen wir sie: natürlichen Erfahrungen, einreihen ließen. Auf Gott oder eine andere in den Religionen vorausgesetzte überirdische Macht bin ich dafür nicht angewiesen.

Ich bestreite niemandem solche Glaubenserfahrungen. Aber Redlichkeit gebietet, daß ich gestehe: Ich habe sie nicht. Das bedeutet nicht, daß es nichts Rätselhaftes in meinem Leben gebe. Warum mich Schuberts Musik beglückt, warum mich XY liebt, warum mir diese Begegnung oder jenes Erlebnis, ein abseitiges Unglück oder eine wunderbare Rettung zuteil geworden sind – das weiß ich nicht und kann es nicht erklären. Aber ich fand mich nie verführt oder gar genötigt, Gott als Ursache hierfür einzusetzen. Was ich unter diesem Wort verstehen kann – hörend und sorgfältig bedenkend, wie andere dieses Wort gebrauchen –, kommt mir allemal zu klein, zu menschlich, zu offensichtlich nach unserem Bilde geformt vor, um die Erkenntnislücke überzeugend zu füllen. Sind nicht die abgründige Komplexität meines immer schon gelebten Lebens einerseits und der erfahrbare, wirkliche – weil empirisch herstellbare – Zufall andererseits große und sowohl ausreichende wie fordernde Gedanken, die an der jeweiligen Stelle zu denken in 99,9 Prozent der Fälle ausreicht? Man muß es nur tun! Aber die meisten Menschen wollen es nicht oder müssen es nicht – und beide Sorten haben es schwer, sich mit dem Agnostiker zu verständigen.

Ein solcher freilich bin ich auch nicht. Das macht es so verwirrend. Die Schöpfung – die Tatsache des wundersamen Universums, von dem ich einen winzigen Ausschnitt sehe – ist die eine Ungeheuerlichkeit, die mich auffordert, auch andere als die eben genannten Erklärungen zu suchen. Eine zweite Ungeheuerlichkeit sind die Person und das Leben Jesu. Sie sind das eigentliche Wunder in meiner Lebenserfahrung. Damit bin ich nah an Kants zwei natürlichen Gottesbeweisen: dem Sternenhimmel über mir und dem Sittengesetz in mir. Vielleicht also bin ich, so mögen die besorgten Gläubigen denken, noch zu »retten« – für einen transzendentalen, einen wirklichen Glauben. Für einen in der Geschichte auftretenden Gott, der zürnt und den man mit Lob und Gebet beschwichtigt, werde ich freilich kaum zu gewinnen sein.

Oft wird mir vorgehalten: Ich öffnete mich der Glaubenserfahrung nicht; biblisch gesprochen: ich sei verstockt gegen Gott. Aber so sehr ich mich bemühe, ich komme immer bei etwas Menschlichem, bei mir selber, heraus. Andere sagen: Das ist so, weil du dich bemühst, statt dich loszulassen, dich ihm anheimzugeben. Versuche ich das, geschieht gar nichts. Gott – sein Wille, sein Wort, seine Wahrheit, seine Gerechtigkeit, seine Liebe, seine Gnade, sein Wirken in der Geschichte, der »Geist Gottes« – dies alles sind für mich abkürzende theologische Formeln für etwas, was man in der weltlichen Sprache sollte sagen können, wenn auch mit größerem Umstand. Wer diese Formeln nie in die Gemeinsprache übersetzt hat, dem, so vermute ich, bedeuten sie am Ende nicht mehr als die Tautologie, daß Gott bitte Gott sei; sie bleiben der Ausdruck des Willens, daß da »Einer« in der Welt walte, den man so nennt (und auch anders nennen könnte!). Einer *Erfahrung*, daß es »Ihn« gibt, muß man anders Ausdruck geben können: mit der Wiedergabe eines Ereignisses oder mit einer darauf gründenden Tat. Viele Menschen tun dies, aber was sie *sagen*, überzeugt mich nicht. Und was sie *tun*, überzeugt mich von diesen Menschen, nicht von Gott. Ich selber kann weder Wort noch Tat auf »Ihn« gründen. Ich kann nicht einmal mehr beten. Wenn ich es versuche, gehe ich mit mir selbst zu Rat, nehme ich mich selbst ins Gericht.

Vollends fremd bleibt mir der Anthropomorphismus Gott, wenn es um die großen Rätsel geht – die Schöpfung, den Gang der Geschichte, die Schuld der Kreatur, den Sinn des Lebens des einzelnen wie den Sinn des Lebens der Menschheit. Das alles ist mir dunkel; ich mache mir Vorstellungen; die alten Mythen erfreuen mich; die großen philosophischen Systeme kann ich bewundern. Die Fragen gehen mir nicht aus. Ich hätte gerne

Gewißheit. Mein Denken wird dies alles weiter umkreisen. Aber eine Aussicht auf Antwort mache ich mir nicht.

Ich höre einige meiner Freunde erregt fragen: Wie kann Gott das – Auschwitz, Hiroshima, Biafra, AIDS – zulassen!? Und noch erregter andere: Wie kann man an einen Gott glauben, wo doch dies alles so offenkundig sinnlos und unwürdig ist!? – Ich denke dann: Da habt ihr es euch beide sehr schwer gemacht, indem ihr es einfach haben wolltet. Mit einem übermenschlichen Gott ist da nichts zu erklären – so wenig wie mit der Abschaffung des Gottesgedankens. Gott ist eine Leerstelle für das, was unser Denken in unserer Lebzeit zu erkennen nicht vermag.

Anders steht es mit dem Sinn, den ich meinem Leben gebe, anders also auch mit dem, wozu mich einer aufruft. Ich denke an Jesus von Nazareth. »Christi Liebe«, »Christi Wahrheit«, »Christi Geist« – das alles ist schon weltliche Sprache und auch für mich erfahrbar. Selbst die Formeln »Mein Vater im Himmel«, »Ich bin die Wahrheit und das Leben«, »Christus, der Sohn Gottes«, »Mein Reich ist nicht von dieser Welt«, »Mein Gott, mein Gott, warum hast du mich verlassen« sind Weisen, in denen ein Mensch über das ihm Wichtigste und Größte spricht. Heinz Zahrnt hat mir einmal auf die Frage, was Gott für ihn sei, etwa so geantwortet: »Ich glaube an den, an den Christus geglaubt und den er Gott genannt hat. Wer das ist, weiß ich nicht, aber ich weiß, wie Christus geglaubt hat.« Es sind nicht die Wörter, es ist die Person, die den Glauben beglaubigt. Christi Wahrheit ist sein Leben; Christi Geist ist seine Lehre, zu der freilich gehört, daß sie aus Liebe zu den Menschen verkündet wird. Sehe ich ihm zu, höre ich ihn an, habe ich nicht nur ein heftiges Gefühl: so willst du auch sein können; ich denke in aller Strenge an den Gedanken: hier ist die allein nötige und nützliche Antwort auf das Woher und Wohin und Wozu.

Die Gestalt nimmt mir die Frage nach dem Gesetz, das in dieser Welt waltet, nicht ab. Aber in ihr findet der Teil meiner Rätsel eine befriedigende Lösung, der mit der Ordnung oder Unordnung meines Lebens zu tun hat. Christus, gefragt, was denn Gott sei – jener »Vater«, der, von dem er zu zeugen behauptet – antwortet etwa so: »Ich kann euch das nicht in der Weise sagen, wie man sagt, was Brot sei oder Wasser; und auch das versteht nur einer, der hungrig oder durstig war und dem das Brot und das Wasser den Hunger und den Durst gestillt haben. Ich kann euch Gott nur in einer Analogie erklären. Ihr alle erfahrt Liebe – eine elementare, unwiderstehliche, widersprüchliche Regung –, die euch anders handeln läßt, als ihr sonst handelt. Wenn ihr nicht nur den einen Menschen liebtet, sondern auch die anderen, wenn ihr also liebend lebtet, wäre euer Leben erfüllt, die Frage nach dem Maßstab beantwortet, der Zweifel am Sinn gelöscht. Denn wie immer dieses Leben auf dieser Welt läuft, in ihm wird Liebe gebraucht, gibt Liebe die Kraft für das nötige Opfer, die Geduld für das beschwerliche Durchhalten, die Hoffnung über die Hoffnungslosigkeit hinaus. Und sie schenkt Glück.« Wohlgemerkt, hiermit hat Christus nicht die Liebe, sondern Gott erklären wollen: Wer liebend lebt, lebt in Übereinstimmung mit dem Gesetz dieser Schöpfung, er »versteht«, wozu sie da ist, warum sie so ist: keine sich selbst organisierende Materie, kein Uhrwerk, keine Prüfung, kein bloß ästhetisches Phänomen.

Mein Glaube hängt von mir ab. Er ist ein totes Wort, wenn ich ihn nicht lebe. Er trägt mich, wo ich ihm folge. Und wenn er das einmal nicht tut, muß ich die Kraft haben, das auszuhalten. Sie wird mir durch andere, liebende Menschen und die Schönheit der Schöpfung zuteil.

HORST HERRMANN

Worauf ich hoffe

Meinung, Überzeugung, Glaube? Wer darf es sich erlauben, die subtilen Unterscheidungen zu negieren, die die einschlägigen Bücher lieben? Die so viel lehren und so wenig verstehen.

Theisten, Atheisten, Agnostiker? Im Eintopf des Massenmenschen Differenzierungen, die den Hautgout der Scholastik haben und eine Prise lexikalischer Ordnungswut. Ich mag nicht immer und überall und schon wieder sagen, daß sich weder die Existenz eines Gottes beweisen läßt noch seine Nicht-Existenz. Ich sage das ungern, weil sich dem, der es äußert, bereits wieder das Etikett ankleben läßt: früher ein Priester, ein skeptischer Denker heute.

Offensichtlich gewinnt ein Mensch heutzutage nur dann persönliche und gesellschaftliche Identität, wenn er ein Etikett trägt und sich als Markenartikel herumreichen läßt. Dann hat er – zur Genugtuung aller ähnlich Gestylten – seinen Platz eingenommen, dann dient er als Entlastung für Feind und Freund, dann hat er seine soziale Funktion akzeptiert, dann funktioniert er.

Maschine, Meinungsmaschine, Multiplikatorenapparat zu sein, ist mir zu wenig. Konfessionen sind mir verdächtig geworden. Zuviel Schindluder wurde getrieben mit und unter denen, die sich Bekenner heißen.

Was ich meine, wenn ich von Bekennern spreche? Ich habe zum Beispiel Menschen im Auge, die sagen: die rechte Religion? Wir haben sie. Gott staune, wenden einige ein? Soll er doch, sagen wir.

In solcher Wahrheitsliebe schläft das Verhängnis der Welt. Überzeugungen sind zugefügte Wunden. Wer allzu freudig bekennt, zeigt ausgeprägten Willen zum Sieg seiner Wahrheit. Was das heißt, ist geschichtsträchtig. Augustinus, Confessor am Schreibtisch, reicht meinem historischen Bedürfnis nach Blut.

Die Gretchenfrage überlasse ich dem Gretchen.

Nicht der Glaube macht den Menschen aus. Ich traue den

Überzeugungen nicht mehr. Sie sind parteiisch anerzogen und erreichen kaum den Kern des Menschen. Wahrscheinlich ist weniger fremdbestimmt, worin ein Mensch seine Hoffnung setzt.

Meinungen können gewechselt werden wie Kleider; sie haben Modisches an sich und lassen besser aussehen. Hoffnung ist Frucht vielfältiger Erfahrung, und die ist, wenn sie ihren Namen verdient, aus Enttäuschung geworden und in Enttäuschung lebendig.

Daher sage ich gerne, worauf ich hoffe, und nicht, woran ich glaube.

Zunächst eine kurze Bestandsaufnahme. Wo finde ich unter uns Hoffnung? Vielleicht indem ich die jungen Spieler beobachte, die in den Spielhallen ihre Automaten bedienen, Tag für Tag, Enttäuschung um Enttäuschung. In den christlichen Kirchen finden sich ungleich weniger Hoffende. Aber gewiß besitzen sie, verglichen mit den Automatenspielern, die »wahre« Hoffnung. Nur lassen sie von der nichts merken. Sie werden ihre Gründe haben.

Dasselbe klare Bild im Fernsehprogramm: Das Wort zum Sonntag ist weit weniger hoffnungsträchtig als die Ziehung der Lottozahlen.

Kirchenräume, geschnitzte Bänke, drei Senioren in den vorderen Reihen. Vorgebetet, vorgepredigt, drei sind sonntags noch da. Drei Herzen werden bewegt. Die auf den leeren Plätzen können nicht mehr.

Ob je eine Hoffnung so entschieden verleugnet und ins Gegenteil verkehrt worden ist? Ob je Menschen Menschen so im Glauben und in der Liebe verdorben haben?

Tot der Meister. Sein Leben Frage. Gehorsam dem Wort, dem Geist. Gehorsam bis aufs Wort, bis auf den Geist.

Glocken, Gloria, Gottesdienst, Glaubensbekenntnis, Gaben. Geschlossene Gesellschaft. Für den Herrn. Gähnen des Herrn.

Ob mutig es sei, goldne Kreuze zu tragen, um ungeborenes Leben zu verteidigen? Wozu auf einem Friedhof noch Mut?

Daß diese Kirche tot ist, gilt mir als Gemeinplatz. Ich hoffe, daß sie nun auch noch stirbt.

Doch da lamentieren sie wieder, die Professionellen: Weinen können sie und drohen, Grund gibt es genug, die Moral, der

Glaube, das Geld, alles geht zurück. Ihr Lamento ersetzt ihnen die Hoffnung.

Anderswo ist es anders: Es gibt sie noch, die Menschen, die mit der abweichenden Hoffnung, die wenigen vielen, denen die Aufpasser, Durchblicker, Mauerbauer verbieten wollten, Mensch zu werden. Ich hoffe, daß viele von denen, die heute noch als abwegig Hoffende und quer Denkende definiert werden, die Zukunft für sich haben werden.

Gelänge den todkranken Lamentierern ihr eigenes Sterben und vermarkteten diese nicht immer wieder ihre Reformation, machten sie endlich Platz für neue Hoffnungen der Menschen. Dann wäre eines der ältesten und der verderblichsten Meinungsmonopole abgelöst, dann fühlte sich hoffende Interpretation wieder frei. Aber noch immer sind die Köpfe und die Herzen, von den Unterleibern ganz zu schweigen, voll von Meinungen aus einer unseligen Vergangenheit.

Befreiung zum menschenwürdigen Hoffen kommt freilich nicht von denen, die Jahrtausende hindurch eben diese Befreiung mit Füßen getreten haben. An diese Prämisse knüpfe ich meine Hoffnungen:

Ich hoffe, daß es niemals wieder einem Pfaffen möglich werden wird, über Freiheit und Menschenwürde zu reden, ohne daß Menschen lachen.

Ich hoffe, daß kein ausgehaltener Theologe es mehr wagen wird, seine Kirche als Hort der Freiheit auszupredigen, ohne daß ihm die Millionen Toter begegnen, die die Institution Kirche – um ihrer eigenen Machterhaltung willen – geopfert hat.

Ich hoffe, daß es nicht mehr lange dauern wird, bis alle Theologien der Befreiung und ähnliche Widersprüchlichkeiten als das entlarvt sind, was sie sind: als Anti-Hoffnungen. Der Abfallhaufen der Theologiegeschichte hat noch Platz für abgelegte Kleider und Moden.

Ich hoffe auch, daß der willfährig gottlose Gott, den sich die Kleriker gehalten haben, nicht mehr als Möglichkeit zur Befreiung des Menschen ausgegeben werden kann. Von einem solchen Gott kommt keine Freiheit. Er ist, selbst Schöpfung aus Angst, Mit-Schöpfer erniedrigender Angst unter den Menschen.

Ich hoffe, daß die Zeit kommen wird, da Götter keine Menschen mehr zu werden brauchen, damit Menschen Götter werden können. Ich hoffe, daß das Begriffspaar Gott–Mensch sich endgültig auflösen läßt und Mensch Mensch wird und nichts anderes. Ich hoffe, daß es immer mehr Menschen gelingen wird, sich von ihren archaischen Ängsten und deren Göttern zu befreien und sich selbst als Hoffnung für andere und künftige Menschen zu verstehen und zu engagieren.

Dann wird auch Geschichte nach menschlichem Maß gerechnet. Dann gelten die zweitausend Jahre Christentum im Vergleich zu den Millionen Jahren Menschheit ohne Christentum als eine bloße Episode, und als eine nicht sonderlich geglückte. Dann werden die geschichtlichen Tage der Religion, die manchem Ängstlichen noch wichtig erscheinen, als das verstanden werden, was sie, aufs Ganze der Weltzeit gesehen, stets gewesen sind: Augenblicke, Durchgangsphasen.

EDGAR HILSENRATH

Ich bin von Natur aus ein Einzelgänger und singe nicht gern im Chor

Woran ich glaube? Eigentlich an gar nichts. Oder stimmt das nicht? Sind diejenigen, die behaupten, an nichts mehr zu glauben, vielleicht die wirklich Gläubigen? Eine verzwickte Frage. Vielleicht sollte sie lauten: woran ich glauben möchte. Also gut. Das ist leicht zu beantworten. Ich möchte, zum Beispiel, daran glauben, daß es einen Gott gibt, einen, der der größte aller Bürkraten ist, ausnahmsweise gerecht, der alle seine Schäflein kennt, der genau Buch führt, die Guten belohnt und die Bösen bestraft und – als ungewöhnliches Vorbild aller Bürokraten – dafür sorgt, daß am Ende immer das Gute über das Böse siegt. Die jüdische Religion ist kompliziert und überfordert ihre Anhänger mit ihren vielen Ritualen und Geboten. Juden stöhnen unter der Last dieser Verantwortung. Trotzdem hat es ein Jude im Grunde leicht, denn er kann mit seinem Gott argumentieren und streiten. Ich könnte ihm zum Beispiel erklären, warum ich so selten in die Synagoge gehe. »Nun, Allmächtiger, König der Heerscharen. Warum wohl? Ich leide an Platzangst. Das ist nicht meine Schuld. Zu viele Menschen in einem schlecht gelüfteten Raum bedrücken mich. Ich bin von Natur aus ein Einzelgänger und singe nicht gern im Chor. Glaube mir: Gottesdienste langweilen mich, denn ich empfinde im Kreise vieler, mit denen mich außer der Tatsache, Jude zu sein, nichts verbindet, nicht die geringste Andacht. Ich habe auch keine Lust, vorgedruckte Gebete in einer Sprache, die ich nicht verstehe, mechanisch herunterzuleiern, und außerdem weiß ich ja gar nicht, ob es Dich, lieber Gott, wirklich gibt. Stell Dir vor, es gäbe Dich gar nicht und mein Geleier und meine Seufzer werden gar nicht gehört. Das wäre ja reine Zeitverschwendung. Könnte ich da nicht mehr für meine Seele tun, zum Beispiel: in ein Konzert gehen oder zu einer Frau?« – Und Er, der liebe Gott, könnte zu mir sagen: »Aber Du hast doch sicher eine Menge Probleme, mein Sohn, und außerdem gesündigt. Willst Du dich nicht erleichtern?«

»Ich mag aber keine Betstuben und Synagogen«, würde ich sagen.

Und Er würde sagen: »Die mag ich auch nicht. Es geht mir mit den Betstuben und Synagogen genauso wie mit den Kirchen. Denn siehe, mein Sohn: mein Haus ist weder in den Betstuben, den Synagogen, noch in den Kirchen zu finden, in keinem Tempel, den die Heuchler gebaut haben. Und siehe, mein Sohn: Deine Gebete sollen Dir nicht von anderen in den Mund gelegt werden, denn ich verstehe nur die Sprache Deines Herzens. Gehe hinaus in die Natur und spreche ein Stoßgebet unter meinem Himmel, aber nur, wenn Dir danach ist, zu keiner vorgegebenen Zeit, die von den Heuchlern bestimmt wurde.«

»Und wie ist es mit einer Beichte?«

»Beichten ist gut, mein Sohn. Beichte vor meiner Gerechtigkeit.«

Ich aber würde sagen: »Wo ist Deine Gerechtigkeit? Und überhaupt. Was würde mein Analytiker dazu sagen? Soll er etwa arbeitslos werden? Wozu sind die Analytiker denn da?«

Spaß beiseite. Ich möchte daran glauben, daß es eine göttliche Gerechtigkeit gibt, aber sobald ich mich mit diesem Gedanken vertraut zu machen versuche, fallen mir die Kinder von Auschwitz ein und Millionen anderer, die gequält, gefoltert und ermordet wurden. Aber es ist nicht nur der Krieg und der Holocaust. Gab es nicht schon immer Menschen, die von Natur verwöhnt wurden, und andere, die es nicht wurden, die Schönen und die Häßlichen, die Erfolgreichen und die Erfolglosen, die Mächtigen und die Getretenen. Viele haben ihr Elend nicht verdient. Wofür werden sie bestraft? Wartet ein anderes Glück auf sie? Etwa im Himmelreich? Und wenn es nur ein Märchen ist, die Sache mit dem lieben Gott und dem Paradies, wenn ER nun wirklich nicht ist und es nichts gibt nach dem Tode, stimmt es dann nicht, daß die Unschuldigen nicht selig werden und die Schuldigen nichts zu fürchten haben, denn für sie gibt es weder Vergebung noch Strafe. Wenn es nichts gibt, dann ist Gottes Stimme nur die Stimme unserer eigenen Angst und sein Licht nur die Vorstellung eines Lichts in der leeren Finsternis.

Wenn es keinen Gott gibt, könnte ich jedes Verbrechen begehen. Dostojewski hat etwas Ähnliches gesagt. Und warum sollte ich es nicht aussprechen? Also gibt es Ihn nicht. Niemand sieht mich. Niemand hört mich. Mich erwartet weder Belohnung noch Strafe. Ich könnte ein neuer Hitler sein oder ein neuer Stalin oder der Würger von Boston. Es ist völlig egal. Einzig und allein meine Entscheidung zählt: den richtigen Weg zu wählen oder den falschen. Und da ich nicht immer weiß, welcher Weg nun der richtige ist und welcher der falsche, habe ich den Weg der Vernunft gewählt und den Weg des Fair Plays. Es lebt sich leichter mit diesen Grundsätzen. Ich bedrohe niemanden, der mich nicht bedroht, und verletze niemanden, der mich nicht verletzt. Meine wahren Freunde können immer auf mich zählen. Wer mir hilft, dem helfe ich auch, und ich vergesse nicht, wer mir Gutes getan hat. Keine der mir bekannten Religionen hat mich überzeugt, auch nicht die christliche. Wortwörtlich genommen ist sie gefährlich wie alle Utopien, die sich nicht in die Praxis umsetzen lassen. Es gibt wohl kaum eine Heilslehre, die von ihren Anhängern so mißverstanden, ins Gegenteil verwandelt und pervertiert wurde wie die Lehre von der christlichen Nächstenliebe. Wer an die Auferstehung glaubt, den möchte ich fragen: ist Christus wirklich zu dem zurückgekehrt, den er Vater nannte? Zog er nicht eher, ein zum Leben Verdammter, mit den Juden den langen, zweitausendjährigen Weg bis Auschwitz?

Alle großen Heilslehren machen mir Angst, besonders dann, wenn sie vom Staat und der Bürokratie gepachtet werden. Im Namen einer umwälzenden, menschenbeglückenden, sozialen Gerechtigkeit verschwanden Millionen für immer hinter Stacheldraht, und im Namen des Christentums brannten die Scheiterhaufen. Den Fackeln der Menschheitsbeglücker traue ich nicht. Die Dogmatiker halte ich mir vom Leibe. Wer fromme Sprüche klopft und behauptet, die ganze Menschheit zu lieben, liebt in Wirklichkeit niemanden. Der Liebende ist immer wählerisch. Ich kann nicht jeden lieben, aber ich kann mich, im Rahmen meiner Möglichkeiten, dafür einsetzen, daß niemandem Unrecht geschieht. Ich lehne Zwänge, die meiner Natur widersprechen, völlig ab. Kleinere Kompromisse, die nicht wesentlich sind, muß jeder machen, um ein Zusammenleben mit anderen zu ermöglichen. Als Schriftsteller mache ich überhaupt keine Kompromisse, und ich habe auch in keinem meiner Bücher irgendwelche Zugeständnisse an Dritte gemacht, weder aus finanziellen, ideologischen oder anderen Gründen. Ein wichtiges Anliegen ist, an mich selbst zu glauben, denn ich sage mir: Wer an sich selbst glaubt, braucht andere nicht zu fürchten. Ich versuche, immer wach zu bleiben. Ein gesundes Mißtrauen muß ich mir erhalten, allen Versprechungen gegenüber, allen Lobrednern und Netzewerfern, jedem Staat und jeder Bürokratie. Zum blinden Glauben wird mich niemand bewegen.

NORBERT HOERSTER

Religiöser Glaube bewältigt keine Probleme

Ich glaube prinzipiell an nichts, das sich nicht *begründen* läßt. Bloße Wünsche oder Hoffnungen können Begründungen nicht ersetzen. Der spezifische *religiöse* Glaube an den christlichen Gott, wie er in unserer Gesellschaft überliefert ist, läßt sich meines Erachtens *nicht* begründen. Außerdem spricht vieles dafür, daß der Mensch sein Leben in dieser Welt eher *besser* bewältigen kann, wenn er auf den Glauben an einen göttlichen Schöpfer, Sinngeber und Normsetzer verzichtet.

1. Sämtliche Begründungen für die Existenz Gottes, ob strikte Beweise oder bloße Plausibilitätsargumente, sind seit langem gescheitert. Das bedeutet natürlich nicht, daß sich alle Fragen, die man angesichts der Welt und des Lebens haben kann, etwa *wissenschaftlich* beantworten lassen. Sehr·viele grundlegende, philosophische Fragen sind bis heute ungelöst und werden wohl immer ungelöst bleiben. Die Annahme der Existenz eines göttlichen Weltschöpfers trägt zu ihrer Lösung jedoch nichts bei. Denn jedenfalls über Eigenschaften, Verhaltensweisen und Absichten eines solchen Weltschöpfers können wir uns keine begründeten Vorstellungen machen. Dieser Tatsache tragen viele moderne Theologen sogar Rechnung – indem sie in ihren apologetischen Äußerungen häufig vom »unbekannten« Gott sprechen. Leider hindert das dieselben Theologen nicht daran, im praktischen Leben immer dann, wenn es ihren Zwecken dienlich ist, durchaus sehr spezifische Folgerungen aus dem Wesen und den Absichten Gottes zu ziehen.

2. Das erweist sich besonders deutlich auf dem Gebiet der individuellen Lebensgestaltung. Man betrachte beispielsweise jene im Namen Gottes verkündete Ehe- und Sexualmoral, die selbst solche Handlungen verbietet, die für niemanden in irgendeiner Weise schädlich sind. Oder gibt es gute Gründe für die Annahme, daß jene Millionen Menschen, die in den vergangenen zwei Jahrtausenden durch diese Moral einen nicht geringen Teil ihres irdi-

schen Glücks eingebüßt haben, dafür vielleicht im Jenseits entsprechend entschädigt werden? Ein weiteres Beispiel wäre das Verbot der Selbsttötung oder der einverständlichen Sterbehilfe sogar unter solchen Bedingungen, unter denen ein Weiterleben für den Betreffenden wegen der Begleitumstände einer unheilbaren, schweren Krankheit offensichtlich ohne Wert ist.

Natürlich muß ein Glaube an Gott nicht *notwendig* mit solchen praktischen Konsequenzen verbunden sein. Aber erstens zeigt die Geschichte bis zum heutigen Tag, daß diese Verbindung nicht gerade selten ist. Und zweitens wird der Glaube an Gott, sofern er sich für die persönliche Lebensgestaltung *nicht* als schädlich erweist, eben damit für diese Lebensgestaltung funktionslos und überflüssig. Denn was für den Menschen unter rein diesseitigem Aspekt förderlich und glückbringend ist, kann er entweder aus empirischer Beobachtung und Erfahrung oder gar nicht lernen! Die Begründung etwa dafür, daß ich viel Musik höre, kann ich allein in der mit dem Musikhören für mich verbundenen inneren Befriedigung finden. Durch die zusätzliche Unterstellung, daß ich mit dem Musikhören einem Schöpfungsauftrag oder Gebot Gottes folge, wird diese Begründung um nichts stichhaltiger.

Deshalb ist auch nicht einzusehen, wieso das menschliche Leben erst durch die Annahme der Existenz Gottes einen Sinn gewinnen könnte. Selbst wenn es ein *jenseitiges* Leben gibt, so ändert das nichts daran, daß der Mensch darauf angewiesen bleibt, sein *diesseitiges* Leben so zu führen, daß es von ihm als in sich lebenswert und damit als sinnvoll erfahren wird. Falls es aber einen Gott geben sollte, der die Menschen im Jenseits in dem Maße belohnt bzw. bestraft, wie sie sich im Diesseits selber unglücklich gemacht und kasteit haben: wie können wir einen solchen Gott dann noch als *allgültig* bezeichnen und als *Sinngeber* unseres Lebens akzeptieren?

3. Im Bereich sozialen Zusammenlebens liegen die Dinge nicht wesentlich anders als im Bereich individueller Lebensgestaltung. Um soziale Normen für das menschliche Zusammenleben zu begründen, muß man Erfahrungstatsachen über die menschliche Natur und über die Bedingungen irdisch menschlichen Lebens heranziehen. Auf dieser Basis kann man dann zeigen, daß die

soziale Geltung und generelle Beachtung gewisser Normen (wie »Du sollst nicht töten« oder »Du sollst nicht lügen«) elementaren Interessen *jedes* menschlichen Individuums dienen. Denn jedem Individuum ist der mit diesen Normen verbundene Vorteil, normalerweise nicht getötet und nicht belogen zu werden, mehr wert als der mit ihnen verbundene Nachteil, selber nicht töten und nicht lügen zu dürfen.

Derartige Voraussetzungen gedeihlichen sozialen Zusammenlebens als göttliche Gebote aufzufassen, kann ihre Plausibilität um nichts erhöhen. Ja, es besteht die Gefahr, daß diese Normen für denjenigen, der sie in der Form göttlicher Gebote gelernt hat, ihre gesamte Autorität verlieren, falls ihm sein religiöser Glaube abhanden kommt. Insbesondere religiös begründete Maximalgebote (wie das christliche Gebot, jeden Mitmenschen wie sich selbst zu lieben) wirken sich in der Praxis eher kontraproduktiv aus: Da sie die menschliche Natur offensichtlich überfordern, werden sie im realen Leben selten ernst genommen. Die Folge ist – da man sich gewöhnlich scheut, religiöse Forderungen *offen* über Bord zu werfen –, daß die Moral zu einer Sache der Heuchelei oder des bloßen Lippenbekenntnisses verkommt. Wer Reden und Handeln etwa unserer Politiker kritisch verfolgt, wird diesen Punkt häufig genug bestätigt finden.

4. Wie aber sollen wir uns mit solch unverhohlenen Verbrechern wie Hitler oder Stalin moralisch auseinandersetzen? Was können wir – wenn nicht eine religiös begründete Moral – ihren Unmenschlichkeiten entgegensetzen?

Zunächst einmal können wir jene *weltanschaulichen Voraussetzungen* kritisieren, die ihren praktischen und politischen Zielen zugrunde liegen. Es ist sehr unwahrscheinlich, daß genügend Menschen sich an den Verbrechen Hitlers oder Stalins beteiligt hätten, wenn sie sich nicht als berufene Sachwalter der entsprechenden Weltanschauungen gefühlt hätten. Wer also diese Weltanschauungen bekämpft, bekämpft damit automatisch auch ihre praktischen Auswirkungen. Um die Weltanschauung des Nationalsozialismus oder des Marxismus zu bekämpfen, benötigt man jedoch nicht die alternative Weltanschauung des Christentums. *Jede* typische Weltanschauung besitzt in ihrem Anspruch umfas-

117

sender Welterklärung und moralischer Handlungsanleitung durch
»Glaubenswahrheiten« manifest irrationale Züge. Um diese zu
kritisieren, bedarf es nicht einer alternativen Form der Mystifizie-
rung unserer Existenz, sondern einer empirisch nüchternen und
sprachlich durchsichtigen Aufklärung über sie.

Es trifft zwar zu, daß nicht jede Weltanschauung sich in der
politischen Wirklichkeit für den Menschen und sein diesseitiges
Wohlergehen gleichermaßen katastrophal auswirkt. Daß unter
diesem Aspekt jedoch gerade das Christentum besondere moralische Vorzüge genießt, kann wohl nur behaupten, wer die zweitau-
sendjährige Geschichte dieser Religion und ihrer Auswirkungen
lediglich aus dem offiziellen Religionsunterricht kennt.

Natürlich ist kritische Aufklärung im Kampf gegen Inhumanität
und Terror nicht ausreichend. Hinzukommen muß die feste Ver-
ankerung von *politischen Institutionen*, welche bereits die Macht-
ergreifung durch »Führer« wie Karl den Großen oder Hitler, wie
Calvin oder Stalin unmöglich machen. Politische Institutionen
aber bestehen nicht aus unverbindlichen Appellen, sondern aus
Normen, verknüpft mit *Sanktionen*, d. h. mit Strafandrohungen
für den Fall der Nichtbefolgung. Solche Institutionen aber können
nur in einer staatlichen Rechtsordnung wirksam verankert sein.
Eine dauerhafte, humane Friedensordnung ohne die permanente
Präsenz eines staatlichen Gewaltmonopols ist eine Utopie. Das gilt
für *jede* Art großräumigen menschlichen Zusammenlebens. Auch
die *Welt*gesellschaft wird auf Dauer nur im Rahmen eines Welt-
staates in Frieden überleben können.

KEITH JARRETT

This little light of me

I.

Das, woran ich glaube, ist nicht so sehr ein bestimmtes »Etwas« als vielmehr eine unendliche Zahl von verschiedenen Dingen. Das »Ich«, das glaubt, ist das Subjekt eines (hoffentlich) fortlaufenden Offenbarungsprozesses. Ich kann erst an etwas glauben, wenn ich etwas über das Ich weiß, das beansprucht zu glauben, z. B. ob es ein *ganzes* Ich ist oder nicht. Wenn es das nicht ist, gründet sich der Glaube (belief) auf eine vorher bestehende Illusion und falsche Information. So glaube ich vielleicht an die Erkenntnis, an das Wissen (knowledge), denn selbst um an Glauben zu glauben, muß ich wissen, was es heißt, zu glauben.

Dies ist jedoch auch bereits der·Glaube an einen Prozeß, an den Prozeß sich offenbarender Erkenntnis. Aber wodurch offenbart sich diese Erkenntnis? Vielleicht durch die richtigen Fragen? Aber Fragen entstehen nicht aus sich selbst. Man muß sich einer Sache bewußt sein, um Fragen zu haben, und man muß mitleidlos mit sich selbst umgehen, um die richtigen Fragen zu stellen.

Aber im Prozeß des Lebens kommt die Zeit, wo man Fragen stellt, sonst würden wir auch keine Zeit haben, einen Glauben zu entwickeln oder einen fortlaufenden Prozeß von Offenbarungen zu erfahren. In gewisser Weise jedoch ist Zeit ganz bestimmt eine Illusion (jedenfalls im Sinne einer subjektiven Zeiterfahrung), und deshalb kann ich nicht sagen, daß ich an die Zeit glaube. Wenn die Zeit etwas grundlegend Illusorisches ist, kann ich sagen, daß ich an Objekte oder Vorstellungen nicht glaube, weil sie nur in der Zeit *existieren* können. Sie nehmen den Platz einer Bewegung ein, die wir nicht fühlen, es ist die Bewegung eines Prozesses, der, obwohl er in Bewegung ist, unverändert und zeitlos ist (wie ein Fluß?).

Ist dies ein Rätsel? Ich weiß es nicht, aber was in unserer Welt ein Rätsel ist, kann in einer anderen reine Logik sein, und Glauben ist gewöhnlich mit einer anderen Dimension verbunden als das Beweisbare.

Ich glaube nicht an das, was ich glauben *möchte*, weil das »Ich«, das wünscht, gewöhnlich zu echtem Glauben gar nicht fähig ist. Wenn ich an etwas glaube, muß es sich mir selber aufgedrängt haben (wahrscheinlich sogar gegen »meine« Wünsche) unter Bedingungen, die jeweils so verschieden sind, daß die einzige Verbindung *ihre* Realität ist.

Wenn man von »bewußt« redet, meint man körperlich wach, oder manchmal auch »sich bewußt sein«, aber meistens wird das Wort für das Körperliche gebraucht. Es gibt ein Bewußtsein (in dem Sinne, daß man aus größerer Entfernung mehr Dinge sieht und deshalb auch eher die Verbindung zwischen ihnen), das ich mir wünsche und an das ich glaube. Dieses Bewußtsein ist bei weitem kompetenter als das, was die meisten Leute sich unter »bewußt« vorstellen. Die Wahrnehmung ist in diesem Zustand sehr plastisch. Die Dinge sind mehr das, was sie wirklich sind. Dieses Bewußtsein kann sowohl mit weltlichen Dingen als auch mit subtileren zu tun haben, wobei seine Energie unter allen Umständen kreativ und viel reiner ist. Das »kommt« nicht »von« mir; sondern ich lasse es zu oder nicht (indem ich »radikal« wach bin). Es zeigt sich oder nicht, aber es ist da, um jederzeit gebraucht zu werden. Es hängt überhaupt nicht von mir ab. Wenn ich mir nicht bewußt bin, daß diese Energie in meinem Bewußtsein gegenwärtig ist, kann ich sagen, daß ich daran glaube. Wenn sie aber da ist (und ich das weiß), brauche ich nicht daran zu glauben. Das ist dann nicht mehr nötig. Es gibt nicht Raum oder Zeit dafür.

Mit anderen Worten, ich glaube an das Aufwachen, aber nicht, wenn ich schon wach bin, denn dann gibt es viel mehr zu *tun* als herumzugehen und an etwas zu glauben.

Ich sollte wohl auch sagen, daß ich glaube, daß diese bewußte Energie etwas ebenso »Materielles« ist wie alles, was wir sonst kennen (vielleicht sogar noch mehr), und auch zugänglicher als die meisten Dinge. Der Wunsch, »um jeden Preis aufzuwachen«, ist nötig, um bewußt aufzuwachen (so daß keines unserer »Ichs« ausgelassen wird), und ich denke, »Glaubenssysteme« stehen uns bei diesem Aufwachen direkt im Wege. Ich meine, daß Glaubenssysteme (Kirchen etc.) sich selbst an die Stelle von Erfahrung setzen und den »Prozeß« schon im ersten Stadium zum Stillstand bringen, beim Glauben an ein Glaubenssystem. Sie lassen uns bequem sein und schlafen (was gewöhnlich Hand in Hand geht).

So könnte ich vielleicht sagen, daß ich glaube, nur Leute, die wach sind (planetarisches Bewußtsein?), können eine positive Veränderung auf dem Planeten bewirken, oder wir verdienen es eben nicht besser, als daß wir *willenloses* Futter für die Welt sind, statt uns bereitwillig dem Bewußtsein aufzuschließen, an dem Prozeß teilzunehmen, alles eingehend zu beobachten, und nicht absichtlich blind zu sein. Die Schwierigkeit liegt aber offenbar darin, daß das Aufwachen von unserer Bereitschaft abhängt, zuzugeben, daß wir schlafen.

II.

Die Entfremdung Gottes in der modernen Welt hat viel mit der Entfremdung der natürlichen Welt von unseren alltäglichen Bedürfnissen und Wünschen zu tun, so wie mit dem Glauben an etwas, das wir alle sehen können, selbst in unserem gegenwärtigen Grad von »Bewußtheit«: das Geld! Wir haben ein größeres Erreichbares (aber eins, um das wir uns sehr bemühen müßten) für ein weltweit »leicht Erkennbares« eingetauscht. Wenn es jedoch auch noch so leicht ist, das Geld zu sehen (auch in unseren Träumen), so ist es doch nichts wert, solange wir nicht glauben, daß es etwas wert ist. Der Unterschied liegt nur darin, daß wir keinen solchen Konsens in bezug auf Gott haben. Während keiner von uns tiefer schlafen kann als eben ganz fest, befinden sich nur wenige Menschen genau in dem gleichen Stadium des »Aufwachens«. (Wenn Gott aus Papier wäre, würden wir dann glauben können?)

Wenn ich an etwas denke, das wirklich existiert, muß es über Raum und Zeit da sein, innerhalb und außerhalb unserer »Köpfe«. Die *Vorstellung*, die wir von Gott haben, paßt nicht zu dieser Beschreibung, aber Gott.

Gott scheint sowohl ein Subjekt als auch ein Verb zu sein, weil die kleinsten beobachteten Phänomene sowohl Wellen als auch Partikel sind, aber wenn wir diesen Vergleich zu eng fassen, woher kommt dann die Liebe? Warum können wir nicht umhin, Gutes und Böses wahrzunehmen? Was ist ein Wunsch? Was ist eine Vorstellung? Wieso wissen wir etwas (nicht »wie funktioniert es, daß wir etwas wissen?«). Woher kommt das alles? Woher kommt die Schönheit? Ein zufälliges angenehmes Zusammentreffen von zufällig geschaffenen Partikeln oder Wellen? Man braucht dafür mehr Glauben als dafür, an Gott zu glauben. Es erfordert *zunächst einmal* den Wunsch *nicht* zu sehen, *nicht* zu fühlen. Wo kommt aber die Möglichkeit, *diesen* Wunsch *überhaupt zu haben*, her? Gott muß etwas Subtileres sein als »Moral«. Für mich ist es so, daß Gott, selbst wenn er nicht existiert, sich doch manifestiert.

Wenn es uns klar wird, daß wir (als Menschen) die Möglichkeit haben, zu denken, was wir wollen, denken wir automatisch (mechanisch), wir seien Gott. Aber daß uns diese Wahlmöglichkeit eingeräumt wurde, das können wir nicht selbst gemacht haben. Die Freiheit, Theorien aufzustellen, unsere Welt zu verändern (drinnen und draußen), Lösungen zu finden, zu plündern und zu zerstören: dieses alles sind Freiheiten, die uns verliehen worden sind. Was wir mit ihnen anfangen, ist eine andere Sache.

Ich könnte sagen, daß Gott die subtilste aller vorhandenen Energien ist, und um diese Energie wahrzunehmen und von ihr Gebrauch zu machen, muß man wach sein. Man darf nicht einfach glauben, daß man wach sei. Diese Energie ist zugänglich, und insofern ist Gott immer gegenwärtig. Mit dieser Energie wird das, was man tut, moralisch, und somit ist Gott Liebe. Was wir wissenschaftlich (oder durch das Denken) herausfinden, ist immer nur ein Teil der Wahrheit, aber immer, wenn die Wissenschaft »denkt«, gilt dieses Denken der Wahrheit. Die Wahrheit ist größer als die Wissenschaft. Nur Gott ist allwissend. Und doch, von einer Kenntnis der Fakten zu einem Gefühl für die Realität zu kommen, erfordert einen mystischen Schritt, einen Schritt des Glaubens. Wir können an der Allwissenheit nur teilhaben, wenn wir glauben, daß wir es können, und wenn wir an sie glauben, können wir sie nur erkennen, sofern wir bereit sind, unseren mechanischen Schlafzustand abzuschütteln und aufzuwachen zu dem höheren Wissen, das uns gegeben worden ist. Wir können Gott fühlen.

Erst dann manifestiert sich Gott durch uns. Vor diesem Punkt theoretisieren wir nur über Gottes Dasein. Selbst wenn Gott nicht existiert, manifestiert er sich doch.

Ich bin Musiker, und ich habe gefunden, daß die beste und ergreifendste Musik, die ich je gehört habe (von den Pygmäen und Sufis über Bach und Beethoven bis hin zu John Coltrane), immer *bewußt* von einer Verehrung Gottes inspiriert wurde. Ich kenne kein einziges Beispiel monumentaler Musik, das eine Ausnahme wäre. Insofern führt mich schon allein mein Gehör zu dem Glauben, daß Gott sich manifestiert.

Die Worte eines alten Spirituals lauten so:

»Dieses kleine Licht, das ich habe, will ich leuchten lassen.« Ich schlage vor, daß wir uns weniger mit der Frage befassen sollten, wo das Licht herkommt, und mehr Zeit darauf verwenden sollten, aktiv dankbar zu sein für das Geschenk dieses Lichts, indem wir »es leuchten lassen«. Diese Dankbarkeit wäre eine Frömmigkeit, die sich in unserem Leben und Arbeiten auswirken würde. »Es leuchten zu lassen« ist auch in hohem Maße ökologisch. Gott existiert, indem er sich manifestiert. Jedes einzelne der unendlich vielen Wasser *ist* Gott.

Aus dem Amerikanischen von Marianne Reppekus

UDO JÜRGENS

Meine Religion hat keine zehn Gebote, sondern zwölf Töne

Ich weiß:

An jedem Tag wächst die Zahl der Menschen auf unserem Planeten um 300 000.

In jeder Woche um über zwei Millionen.

In jedem Monat kommen mehr Menschen auf diese Welt, als in New York zu Hause sind.

Aber das wollen wir alle nicht wissen.

Ich weiß:

Es ist schon jetzt zu wenig Platz auf dieser Erde. Und es wird täglich immer weniger Platz sein. Nicht Kriege, Seuchen und Naturkatastrophen vernichten unseren Lebensraum. Es sind wir Menschen selbst.

Ich weiß:

Fünf Milliarden Menschen auf unserem Planeten sind zuviel. Wer die Welt schützen will, der muß die Welt vor sich selbst schützen.

Ich glaube das, was ich in meinem Lied »Gehet hin und vermehret euch« zum Ausdruck bringe:

Es sind wir Menschen selbst, die unseren Lebensraum vernichten.

Es sind wir Menschen selbst, die unser Leben in Händen halten.

Ich selbst bin protestantisch geboren. In einem rein katholischen Kärntner Bergdorf. Meine Eltern waren keine bigotten Kirchgänger. Mutter und Vater standen bis zu ihrem Tod der Kirche distanziert, kritisch gegenüber. Natürlich wurde ich getauft. Dieser Akt gehörte eben zum guten gesellschaftlichen Ton auf dem Land. Und doch erinnere ich mich noch genau daran, wie sehr ich damals schon das Theatralische liebte. So war ich sehr beeindruckt von den farbenprächtigen katholischen Umzügen bei uns im Dorf. Und ich weiß noch, wie mein Vater, der auch Bürgermeister der Gemeinde war, amüsiert-entsetzt mich zur

Rede stellte, als er mich als Fahnenträger bei einem dieser Umzüge entdeckte. Die Erklärung von ihm, daß unsere Familie evangelisch sei und nicht katholisch – das habe ich als Achtjähriger überhaupt nicht verstanden. Ja – ich war beeindruckt von dem Schauspiel. Und in meiner Vorstellung sah der liebe Gott etwa so aus wie der Weihnachtsmann. Mit einem guten, gütigen Gesicht. Einem Rauschebart.

Doch als ich reifer und erwachsener wurde, beschlichen mich immer mehr Zweifel: Was steckt eigentlich hinter diesem Schauspiel? Was ist das für ein System? Was bedeuten Religionen? Was Glaube? Und die Zweifel wurden immer drängender: Ich beschäftigte mich mit dem Christentum, mit meiner Religion, mit der katholischen Kirche. Dann mit dem Islam. Dann mit dem Buddhismus. Als ich 28 Jahre alt war, konnte ich es mit meinem Gewissen nicht mehr vereinbaren, in einer Religionsgemeinschaft Mitglied zu sein. Ich trat aus der Kirche aus. Nein, auch kirchlich geheiratet habe ich nicht. Das war damals bereits eine Bedingung an meine Frau. Und doch: Unter dem Druck der gängigen Gesellschaftsordnung ließen wir unsere beiden Kinder taufen. Warum? Weil ich damals glaubte, das Kind kann ja später selbst entscheiden, ob es wieder aus der Kirche raus will. Heute aber bin ich der Meinung: Das Kind soll für sich selbst entscheiden, ob es überhaupt rein will. Heute denkt mein Sohn so wie ich. Meine Tochter, verheiratet mit einem Katholiken, denkt anders. Religion und Glaube an Gott – das gehörte zum Erziehungsritual. Vor dem Schlafengehen faltete meine Mutter uns Kindern die Hände, sprach schnell »Lieber Gott, mach mich fromm, daß ich in den Himmel komm«, dann wurde das Licht gelöscht. Wir schliefen ein. Amen.

Es klingt vielleicht paradox: Auch heute gehe ich in die Kirche. Aber nicht, um zu beten, sondern aus Ehrfurcht vor diesen grandiosen Leistungen menschlichen Schaffens. Kirchen sind für mich heute Orte der Kunst. Und bei diesen Besuchen habe ich erkannt, daß dieser Pomp dem Menschen Angst einimpft. Das fängt bereits bei der hochliegenden Türklinke an: Ganz automatisch greift der Mensch nach oben, schreitet durch ein überdimensionales Tor – das Ergebnis: Dieser Mensch fühlt sich klein, sein Selbstwertgefühl sinkt, er wird demütig. Dieser Gewalt aus Stuck,

Skulpturen, Malereien und Verzierungen, diesem Duft nach Würde steht der Mensch klein, hilflos, ängstlich gegenüber. Das ist – man möge mir diesen Vergleich verzeihen – die perfekteste Inszenierung, die kein Showbusineß bisher auch nur annähernd zustande brachte. Wobei das System besonders der katholischen Kirche bis heute Kommunikationsträger hat, die kein Computersystem dieser Welt besser bewerkstelligen kann. Wollte oder will der Papst von irgendeinem Bauern im hintersten Tirol etwas wissen, so ist bis heute der Kommunikationsweg über Kardinal, Bischof, örtlichen Priester lückenlos intakt. Denn in vielen Gemeinden weiß auch heute noch allein der Pfarrer von seinem »Schäflein« alles, bis hin zu seinen sexuellen Gewohnheiten. Das ist Macht, grenzenlose Macht. Kein Wunder, daß eben diese Machtsysteme von Faschisten bis heute übernommen werden. Ich glaube wirklich: Der liebe Gott wäre heute längst aus seiner eigenen Kirche ausgetreten.

Wir alle wissen doch, daß unsere Erde in eine gewaltige Krise taumelt: Zerstörung der Umwelt, der Regenwälder, das Ozonloch – und die wahnwitzige Überbevölkerung. Ich glaube aber, daß besonders das Problem der Überbevölkerung lösbar wäre. Durch Aufklärung. Durch Hilfe. Durch bewußte Geburtenkontrolle. Ist es denn wirklich christlich, eine Frau per Glaubensdekret dazu zu zwingen, zehn und mehr Kinder auf die Welt zu bringen? Können denn die Religionsfürsten es mit ihrem Gewissen wirklich vereinbaren, diese gigantische Überbevölkerung immer wieder anzuheizen? Kann Gott es wirklich wollen, daß unschuldige Kinder an Hunger und Not sterben? In sinnlosen Kriegen niedergemetzelt werden? – Natürlich: Ungebildete, von Religionen in Angst und Schrecken gehaltene Menschen lassen sich weitaus einfacher regieren als Aufgeklärte. Diese weltfremde, ja sektiererhafte Zucht der Sinne und des Geistes dürfen wir doch nicht ungestraft alten Junggesellen überlassen! Wobei dieses ideologische Simsalabim genauso im Islam wie in der katholischen Kirche zu finden ist. Denn diese beiden Religionen bieten dem Menschen genau das, was er selbst nie gelernt hat: seinen eigenen Tod zu bewältigen.

Der Mensch ist das einzige Lebewesen, das um seinen Tod weiß. Kein Hund, keine Katze, keine Fliege weiß um den Tod.

Und wie bewältigt der Mensch dieses Wissen? Gar nicht. Er erschafft sich in seiner Sehnsucht nach Unsterblichkeit Götter, die ihm Unsterblichkeit garantieren sollen. Mit der Tatsache, den Tod als etwas absolut Endgültiges anzuerkennen, können wir uns nicht abfinden. Wir sehen uns nicht als einen Teil dieser Erde mit seinem biologischen Gleichklang aus Geburt und Tod. Wir fühlen uns als etwas Besseres, etwas Erhabenes, etwas Einmaliges, etwas Unsterbliches – also als etwas, das auch nach dem leiblichen Tod unbedingt weiterleben muß. Und eben dieser Wahn führt uns Menschen dazu, uns die Welt untertan machen zu wollen. Maßlos roden wir die Wälder. Maßlos rotten wir Tiere aus. Maßlos zerstören wir Meere.

Dabei sind wir alles andere als göttliche Wesen: Wir sind das schlimmste Übel, das dieser Erdball jemals zu ertragen hatte. Kein Tier, kein Saurier, nichts war so zerstörerisch wie die Gattung Mensch. Wir sind die Gefahr dieses Planeten – und niemand sonst.

Das Übel, das sich die Religionen heute so perfekt zunutze machen, rührt daher, daß wir uns nicht abfinden können, daß Tod Frieden, Ruhe, Stille bedeutet. Doch was predigen uns die Religionen? Daß wir in der Hölle in einem »Feuer braten, das nie erlöscht« – so steht es im »sub secreto« (streng geheimen) Entwurf des neuen »Katechismus für die Weltkirche«. Oder daß wir im Jenseits in Chören alle wiedertreffen, die wir auf Erden kannten? Bilden wir uns denn tatsächlich ein, daß Menschen, die Kinder töteten, alte Frauen wegen zehn Mark Beute bestialisch ermordeten oder ganze Generationen in Kriege schickten – daß all diese Menschen unsterblich sind?

Wir mißverstehen den Tod. Wir fordern das Weiterleben, und sei es in der Hölle, was ja auch ein Leben nach dem Tod bedeutet.

Dazu gesellt sich die perfekt gepredigte Angst vor Strafe, die den Menschen in den Religionen hält. Natürlich habe auch ich Angst. Natürlich weiß ich, daß kein Labor dieser Welt ein Getreidekorn jemals erschaffen kann. Natürlich sehe ich die Welt auch als ein gewaltiges Wunder an. Nur: Dieses Wunder ist in jedem einzelnen Menschen. Der Mittelpunkt der Erde ist nicht irgendwo im Jenseits, bei einem Gott oder einem Allah. Der Mittelpunkt ist in Dir selbst. Dort, wo Du bist, ist die Erdachse. Egal, wo Du bist: Du siehst die Welt nur mit Deinen Augen. Und in Dir ist das, was ich Göttliches nenne. Es liegt also nicht an irgendeinem Götterboten, sondern an Dir selbst, ein erbärmlicher Dreckskerl oder ein liebender Erdenbürger zu sein, der sich für seine Mitmenschen und seine Umwelt einsetzt.

Warum brauchen wir denn eine Binsenwahrheit wie das Gebot »Du sollst nicht töten?« Haben denn die Menschen vor Millionen Jahren dann aus Lust getötet? Ich weiß nur eins: Seit Religionen fanatisch um Macht kämpfen, wurde mehr getötet. Unversöhnlich stehen sich die Orthodoxen in ihrem religiösen Wahn gegenüber: im Nahen Osten, in Irland, in Indien. Überall dort, wo »im Namen Gottes« getötet wird. Wer nicht auf Distanz geht, ist mitschuldig. Glaube ich also an Gott?

Ich glaube an das Wunder des Lebens in uns selbst. Und nicht an Religionen, Götter oder irgendwelche Stellvertreter Gottes auf Erden. Unser eigenes Handeln muß nach mitmenschlichen, barmherzigen Gefühlen ausgerichtet sein – und nicht nach Binsenwahrheiten, die als Glaubensgebote verkündet werden.

Als Künstler brauche ich keine Gebote, sondern Freiheit. Es war nicht Religion, es war der Mensch, der sich im Osten die Freiheit nahm, die Mauer einzureißen. Es ist der Mensch, der die Fesseln von Zwang und Gewalt abgelegt hat. Als Musiker habe ich meine eigene Religion: Sie hat keine zehn Gebote, sondern zwölf Töne. Und diese zwölf Töne bedeuten und begleiten alles: Geburt und Tod, Krieg oder Frieden, Haß und Liebe. Ich glaube an das klingende Universum. In Moll und Dur. In mir und meinen Mitmenschen.

KLAUS KATZENBERGER

Endsieg

> Es ist nicht wünschenswert,
> an eine Behauptung zu glauben,
> wenn kein Grund vorliegt,
> sie für wahr zu halten.
>
> *Bertrand Russell*

Sonntag – Totensonntag. Katzen blinzeln ins Novemberlicht. Telefone klingeln. Die Parteien bereiten sich aufs nächste Jahrtausend vor; wollen wiedergewählt werden. Margret ist mit ihrer katholischen Gruppe nach Polen gefahren – kaum gehen die Grenzen auf, dringen die Gläubigen ein.

Sonntag im Dorf. All die Rachen, aufgesperrt wie Vogelfallen. In der Kirche; später im Wirtshaus. Gott soll hineinfliegen, unser lieber Schöpfer. Schweinskopf mit Sülze; hier wird alles phagozytiert. Gekreuzigt, gestorben, begraben. »Was denn Gott sei«, fragt das Radio, »ohne den gläubigen Menschen?«

Droben ein riesiges System von Milchstraßen – Millionen Lichtjahre lang, Millionen Lichtjahre breit. Flackert und flimmert. Woran ich glaube? Als ob das wichtig sei. Die Wiedergeburt, das ewige Lebenwollen. Der Herr hat's versprochen, in Ewigkeit Amen. Was aber ist die Ewigkeit gegen eine Million Lichtjahre?

Eine absolute Schwärze, dem Hirn eingeprägt – Wärmetod, Kältetod, Tod. Deine unwiderrufliche Vergänglichkeit. Sollst kein falsch Zeugnis geben, nicht begehren deines Nächsten Weib. Ansätze von Moral – der Judengott im Dornbusch.

Was das Gute sei?, dozieren die Professoren, und woher denn das Böse käme? Glauben, wo die Erkenntnis nicht hinreicht. Überzeugungen, wie Hundshäufchen an der Ecke abgesetzt. Hybride Duftmarken. Wir vom Heiligen Clan!

Alles vollsprühen, alles vollklecksen. Maria, die Reine, im Schweinestall. Die Väter: Herren mit beschränkter Haftung. Ihre

Schärpen, ihr Kassengestell, das lächelnde Gebiß. Gottes Mutter im Glaubensgestrüpp. Er selber: dornengekrönt.

Im Schlachthaus an die Auferstehung glauben. Blut & Gebrüll. Glaubenslos wirst du aus der Gebärmutter gezogen. Getauft und geweiht. An Siege glauben. An Lieder und Fahnen.

Angst – vielleicht ist das Leben ein Anrennen gegen die Angst, ein sich Verbeißen, ein verbissenes Anrennen, Anreden, Anschreiben gegen die Angst. Nachts, wenn uns die Träume jagen. An den Tag glauben, der schrägschnittig die Bettkante quert. Grell brennt das Licht die Ammonshörner frei; wie Elektroden werden wir leuchten. Wahrnehmungen machen und abends erblinden. Durch Panzerschlitze die Welt abtasten; was wir sehen, sind andere Panzer. Geräuschlos dahinrollend, im Geflacker der Blitze. Oben schwingen riesige Pendel.

Die Sonne schleudert glühende Gase ins All. Was wir brauchen, sind Einlegesohlen, damit das Skelett geradesteht; gerade bis zum Tod. Dann wird es liegen. Sie sagt, sie neige den Anthroposophen zu. Neigungen haben, wie der Turm zu Pisa. Zum Glauben geneigt. Würdig geleitet der Heilige Vater die Führer der Welt ...

Schutz brauchen, sich schützen lassen. Auch Echsen haben ihren Unterstand. Väter & Führer. Wir vom Unterstand – sie in himmlischer Höh'. Jahresgewiß kommt das Christkind. Es erscheint auf dem Bildschirm, so wie der Engel Maria erschien.

Noch zum Frisör laufen, ehe der Tod kommt. Warten auf Wiedergeburt. Ein spiraliges Nirwana. Einzelhändler stehen Spalier. Glaube, in Tuben verpackt – die ewige Jugend.

Du, der Lockenkopf auf dem Foto. Dein Leib, von Festigkeit umrahmt. After Shave werden Leichen gezeigt, weiße gedunsene Körper, gefesselt mit Draht. Andere stehen in Gruben. Fallen zusammen mit Schüssen. Auf Erden – im Paradies.

Glaube, der fade Kleister. Die Daseinsfugen dichten. Im Wohnzimmer sitzen – im Traum. Echt Spitze, sagt die Gattin. Sie trägt ein Spitzengewand und schenkt sich dem Gatten, der sie im Traumhaus begattet.

Er sagt – er, der Abteilungsleiter, Ordnung muß sein, räumt Blätter ein in Klarsichthüllen; springt von Schublade zu Schublade, springt wie ein Eichhörnchen auf Kieferästen. An Ordnung glauben; die Ordnung der Leere. Er, in Klarsicht gehüllt. Plastikreiter am Hängeordner befestigen. Absolutes Stillschweigen im Kopf. Sich selber befestigen; bis alles zusammenbricht. Er, der Bürochef – mit betrieblichen Ehren begraben.

Papier, vollgekritzelt. Ihre ausgeschwitzte Notdurft. Stündlich erscheint der Todesengel. Der Gedankenvorrat dieser Firma, x-mal täglich umgewälzt. Ein Geschiebe kranker Gedanken aufwärts – hoch hinauf, wo die Geschäftsführung sitzt. Alpha-Rüden, die zu dominieren wissen. Lift schafft Menschliches heran. Die Firma – ein gläubiger Block, eingelassen in andere Blocks. Er glaubt an den Hauptabteilungsleiter, der seinerseits an den Geschäftsleiter glaubt. Weil der Höchste hinter ihm steht, hinter dem seinerseits der Allerhöchste steht.

Göttlich, pyramidal. Ein mannigfach Komplexes, das wir Einzelnen nicht zu überschauen vermögen. Federnd kommt uns die Zukunft entgegen wie seinerzeit der Filialleiter beim Verkaufsgespräch. Wir, glaubensgestützt unter Altären. Der Himmlische, eingehüllt in seinen Kammgarnanzug. Zeigt auf den neuen Sechszylinder. Glöckleinverbimmelt heulst du herum. Ein kurzer Eingriff in dein Kindheitshirn wird leider nötig sein.

Was aber, wenn man dagegen die lange Zufriedenheit hält und das Glück? Wegen Zugehörigkeit spricht dir der Chef eine echt goldne Nadel zu, eine Krawatte mit Firmenemblem. Man wirbt um deine gegläubigte Seele. Schwarzhutüberschattet bittest du um eine Verschnaufpause. Ganz schwindelig wird dir in diesem heiligen Karussell. Auf dir lastet der Chef – und sein Glaube.

ER muß es wissen, hat er doch diese Firma geschaffen. Himmelshell strahlen die Neonröhren. Wohlgefällig sieht der Herr auf alles, was steigt – steigen die Umsätze, steigen auch wir. Noch aus der letzten geistigen Verlegenheit wird money gewonnen – durch Glaubensdruck. Das fromme Recycling. Der gläubige Schrott. Was fehlt, sind Verbrennungsanlagen.

Überzeugungen haben – Plomben gegen die Karies der Erkenntnis. Diese Lücken im Verstand, durch die der Wind bläst wie durch winterlichen Wald. Sich an Glaubensfeuern wärmen; am glühenden Scheit der Sektierer. An pastoralen Öfen sitzen; während die Herren dir ins Hirn zwitschern, als sei dort ein Vogelnest.

Die Welt ist rund, die Welt ist flach – glaubensrund, glaubens-
flach. Ans Glauben glauben; sich in lauter Spiegeln spiegeln. Die
Brüchigkeit des Seins. Schon das Auge versagt.

Die Erde – diese leuchtende Frucht, schwebend in gekrümmten
Räumen. Satelliten spähen herum, ob nicht irgendwo Hoffnung
sei. Wie Milchhaut schwimmen die Kontinente auf dieser riesigen
Kernschmelze. Du dort in Chikago. Astronomische Katastrophen
werden erwartet im Abstand von Billionen Jahren. Sterne stoßen
zusammen. Derweil baggert dich dein Schicksal unter die Erde, in
diesen Humus von Menschen, auf dem die Bäume wachsen.

Wesen aus Rauhreif. Monde gehen auf und unter, wie an Fäden
gezogen. Melonenmonde – du aber mußt zum Notar, dringend,
zur Meldebehörde.

Glauben – daß Donnerstag sei. In Wahrheit ist Mittwoch.
Glauben – an Freiheit & Recht, die Richtigkeit der Zahnarztrech-
nung. Glauben – daß ich im Lotto gewinne und das Ganze einen
Sinn habe. Zufrieden strahlt das Ich vor sich hin, wabernd wie ein
Kastaniengrill.

Gemütswarm im Leeren. Den Glauben wie eine Sau mästen,
von der man lange essen kann. Im Gefahrenfall Gurt anschnallen
oder einfach beten. Wir dürfen Ihnen versichern, daß Sie in den
Himmel kommen – und zwar bald. Viele wurden zu Tode
gespritzt, vergast, vergiftet, verscharrt. Auch Tiere waren dabei.
Sich im Glauben an die Menschheit unter einen Regenbogen
stellen. Warten, bis ein Fuchs kommt und deine Leiche beschnüf-
felt; er würde später von dir berichten.

Einsam fährt ein Gedanke auf der Nichtwissensbahn. Überall
Hauben, überall Nonnen. Hier glauben alle. Die beste der Welten.
Reiche werden errichtet – Reiche brechen zusammen. Die Faszi-
nation ungeheurer Explosionen. Unser System gegen euer System.
Die Wüste – magnesiumhell erleuchtet. Keines wird siegen.

Der Glaube im Kopf, dieser irre Funke. Dein Hals im Marken-
hemd. Hochwertige Menschen, die hochwertige Produkte assimi-
lieren. Menschenfleisch schlägt Kalbfleisch. Kalb, das unter Sternen steht.

Glaubensfeuer – Fegefeuer. Die Vielen, in Gottes Namen verbrannt. Piloten kreisen. Der Feind läßt Christbäume abwerfen.

Manche werden verrückt und schießen in der Heimat alles nieder. Fälle der Psychiatrie. Nicht desertieren; auch zur Friedenszeit wachsam sein. Während der Planet mit verdreckten Manschetten davondriftet, horten wir Megatonnen von Zerstörnis.

Nächtens durch den Park laufen. Als Kind. An den Sieg glauben. Oben der weite Himmel. Den Endsieg.

GÜNTHER KEHRER

Noch glaube ich daran: Der Mensch kann lernen

Woran ich glaube – das klingt nach Bekenntnis – credo in ... Jahrhundertealtes Knüppelinstrument, noch heute geplapperter Unsinn in den Stätten organisierter Geistlosigkeit. Glaube ich an etwas? So bestimmt nicht. Die Frage, woran ich glaube, hat mit Religion nichts zu tun. Wie der fortgeschrittenste Teil der Menschheit komme ich ohne Religion, ohne Gott recht gut zurecht. Und der Rest der Menschheit wird es auch noch lernen, langsam, aber sicher. Daran glaube ich. Ein Glaube wider alle Vernunft, gegen den Augenschein? Die letzten Jahrzehnte dieses Jahrhunderts scheinen denen recht zu geben, die von der Unsterblichkeit des religiösen Wahns ausgehen: Pfaffenherrschaft in Polen, in Iran, Neoorthodoxien, New Age – kein Unsinn ist abgeschmackt genug, um nicht seine Unterstützer zu finden. Aber es gibt auch etwas Entscheidenderes: das langsame, unaufhaltsame Anwachsen eines praktischen Atheismus. Die Menschen richten ihr Leben ohne Gott ein. Höllenstrafen und Paradiesfreuden haben ihre Faszination verloren. Der Atheismus ist praktisch geworden. Es gilt nun, ihn auch theoretisch triumphieren zu lassen. Aber damit eilt es nicht. Mag Religion folkloristisch weiterleben; werden ihren Vertretern die staatlichen Geldhähne zugedreht – auch die subsidiären –, dann verkümmern sie von selbst. Ich glaube nicht daran, daß das bald geschehen wird, noch immer glauben manche Herrschenden, auf religiösen Beistand nicht verzichten zu können: In den Sprechblasen, die Bundespräsidenten und ähnliche Figuren produzieren, wabert Gott herum. Es hilft niemandem und stört kaum einen. Religiöse Hülsen sterben langsam. Die Religionsgeschichte ist voll von Beispielen jahrhundertelang sich überlebender Relikte: Heinrich VIII. von England erhielt vom Papst für die Streitschrift »Assertio septem sacramentorum« den Titel »Defensor Fidei«, wenige Jahre später enteignete er die Kirche und gründete seinen eigenen religiösen Laden, noch heute tragen die britischen Marionettenmonarchen den vom Papst verliehenen Titel. – Wer aber zweifelt daran, daß Frau Thatcher eine praktische Atheistin ist?

Von Religion soll nicht mehr die Rede sei. Zu ihr kann man sich nur noch auf vier verschiedene Weisen verhalten: Dumm – das heißt: gläubig; polemisch – das heißt: ihr Ableben beschleunigend; wissenschaftlich – das heißt: archivierend und analysierend; zynisch – das heißt: sie benutzend.

Von vernünftigem Glauben soll gesprochen werden. Prinzipien, die der Vernunft nicht widersprechen, deren Einlösung aber noch nicht erreicht ist, darauf richtet sich der aufgeklärte Glauben. Dabei weiß der, der einen solchen Glauben hat, daß die Möglichkeit besteht, daß diese Prinzipien vielleicht nie eingelöst werden. Keine Gewißheit ist gegeben, aber die Chance, daß es so werden kann, wie die Vernunft es heute schon antizipiert.

Ich glaube, daß der Mensch einzeln und kollektiv in der Lage ist, alle Verhältnisse rational, seinem jeweiligen Wissensstand entsprechend zu ordnen, zu kontrollieren und zu ändern. Als einziges Lebewesen tritt der Mensch der Natur aktiv gegenüber: Er vermittelt, regelt und kontrolliert seinen Stoffwechsel mit der Natur durch seine eigene Tat (Karl Marx). Niemand braucht mir zu sagen, daß der Zustand, in dem wir leben, von dieser rationalen Ordnung und Kontrolle weit entfernt ist. Der technisch weitfortgeschrittenen Kontrolle entspricht die soziale Ordnung nicht. Die bestehende Ordnung hält die Menschen in bewußter Unmündigkeit. Der religiösen Verblödung folgte die Konsum- und Medienverblödung, und dieses Joch wird schwerer abzuschütteln sein als das religiöse. Die soziale Voraussetzung für die Überwindung dieser neuen Verblödung ist die globale Beseitigung wirklicher Not, die materielle Voraussetzung dazu ist schon heute gegeben.

Auf was gründet sich der Glaube daran, daß das Prinzip vernünftiger Planung der Gesellschaft sich durchsetzen kann? Handelt es sich nicht um einen verzweifelten Glauben gegen alle Erfahrung, gegen die bessere Einsicht? Die Lernfähigkeit des Menschen ist die Grundlage des Glaubens an eine vernünftige Ordnung der menschlichen Dinge. Jeder Mensch hat schon aus Erfahrung gelernt. Im Bereich des technischen Wissens wiederholt man seine Fehler niemals ad infinitum. Es ist zuzugeben, daß im

Bereich der Kultur und Gesellschaft Lernen schwerer ist. Fehler werden später erkannt und dann oft als unaufhebbar deklariert. Spekulationen über die Natur des Menschen verhindern eine rationale Einsicht in das aktuelle Mögliche. Nutznießer des Zustands, der hinter dem Möglichen zurückbleibt, reden den Opfern ein, daß ein anderer Zustand nicht möglich sei. Versuche dieses Jahrhunderts, in zwei Generationen Lernfähigkeit zu institutionalisieren, sind gescheitert. In das Triumphgeschrei der ausgehaltenen Medienspezialisten mischen sich die pastoralen Salbadereien von Präsidenten und Ministern, deren Schlichtheit manchmal glauben machen kann, sie wüßten wirklich nicht, wessen Sache sie bewegen.

Der Mensch kann lernen. Niemand lernt um des Lernens willen, sondern um Leiden und Frustration zu vermeiden. Solange ich mit einem Zustand zufrieden bin, gibt es für mich keinen Grund, ihn zu ändern. Darin haben die Ideologen des Kapitalismus recht: Die Sorge, daß der Profit hinter seiner möglichen Höhe zurückbleiben könnte, ist die Quelle aller technischen Innovationen. Darin hatte Marx recht, daß nur die verzweifelte Lage des Proletariats dieses dazu treiben könnte, den Zustand zu ändern, in dem es verzweifelt sein muß. Er unterschätzte jedoch (und mußte unterschätzen) die sozialen und kulturellen Innovationsfähigkeiten der kapitalistischen Gesellschaften, die den inneren Frieden brauchen, um nach außen aggressiv zu sein. Jede auf Ausbeutung beruhende Gesellschaft benötigt ein gewisses Maß an Zustimmung der Ausgebeuteten, unter den Bedingungen der kapitalistischen Produktion, in der alles zur Ware wird, erkauft sich die Zustimmung durch Teilhabe an Konsum und Teilhabe an den politisch-parlamentarischen Schwindelunternehmungen. – Warum sollten wir lernen?

Die Chancen zu lernen, sind zur Zeit gering. Es hat den Anschein, als blieben sie auch in absehbarer Zukunft gering. Es wurde ein relativ ungefährliches Feld gefunden, worauf sich die Lernfähigkeit üben kann: Ökologie und Umweltbelastung. Da werden Yoghurtbecher sortiert, Glas gesammelt, Bäumchen gegossen, Lurche aufgelesen – alles vernünftige Dinge einer Hobbykultur, und Millionen lernfähiger Menschen verplempern so ihre Fähigkeiten, die soziale Welt rational zu ordnen. Der radikalste Teil dieser Menschen, der etwas tiefer in die Misere sieht, läuft begeistert den Schimären von vorgestern nach: als Hopi kostümiert oder fernöstlichen Unsinn aufwärmend zieht man sich freiwillig aus rationaler Gestaltung der Welt zurück.

Der Mensch kann lernen. Er lernt, weil er mit dem Zustand, in dem er lebt, unzufrieden ist. Unzufrieden ist derjenige, der sich nicht wohl fühlt. Selbst in dem Teil der Welt, in dem wir leben, ist Wohlgefühl kein weitverbreiteter Zustand. In der Arbeit ist der Mensch nicht bei sich, aber auch die von Lohnarbeit freigesetzte Zeit bringt den Menschen nicht zu sich, sondern liefert ihn der Arbeit strukturell ähnlichen Abhängigkeiten aus. Bis jetzt ist es gelungen, die Unzufriedenheit zu privatisieren durch individuelle Therapien, durch Eröffnen von temporären Eskapismen, durch Reisen in scheinbar exotische Regionen. Niemand kann sicher voraussagen, ob diese Mechanismen auf die Dauer funktionieren werden. Genausowenig kann jemand sicher voraussagen, ob die massiveren Mechanismen der Verhinderung des Lernens in der sogenannten Dritten Welt erfolgreich sein werden: direkte militärische Invasion und Unterdrückung und das langsame Anwachsenlassen einer davon profitierenden Mittelschicht.

Die Zukunft ist offen. Noch glaube ich daran: Der Mensch kann lernen, allein und im Kollektiv. Noch ist nicht ausgemacht, ob der anthropologische Pessimismus recht behalten wird, der besagt, daß homo sapiens seit 40 000 Jahren unverändert höchstens im Nahbereich von 30 Menschen zu vernünftiger Gestaltung fähig sei. Noch leben wir in der Vorgeschichte. Ideologien ermöglichen uns die falschen Orientierungen in dem nicht unmittelbar überschaubaren Raum. Aber so wie wir langsam die Verheißungen der Religion losgeworden sind, so besteht auch die Möglichkeit, die Ideologien abzustreifen zugunsten der Einsicht in das Mögliche. Die Fähigkeit, durch Überlegung darauf zu kommen, was die Ursachen der von allen empfundenen Misere sind, und einen Zustand anzustreben, in dem es keine Garantie des Glücks, aber die Sicherheit gibt, vermeidbares Unglück zu vermeiden.

Mit dem Herzen denken

Ja, ich glaube an Gott ... aber nicht an einen Gott, von dem meist nur in männlichen Bildern gesprochen wird.

Ich glaube, sobald wir von und über Gott zu sprechen versuchen und uns bemühen, Gott zu definieren, lassen wir außer acht, daß Gott/Göttin nicht zu definieren ist, nicht beschrieben werden kann und in einer Dimension liegt – wo es weder Raum noch Zeit, weder »Dinge« noch »Bewegung« gibt.

Ja, ich glaube an Gott/Göttin ... denn ich glaube, wir alle sind nicht nur der Körper, der einst vergehen wird, sondern auch lebendige Seele von ewigem Bestand. Ich glaube an unsterbliches Bewußtsein – und daß das Bewußtsein immer dort ist, wo unsere Seele ist, wo unsere Feinstofflichkeit ist, ganz gleich, ob wir uns im physischen Körper bewegen oder diesen abgelegt haben.

Gott/Göttin ist für mich All-Einheit, All-Liebe, Licht, Kraft und vieles mehr und das Fundament aller lebendigen Wesen, aller Dinge ... Teil von uns allen, in uns allen vorhanden, in uns lebendig.

Hildegard von Bingen schrieb: »Zu keiner Stunde fehlt meiner Seele das Licht, das der Schatten des lebendigen Lichtes heißt ...«

Albert Einstein meinte: »Das tiefste und erhabenste Gefühl, dessen wir fähig sind, ist das Erlebnis des Mystischen. Aus ihm keimt alle wahre Wissenschaft. Wem dieses Gefühl fremd ist, wer sich nicht mehr wundern und in Ehrfurcht verlieren kann, der ist bereits tot. Das Wissen darum, daß das Unerforschliche wirklich existiert und daß es sich als höchste Wahrheit und strahlendste Schönheit offenbart, wovon wir nur eine dumpfe Ahnung haben können – dieses Wissen und diese Ahnung sind der Kern aller wahren Religiosität.«

Ich bin überzeugt, daß alle Menschen eine göttliche Herkunft haben – diese aber verdrängen und vergessen. Kein Wunder, wenn man/frau u. a. an die Institution Kirche denkt. Ich gebe Karlheinz Deschner recht, wenn er schreibt, daß Jesus, als Kämpfer, als

Befreier in seiner Zeit, niemals »diese« Kirche hätte wünschen können, eine kultisch und juristisch genau geregelte, hierarchisch-politische Institution, eine Kirche des Rechts und der Gewalt.

Es ist, wie der Theologe Carl Schneider beschreibt: »Aus der Gemeinschaft der Liebe wurde die Kirchenzucht, aus dem allgemeinen Priestertum eine ... Amtshierarchie ... An die Stelle der Ekstatiker traten die Advokaten, und schließlich wurde das Verhältnis Gottes zum Menschen durch einen Rechtskodex geregelt ...«

An Gott/Göttin glauben und »dieser« Amtskirche treu zu bleiben, ist für mich unvereinbar geworden ... Ich bin aus der Kirche ausgetreten vor vielen Jahren wegen der verlogenen Moral der katholischen Amtskirche von oben. Ich denke dabei an Papst Pius XII., der den Faschismus vergaß, aber zu den Übeln der Zeit die Scheidung zählt. Ich denke an die Gebete der Geistlichen vor dem Start des US-Flugzeuges, das Hiroshima bombardierte. Und ich denke an den Vatikan, der damals den Atombombenangriff auf Japan nicht verurteilte! Und unter Hitler verkündete das im Jahr 1940 vom katholischen Feldbischof herausgegebene katholische Militär-Gebet- und Gesangbuch: »Halte Dich an die Parole: ›mit Gott der Führer, Volk und Vaterland ...‹«

Ich bin auf der Suche nach einer ganzheitlichen, integrierten und humanen Kirchengemeinschaft von unten ... wo wir als Partner/innen Gottes/Göttin bewußter werden können – wir brauchen viele Möglichkeiten zur Menschwerdung, zur Ganzwerdung und zur Erfahrung der Dynamik Gottes/Göttin.

Ich glaube an Gott/Göttin und stimme Dorothee Sölle zu, wenn sie sagt: »Wozu brauchen wir einen Gott, dessen wichtigste Qualität nichts als das männliche Ideal repräsentiert, nämlich Macht zu haben. Wir können Mutter oder Schwester zu Gott sagen, wir können auch naturhafte Symbole benutzen ...« Gott, die Göttin ist in uns selbst.

Ist Teil von uns allen.

Gott/Göttin-Gegenwart in uns allen – daran glaube ich. Ich glaube, wir müssen weit mehr Schritte auf dem Wege nach innen wagen!

PAUL KURTZ

Skeptizismus und säkularer Humanismus: Eine neue Eupraxophie

I.

Die Götter Jesu, Mose und Mohammeds sind für postmoderne Männer und Frauen nicht mehr überzeugend. Naturwissenschaft, Philosophie und wissenschaftliche Kritik haben den mythologischen Charakter des Alten und Neuen Testaments, des Koran und der sogenannten Heiligen Bücher des Altertums nachgewiesen. Es gibt keine stichfesten Beweise für ihren Anspruch, göttliche Offenbarung zu sein; die angeblich wunderbaren Ereignisse, die sie beschreiben, gründen sich auf unbestätigte mündliche Berichte einer primitiven Vergangenheit. Die Versuche von Theologen, die Existenz Gottes klassisch zu »beweisen«, sind in gleicher Weise fehlgeschlagen. Mystische Erfahrungen sind höchstwahrscheinlich private Selbstgespräche; sie weisen nicht auf eine göttliche Realität hin.

Das Postulat, daß das Universum von einem Gott geschaffen worden sei, ist ein spektakulärer Sprung über die Reichweite der Erfahrung hinaus. Der Anspruch, daß Gott Ursprung des Universums sei, ist ein Mißbrauch der Kategorie »Ursache«, er verschiebt unser Nichtwissen nur um einen Schritt nach hinten. Denn wir können dann auch fragen: Wer oder was verursachte Gott? Selbst, wenn die Theorie vom großen Urknall wahr wäre – und sie wird von Naturwissenschaftlern bereits angezweifelt –, führt sie nicht zu einem Schöpfergott. Da ist es besser, innerhalb des natürlichen Universums zu bleiben, so wie wir es vorfinden. Vielleicht ist das Universum ewig, ohne Anfang und Ende. Deshalb halte ich mich in bezug auf solche Fragen für einen Skeptiker.

Ich bezweifle auch die Existenz eines Lebens nach dem Tode. Der Glaube an die Unsterblichkeit ist das Ergebnis des törichten Geschwätzes derer, die den Tod fürchten. Es gibt nur unzureichende Beweise für die Behauptung, daß die »entkörperte Seele«

den Tod des Körpers überlebt, daß es eine sinnvolle Existenz jenseits des Grabes gibt oder daß eine tote und wiederauferstandene Gottheit uns von diesem Schicksal erlösen wird. »Keine Gottheit wird uns erretten«, sagt das Humanistische Manifest II, »wir müssen uns selbst retten.« Infolge dessen kann ich auch keine erkennbare Absicht am Universum finden. Es ist indifferent gegenüber den Sorgen und Nöten der Menschen. Wir existieren nur einen kurzen Augenblick zwischen dem großen Vergessen, das vor uns war und das nach uns sein wird, auf einem unbedeutenden Planeten, der einen kleinen Stern am Rande der Milchstraße umkreist, einer Galaxie unter Milliarden von Galaxien.

Den Glauben an Gott als einen Erlöser finde ich unverständlich, zusammenhanglos, unwahrscheinlich und unvernünftig. Er ist das Produkt von dem, was ich die »transzendentale Versuchung« genannt habe, das Bemühen der kreativen menschlichen Vorstellungskraft, sich der Begegnung mit dem Nichtsein zu entziehen, einer Weigerung, der brutalen Tatsache ins Auge zu sehen, daß wir vergängliche, endliche Wesen unter anderen sind, die in einem Universum ohne Absicht oder Ziel existieren. Nach meiner Ansicht steht der Glaube an Gott als Erlöser außerhalb der kognitiven Berührung mit der Realität, aber für viele ist er ein tröstlicher Mythos, der sie in die Lage versetzt, das Leben zu ertragen. Ich brauche eine solche Krücke nicht. Religion ist wie ein Spinnennetz, das von der menschlichen Kultur gewebt worden ist, um uns davor zu bewahren, ungeschützt in das Unbekannte zu fallen. Die Menschen klammern sich daran, weil sie sich fürchten, und gebrauchen es dann, um ihre Widersacher darin zu fangen und zu verschlingen oder als Schutzschild. Die Religion ist nur ein menschliches Gerüst, um uns gegen eine existentielle Furcht abzustützen, eine Projektion menschlicher Phantasien und Bedürfnisse.

Wenn aber Gott nicht existiert, so folgt daraus nicht, daß das menschliche Leben ohne Sinn sei. Vielmehr ist das Gegenteil wahr für diejenigen, die den Mut haben, dies zum Ausdruck zu bringen. *Die Menschen leben!* Der Mythos von Gott kann selbst ein Grund für Verzweiflung sein, und oft genug ist er gegen Menschen gerichtet; er zeugt von geringem Vertrauen in die Kraft von

Männern und Frauen, sich dem Universum ganz allein zu stellen, auch hat er häufig die Tendenz, unsere tiefsten Impulse und Wünsche zu unterdrücken. Dieses Leben ist alles, was wir haben. Unsere beste Option besteht darin, nicht davor in eine transzendente Welt der Mythen zu fliehen, sondern es mit Freude zu leben und die Gelegenheiten zu ergreifen, die es für die Verwirklichung eines guten Lebens bietet.

Das Universum trägt *in sich* keinen Sinn. Es *ist* nur einfach da, und ob der Säbelzahntiger, die Dinosaurier oder die menschliche Gattung überleben, ist für die Natur, die blind ist, ohne Bedeutung. Es *ist* jedoch von großer Bedeutung für die, die jetzt leben, bewußt und mit klopfenden Herzen leben und Sorgen und Nöte haben. Der Sinn des menschlichen Lebens wird in den kreativen Plänen und Projekten gefunden, die wir erfinden, entdecken und verwirklichen wollen. Wir sind es, die die Pyramiden, den Parthenon, die Große Mauer von China, die imponierenden Städte Europas, Amerikas, Asiens und Afrikas und die Kunst, Poesie, Philosophie und die Naturwissenschaften der Weltzivilisation geschaffen haben. Jedes Zeitalter drückt sich in seiner eigenen Weise aus. Jede Form des Lebens erklärt ihren eigenen Lebenssinn. Und jede kann zu Freude und Spannung führen, wenn ihre Vorsätze in die Tat umgesetzt werden.

Ich bin ein säkularer Humanist. Mein Schutzheiliger ist weder Buddha, der sich von der Welt zurückzog und Befreiung im Nirwana suchte, noch Jesus, der sich selbst und anderen etwas vormachte, indem er Erlösung im nächsten Leben suchte. Es ist weder der passive Lotusesser, der Eremit oder der Mystiker, noch der gehorsame oder fromme Mönch. Vielmehr ist es der Prometheus aus der Mythologie, der die Götter auf dem Olymp herausforderte, indem er das Feuer stahl und der Menschheit Kunst und Wissenschaft schenkte.

Zu den wichtigsten menschlichen Tugenden, die ich schätze, gehört der *Mut* – der Mut, nicht nur zu sein, sondern angesichts von Widerständen auszuharren und zu *werden*, indem wir über Grenzen hinausgehen. Hierbei ist *Kühnheit* der höchste Wert. Männer und Frauen kommen auf die Welt, nicht um sich ihr einfach gehorsam zu unterwerfen, sondern um sie sich so frech hinzubiegen, daß sie ihren Interessen entspricht. Es ist wahr, wir stehen über einem Abgrund (wie Nietzsche sagt), aber die Herausforderung besteht darin, ihn in kühnen und wagemutigen Abenteuern zu überspringen. Die Aufgabe des Lebens besteht nicht einfach darin, unserer natürlichen Bestimmung passiv zu folgen, so wie Kühe, die auf der Wiese faul ihr Futter wiederkäuen (obwohl auch wir unsere fundamentalen Bedürfnisse befriedigen müssen), sondern darin, heroische Möglichkeiten zum Ausdruck der eigenen Persönlichkeit zu suchen. Wir schaffen uns selbst dauernd neu.

Am besten jedoch gelingt es uns, unsere Pläne zu verwirklichen, wenn wir eine zweite menschliche Tugend entwickeln, die Macht der *Vernunft*. Wir verstehen die Natur am besten, wenn wir uns der Methoden der Wissenschaft bedienen, und wir können unsere Probleme am effektivsten lösen, wenn wir kritische Intelligenz einsetzen. Unsere Aufgabe besteht nicht einfach darin, die Ordnung des Universums zu verstehen oder das Chaos zu bemerken, das sich auch darin findet, sondern einen kreativen Beitrag zu leisten und letztendlich Freude an einem anstrengenden Leben zu haben, das bereit ist, Risiken auf sich zu nehmen. Dieses sind die Tugenden eines autonomen Menschen, der willens und imstande ist, Verantwortung für sein eigenes Schicksal auf sich zu nehmen und seine Zukunft in der Weise zu gestalten, daß er die Ziele erreicht, die er angestrebt hat.

Wir leben aber auch in Gemeinschaft mit anderen. Wir können nicht isoliert und allein leben. Unsere höchsten Werte und tiefsten Befriedigungen teilen wir mit anderen. Deshalb ist die dritte humanistische Tugend, die ich hervorheben möchte, das *Mitgefühl*. Und ich halte es für wesentlich, daß Männer und Frauen ein Bewußtsein für die Bedürfnisse und Interessen anderer Menschen entwickeln. Altruismus, Empathie und Sympathie sind die moralischen Qualitäten einer entwickelten menschlichen Persönlichkeit, die andere Menschen zu schätzen weiß und ihren Beitrag zur Schaffung einer gerechten Welt leisten möchte. Ethische Rationalität und das moralische Gewissen sind die wichtigsten Komponenten eines voll verwirklichten und entwickelten menschlichen Lebens.

II.

Auf der gegenwärtigen Stufe der menschlichen Zivilisation, meine ich, brauchen wir eine neue humanistische Agende als Alternative zu den orthodoxen Religionen der Vergangenheit. Christentum, Judentum, Islam, Hinduismus, Buddhismus, sie alle basierten auf nomadischen und landwirtschaftlichen Gesellschaftsformen und wurden in der Jugend des Menschengeschlechts gebraucht. Die post-industrielle, technologische, städtische und Informationsgesellschaft, die jetzt entsteht, muß sich neue Orientierungspunkte schaffen, die für die gegenwärtigen Bedingungen der Welt relevant sind.

Wir müssen, meine ich, eine neue *Eupraxophie* entwickeln, d. h. eine Weltanschauung, die auf der Wissenschaft und einer authentischen Lebensweise basiert, die den gegenwärtigen Bedürfnissen entspricht und auf Vernunft gegründet ist. Ich habe das Wort *Eupraxophie* eingeführt, indem ich die griechische Wurzel *eu* im Sinne von »gut«, *praxis* im Sinne von »Verhalten, Benehmen« und *sophia* im Hinblick auf »wissenschaftliche und philosophische Weisheit« zusammengefügt habe. Ich meine, daß wir uns auf eine neue Ebene der menschlichen Selbstverwirklichung begeben müssen, indem wir uns die besten philosophischen, naturwissenschaftlichen und ethischen Erkenntnisse der Vergangenheit zunutze machen, aber gleichzeitig bereit und fähig sind, mit Mut, Intelligenz und Kühnheit eine neue Welt zu schaffen, eine Welt, die durch und durch säkular ist, aber doch auch humanistisch in ihrer mitfühlenden Rücksichtnahme auf die Bedürfnisse anderer, und die stets gewillt ist, die kühnen Herausforderungen der Zukunft anzunehmen.

Unsere Glaubensvorstellungen sollten als Hypothesen, als provisorische Handlungsentwürfe gelten, nicht als absolute, festgelegte und endgültige Dogmen. Sie sind fehlbar und haben es nötig, angesichts neuer Entdeckungen dauernd revidiert zu werden. Wir müssen es lernen, mit Unsicherheit und Ambivalenz zu leben, auch wenn wir zweifellos durch anhaltende Bemühungen auf unserer Suche nach Wissen vorankommen und bestimmte Grade zuverlässiger Erkenntnis erreichen können.

Unsere *Weltanschauung* kann sich nicht mehr auf rein spekulative, metaphysische Sprünge gründen, die nur eine höhere Art von Verdunkelung sind. Wir können die Wahrheit auch nicht dadurch entdecken, daß wir uns mit sprachlichen Übungen oder philosophischen Analysen abgeben – denn sie sind nur ein Tanz blutleerer Kategorien. Unser Weltbild sollte sich auf naturwissenschaftliche Forschungen gründen. Ansprüche auf Wahrheit sollten mit den Maßstäben der Vernunft (logische Folgerichtigkeit) und durch Beweise (experimentelle Kontrolle) überprüft werden. Das Universum, wie wir es sehen, expandiert und entwickelt sich. Die Gesetze, die die natürliche Ordnung regieren, sind materiell. Masse und Energie sind an allen Formen der Existenz beteiligt, auch wenn wir uns mit den Beobachtungsebenen und den Kontexten befassen müssen, über die wir forschen. Es gibt tatsächlich ganz Neues, Unvorhergesehenes und Zufälliges im Universum. Das alte Modell eines festgelegten, mechanistischen Weltalls ist durch ein offenes und pluralistisches ersetzt worden. Das menschliche Bewußtsein ist ein Teil der Natur, eine Funktion von organismischen behaviorischen Transaktionen. Die menschliche Gattung verändert und entwickelt sich ebenso wie andere Dinge auch. Wir sind nicht das Ziel der Evolution und auch nicht ihre höchste Errungenschaft. Ob wir als Gattung überleben werden, hängt von unserer Fähigkeit ab, uns ihren Herausforderungen anzupassen. Was »real« ist, kann am besten innerhalb der Naturwissenschaften, der Biologie, der Verhaltensforschung und der Sozialwissenschaften herausgefunden werden. Ich bin skeptisch gegenüber den neuen Kulturen des Paranormalen – ob es sich nun um Parapsychologie, Astrologie, UFO-logie oder andere Pseudowissenschaften handelt. Sie liefern neue quasi-religiöse Ventile für die transzendentale Versuchung, lassen sich aber durch empirische Beweise oder durch die Naturwissenschaft nicht stützen.

Als skeptischer und säkularer Humanist finde ich, daß die Entwicklungsmöglichkeiten für ein gutes Leben reichlich vorhanden sind und daß die Gelegenheiten, ein Leben in Fülle, Freude und mit gespannter Erwartung zu führen, enorm sind. Es gibt bedeutsame Werte, die sich in dem Drama und Prozeß des menschlichen Lebens entwickeln. Moralische Prinzipien brauchen wir nicht von Gottes Geboten abgeleitet zu werden, um dauernd gültig zu sein. Es gibt das, was ich den »allgemeinen moralischen Anstand« nenne, den wir im Leben entdecken: Integrität, Vertrauenswürdigkeit, Wohltätigkeit und Toleranz. Und dann gibt es noch die authentischen Werte großer Stärke: Autonomie, Kreativität, Intelligenz, Selbstbeschränkung, Selbstachtung, Mut, Charakter und starke Motivation, die wir auch im Laufe des Lebens verwirklichen können. Kein Mensch ist eine Insel für sich. Es gibt geistig anspruchsvolle Regeln, nach denen wir unser Leben zu führen lernen und deren Gültigkeit sich durch ihre Konsequenzen erweist. Wenn Werte etwas mit der menschlichen Erfahrung zu tun haben, so heißt das nicht, daß sie subjektiv, willkürlich oder für die Kritik durch die Vernunft unzugänglich sind. Mord, Lüge und Betrug sind unrecht, und die moralische Erkenntnis kann Wahrheiten entdecken, die sich aus der menschlichen Situation ergeben.

Ich glaube, daß die besten Gesellschaftsformen freie Gesellschaften sind, solche, in denen die einzelnen ihre Erwartungen nach ihren Vorstellungen erfüllen können, solange sie anderen nicht schaden. Die Demokratie scheint die sicherste Regierungsform zu sein; auch wenn sie nicht perfekt ist, so ist sie doch vergleichsweise allen anderen Systemen vorzuziehen. Es gibt wahrscheinlich weniger Grausamkeit und Doppelzüngigkeit in demokratischen Gesellschaften, und sie bieten vermutlich mehr Möglichkeiten für korrigierende Kritik, höheren Lebensstandard sowie für kulturelle Vielfalt und Freiheit. Die beste Regierungsform ist die, in der die individuelle Verantwortlichkeit der Bürger entwickelt werden kann und in der die Bildung und Überzeugung die primären Mittel sind, sozialen Wandel herbeizuführen, nicht Gewalt oder Zwang. In bezug auf die große Auseinandersetzung zwischen den Idealen des Sozialismus und des Kapitalismus denke ich, daß gemischte Ökonomien, die sowohl freie Marktwirtschaft als auch ein gewisses Wohlfahrtssystem enthalten, die effektivsten sind, und daß auf die Dauer für mehr Menschen sowie für das allgemeine Wohl mehr Glück daraus entsteht. Wir müssen die engen ideologischen Formeln von Links und Rechts überwinden. Und wir müssen uns der Methoden der in Interessengemeinschaften zusammengefaßten, sozialen Klugheit bedienen als dem besten Weg, gesellschaftliche Probleme zu lösen.

Die Welt des 21. Jahrhunderts wird wahrscheinlich die erregendste und bedrohlichste sein, der sich die menschliche Gattung bisher gegenübergesehen hat. Erstens, weil die Naturwissenschaften uns viel Macht verliehen haben, die Geheimnisse der Natur zu entdecken, und die Technologie uns wirksame Mittel an die Hand gegeben hat, eine bessere Welt zu schaffen. Die Zukunft ist nicht festgelegt, sondern hängt von dem ab, was wir tun. Wir können uns nicht mehr in einen idyllischen Garten Eden zurückziehen, der in Wirklichkeit ohnehin nie existiert hat. Wenngleich wir dauernd in unsere Umwelt eingreifen, sollen wir sie doch nicht unnötig mißbrauchen. Wir können uns von der Technologie oder Industrie nicht lossagen – wie einige Puristen fordern – aber wir müssen sie mit weiser Überlegung einsetzen. Wir müssen eine neue *globale Ethik* entwickeln, in der wir uns verpflichten, die natürliche Ökologie der Erde zu bewahren. Wir müssen uns auch darüber klar sein, daß wir Teil einer aufeinander angewiesenen planetarischen Gemeinschaft sind. Keine einzige Gesellschaft kann in der Isolation von anderen leben oder funktionieren. Wir müssen die Grenzen der alten nationalistischen, ethnischen, rassischen und religiösen Rivalitäten überwinden. Wir müssen zu einer neuen Identität kommen, die anerkennt, daß jeder von uns Mitglied der gleichen Menschenfamilie ist und denselben Wert und dieselbe Würde hat.

Wenn wir in die erregende Welt der Zukunft eintreten, müssen wir darauf vorbereitet sein, die Herausforderungen der Raumfahrt und vielleicht sogar eines Lebens außerhalb der planetarischen Umgebung auf uns zu nehmen. Die Möglichkeiten der Zukunft sind ohne Parallele. Wir können unser Leben verlängern, Gesundheit und materiellen Lebensstandard verbessern, es lernen, Vergnügen und sexuelle Freuden in nicht-unterdrückenden Gesellschaften zu genießen und unsere größten Talente und kreativen Entdeckungen zu verwirklichen. Um dies zu tun, müssen wir aber mit den Illusionen brechen, die uns immer noch binden. Männer und Frauen existieren für sich selbst, nicht für Gott und auch nicht für die Erlösung. Werden wir genügend Intelligenz und Mut haben, diese Herausforderung anzunehmen? Werden wir in ein weiteres dunkles Zeitalter hineinschlittern, oder können wir uns neue und unbegrenzte humanistische Horizonte öffnen? All dies hängt von unserer Entschlossenheit und Einsatzbereitschaft ab.

Aus dem Amerikanischen von Marianne Reppekus

ROBERT MÄCHLER

Für einen sinnfreundlichen Agnostizismus

»Woran glaube ich? Ich weiß es nicht, ich weiß nur, daß mir viel fehlt, wenn ich nicht gläubig bin.« Das ist das »Credo« Robert Walsers, und ich weiß für mich kein besseres. Immerhin glaubte Walser nicht ganz inhaltlos: er sprach zuweilen auf unkirchliche Weise von Gott, und von Jesus meinte er, man könne sich »ihm gegenüber unmöglich anders als mit stärkerer oder gelinderer Gebärde anbetend betragen«. Ein ähnliches Verhältnis zum »Vater« und zum »Sohn« habe auch ich.

Meine Eltern waren reformiert, aber keine Kirchgänger. Von spezifisch religiöser Erziehung bin ich unbehelligt geblieben. Gott und Jesus sind mir im Jünglingsalter sozusagen offenbarungsmäßig – im Strudel einer durch »Eigensinn« ausgelösten Schizophrenie – wichtig geworden. Um aus der Schule und anderem Zwang auszubrechen, simulierte ich Wahnsinn und wurde darauf tatsächlich wahnsinnig. Ich glaubte mich wegen der Simulation von Gott gerichtet, von Jesus zur Buße gerufen und beugte mich vor dem, was ich an mir selbst – *gegen* mich selber – als sittliche Weltordnung erfuhr. Einigermaßen genesen (von Gott begnadigt, wie ich es deutete), schrieb ich später als Lokalreporter einer schweizerischen Kleinstadtzeitung manches Kirchenfreundliche, wandelte mich allmählich zum Kirchenkritiker und trat nach dem fünfzigsten Lebensjahr aus der Kirche aus.

Heute bin ich zwar kein Atheist und in ethischer Hinsicht kein Widerchrist, aber ein Agnostiker mit denkerischer Andacht vor dem »Wunderbaren« (Staunenerregenden, Unerforschlichen) in Natur und Menschenwelt. Jesus bleibt mir bedeutsam als die am meisten weltüberlegen anmutende, unerklärlichste Gestalt der Geschichte. Die Evangelisten oder ihre Gewährsleute mögen ihm allerhand angedichtet haben, aber die hauptsächlichen Züge seines Lebens und Lehrens sind wohl kaum erfunden. An Selbstgewißheit und existentiellem Ernst ist er nicht zu überbieten. Neige ich demnach mit Robert Walser zu anbetender Gebärde ihm gegenüber, so möchte ich paradoxerweise doch auf kritischem Denken über ihn bestehen. Zu sokratischem Fragen und Erörtern scheint er unfähig gewesen zu sein. Unerörtert, unkritisiert ließ er denn auch die teilweise teuflischen Machenschaften, Gesetze und Drohungen des mosaischen Gottes. Sein liebender Vater im Himmel ist dadurch, daß er ewige Höllenstrafen verhängt, ein noch ärgerer Teufel als jener.

Das Reich Gottes, von Jesus ungeachtet der höllischen Kehrseite als künftige Herrschaft der Liebe verkündet, ist durch die neuzeitliche Entwicklung des Menschengeistes zu einer Verlegenheit und Verlogenheit geworden. Wenn es käme, wäre es ein Hohn auf alles vorausgegangene Leiden. Warum, wenn ein solches Reich möglich ist, jahrmilliardenlang Vernichtung von Leben durch anderes Leben? Müßte ein wahrhaft gutes Reich Gottes nicht von jeher gewesen sein? Aber was heißt »von jeher«? Nach christlichem Glauben hat Gott die Welt aus dem Nichts geschaffen. Meinem Menschengehirn wird schwindlig, wenn es sich das Nichts denken will. Also denkt es sich die Welt als ewig, was ebenfalls Schwindel erregt, jedoch plausibler ist, weil es die Welt nun einmal gibt. Ist sie ewig, so bedarf sie keines Schöpfers. Und da sie in der vergangenen Ewigkeit nicht gut, nicht paradiesisch war (sonst wäre sie es noch jetzt), so wird sie es in der künftigen ebensowenig sein. Soll ich mit Friedrich Nietzsche an die ewige Wiederkunft des Gleichen glauben? Mir graut bei dem Gedanken, daß ich nach jeder Wiederkunft-»Ewigkeit« immer wieder hier sitzen und den Aufsatz »Agnostiker mit denkerischer Andacht« schreiben werde. Noch mehr müßte all denen grauen, die Schlimmeres erleben.

Trotz der manchmal als erdrückend empfundenen Argumente gegen den Gottesglauben habe ich ihm nie ganz abgesagt. Zu lebhaft ist mein Bedürfnis, an Wert und Sinn und an deren Ursprung im Weltgrund zu glauben. Die Entstehung sinnbedürftigen Menschengeistes aus geist- und sinnlosem Atomgewimmel halte ich für unwahrscheinlich. Gültige Sinngebung muß doch wohl von einem irgendwie übernatürlichen, weltüberlegenen, »jenseitigen« Geist kommen. Wer sich als Agnostiker der unüberwindlichen Denkschwierigkeiten der Gottesfrage bewußt ist, wird sich selbstverständlich zu keiner lehrmäßigen Religion bekennen. Es wäre im übrigen freiheitswidrig, wenn der Mensch Wert und Sinn als gleichsam mit Garantie versehene Güter vom Weltgeist geliefert bekäme. Ich soll diese Güter möglichst selber schaffen, soll für das, was mich wertvoll und sinnvoll dünkt, selber einstehen wollen. Indem ich erkenne, daß der Sinn des Lebens nichts anderes sein kann als *gutes* Leben, soll ich die als großenteils ungut erkannte Welt und mich selber zu verbessern trachten. Darf ich meinem darauf gerichteten guten Willen trauen? Falls er nur Seifenblasen erzeugt, werde ich eben ein Narr gewesen sein. Ich wäre mir nicht zu gut, närrischerweise noch dann für eine verbesserte Menschenwelt zu wirken, wenn solche bloß ein Zwischenspiel im Ablauf naturgesetzlicher Ewigkeit sein könnte.

Einst dachte ich hierüber gläubiger. Während der erwähnten Geisteskrankheit glaubte ich, mich zur Sühne für die Vortäuschung von Wahnsinn töten zu sollen und dadurch das universelle gute Leben bewirken zu können: die naturgesetzliche Welt würde sich bei meinem Tod in eine gute, leid- und schuldlose Götterwelt verwandeln. Aber ich tötete mich nicht, sondern wurde (nach landläufigem Begriff) wieder gesund.

Heute bin ich bescheidener (kleingläubiger?) als damals, möchte nur noch das Geistesklima der Menschheit verbessern helfen. Krieg, Verbrechen und einige andere Übel sollten aufhören. Verschwinden müssen, damit dies möglich wird, die lehrmäßigen und institutionellen Religionen, deren unredliches, daher unheilvolles Heiligkeitstheater allzu lange gedauert hat. Sie vor allem sind schuld an dem immer noch so erbärmlichen Geisteszustand der Menschheit.

In der schlechten Luft des Religionswesens gedeiht keine gesunde Kultur. Die sogenannten Schaffenden haben viel zu wenig wirksame Gemeinschaft im Vernunftwahren. Unter der Fuchtel des Wettbewerbs unablässig neue Werke schaffend, überfüttern sie die sogenannten Gebildeten und lassen das sogenannte Volk ungebildet. Gute Kultur muß Kultur für alle sein und sich in allen Lebensbereichen wohltätig auswirken, vorab in Politik und Wirtschaft. Zu guter Kultur führt globale Erziehung zu freiheitlich-vernunftmäßigem Denken. Beten wir um den »heiligen Geist« der

Wahrhaftigkeit! Stärken wir den rechtverstandenen gesunden Menschenverstand und mit ihm das menschheitliche Verantwortungsbewußtsein!

Glaube ich an eine derartige bessere Zukunft? Die Zweifelsgründe wiegen schwer, aber ich mag nicht zuinnerst ungläubig sein und resignieren. Wohl könnte mich vieles in meinem nun achtzigjährigen Leben zur Resignation stimmen: viele Enttäuschungen, viel eigene Unzulänglichkeit und Lächerlichkeit. Indessen hat mich gerade die Lächerlichkeit manchmal im Sinnglauben bestärkt. Von Zeit zu Zeit habe ich Fügungen erlebt, die mich wie Erfindungen eines erzieherisch gesinnten, ironisch verfahrenden Weltgeistes anmuten. Natürlich reicht so etwas so wenig zur Religionsgründung aus wie die Götterphantasie meines Jugendirreseins. Um so mehr hoffe ich, die künftige Menschheit befleißige sich einer religionslosen Religiosität.

NORMAN MAILER

Eine kosmische Auseinandersetzung

Vor dreißig Jahren wurde ich bei einem Interview mit Richard G. Stern und Robert Lucid gefragt – ich gebe die Frage jetzt frei wieder: »Was für eine Vorstellung haben Sie von Gott?«

Ich antwortete: »Ich meine ..., daß Gott nicht allmächtig ist. Er existiert als ein kriegsführendes Element in einem geteilten Universum, und wir sind ein Teil – vielleicht der wichtigste Teil – Seines großartigen Ausdrucksvermögens, Seiner gewaltigen Schicksalshaftigkeit; vielleicht versucht Er, Seine Konzeption des Seins in der Welt durchzusetzen gegen andere Entwürfe, die der Seinen entgegengesetzt sind. Vielleicht sind wir in gewissem Sinne die Saat, die Saatträger, die Seefahrer, die Entdecker, die Verkörperung jener in Schlachtordnung aufgestellten Vision; vielleicht sind wir an einem heroischen Handeln beteiligt und nicht an einem ganz gewöhnlichen.« Einen Augenblick später sagte ich noch, daß dies vielleicht eine noblere und unbequemere religiöse Vorstellung sei als der Begriff eines allmächtigen Gottes, der vollkommen für uns sorgt. Es war der einzige Glaubenssatz, meinte ich, »der mir das Problem des Bösen erklärlich macht. Sehen Sie, die Antwort könnte auch lauten – wie soll ich es sagen – daß Gott selbst in ein so außergewöhnliches, so forderndes Schicksal verwickelt ist, daß auch Er unter moralischer Korruption leiden und etwas von uns verlangen kann, was unfair ist, daß Er unser Sein mißbrauchen kann, um Seine Ziele zu erreichen, so wie wir selbst die letzten Zellen unseres Körpers mißbrauchen«.

Über drei Jahrzehnte habe ich es nicht für notwendig gehalten, mehr als ein paar Worte dieser Aussage zu ändern. Seitdem ist mir aber eingefallen – obwohl man mich allgemein für einen männlichen Chauvinisten hält –, daß man Gott ebenso legitim Sie nennen könnte (soweit wir wissen) wie Er, oder besser, Sie Beide, wenn man die Gottheit als eine Ehe zwischen einem männlichen und einem weiblichen göttlichen Wesen auffaßt, eine Ehe, die tatsächlich vielleicht nicht besser funktioniert als die meisten der unseren!

Dieser Spott ist ziemlich billig, denn es bringt nichts, über die Besonderheit Gottes zu spekulieren, aber ich halte mich immer noch an die dreißig Jahre alte intuitive Vorstellung, daß Er oder Sie nicht Liebe ist (jedenfalls nicht nur Liebe und nicht zuerst Liebe), sondern Vision. Gott hat die Vision einer Existenz, die außergewöhnlicher, humaner, unvorstellbarer glänzender und schöner und sichtlich riskanter ist als andere Visionen des Seins, die mit Ihm oder Ihr oder Ihnen in Fehde liegen. Gott ist sozusagen ein General, der einen Krieg im Himmel zu gewinnen sucht, und wir sind die durchnäßte und verwundete Infanterie jenes titanischen Schlachtengeschehens. Gott als General muß mindestens ebenso viel Kraft für den Kampf einsetzen wie für das Wohlergehen Seiner Truppen. Gott kann, wie ein General, gezwungen sein, uns zu opfern, uns zu ignorieren, da Gott, wie ein General, Macht hat, aber nicht allmächtig ist. Gott tut wie ein General (oder die Mutter von hundert Kindern) nur Sein oder Ihr Bestes.

Diese Überzeugung, die wohl kaum so viele Menschen anzieht, daß man daraus ein Subskriptionskomitee für eine neue Kirche bilden könnte, ist unbequem, nüchtern, unsentimental und für mich intellektuell befriedigend. Sie gibt eine vernünftige Erklärung für den Holocaust. Zwei oder mehr Generationen haben seit jener Katastrophe die uralte Frage gestellt: Wie kann es das Böse Seite an Seite mit einem allmächtigen und gütigen Gott geben? Die Antwort aus der Zeit vor dem Zweiten Weltkrieg, daß wir unseren freien Willen gebrauchen müßten, um das Böse zu vermeiden, war kaum mehr zufriedenstellend. Sie brachte den unangenehmen, aber unausweichlichen Verdacht mit sich, daß Gott ein Bühnenschriftsteller, ein Schauspieldirektor, ein Regisseur und Theaterkritiker sei, der einen großen und nun verhaßten Festumzug beobachtet, den Er für Seine eigene ... eigene was denn? kreiert hatte, für Sein eigenes Amüsement, Seine Unterhaltung? Das war verwirrend. Wenn das Böse erst einmal die Dimensionen des Holocaust angenommen hatte, war Gott entweder nicht ganz und gar gütig oder allmächtig.

Die zweite Alternative schien mir vernünftiger zu sein, vor allem, wenn seine Güte in »gütig-aber-in-eine-Schlacht-verwikkelt« abgeändert wurde. Aufgrund der letzteren Annahme habe ich, insgesamt betrachtet, mit einer Art von Gleichmut gelebt. Es überzeugt mich, daß das Leben hart ist und das, was danach kommt, vielleicht noch härter, aber es bietet auch einen herben Trost. Ich brauche mein Leben nicht für absurd zu halten. Es gibt einen Sinn in unserem Dasein. Der besteht darin, daß wir helfen können, Gottes Willen zu erfüllen, der nicht von vornherein festgelegt ist. Gott ist noch dabei, das Ziel Seines Wollens zu entdecken, so wie wir unser Leben lang nach dem Sinn und Zweck unseres Daseins suchen, und jeden unserer Tage können wir danach bewerten, ob wir Gott unterstützt oder verraten haben. Spreche ich von Verrat? Wenn Gott eine in Schlachtordnung aufgestellte Vision ist, die mit anderen Daseinsvisionen im Weltall im Kriegszustand ist, brauchen wir nicht weit zu suchen, um den Teufel auszumachen. Er oder Sie befinden sich irgendwo in all den anderen Daseinserscheinungen, die jetzt auf unsere Erde übergreifen. (Daß Gott diesen Krieg verlieren kann, ist genau die Befürchtung, die mich in meinen religiösen Vorstellungen zur Zurückhaltung zwingt.) Manchmal brauche ich nicht weiter zu sehen, als auf die leeren Wände von Büroräumen, um zu wissen, wo der Teufel sich eingenistet hat, und manchmal frage ich mich, ob der Teufel stirbt, so wie auch Gott, und wir schon so weit sind, daß wir als verpfuschte Massenmenschen auf den Friedhöfen der Götter und Teufel leben – aber das sind Gefühle, die ich in meinen schlechteren Zeiten habe. An guten Tagen kann ich noch glauben, daß sich der Kampf lohnt und daß es nicht absurd ist, wenn ich meine Kinder liebe und meine Arbeit tue, denn ich habe glücklicherweise eine Philosophie, die Selbstmitleid nicht zuläßt. Die Welt mag von Tag zu Tag und von Jahrhundert zu Jahrhundert ungerecht sein, aber sie kämpft darum, gerecht und ehrfurchterregend und schön in ihren Bestrebungen zu sein, und wir sind die Soldaten, jedenfalls einige von uns, wenn wir Glück haben, die immer wieder geboren werden und in die große Schlacht dieser apokalyptischen Visionen eingreifen können. Somit können wir vom Schicksal geschlagen und verdammt werden oder oft genug nicht das sein, was wir sein sollten, aber wir sind jedenfalls nicht lächerlich und brauchen den Himmel nicht dafür zu hassen, wenn er uns nicht zur Kenntnis nimmt. Wir können den General verfluchen, wenn er uns im Regen stehenläßt, aber wir brauchen Ihn wenigstens nicht zu hassen. Er oder Sie oder Sie Beide – wenn sie sich gerade vertragen – sind dort draußen, sich abnehmend und kämpfend und an seltenen Tagen sogar zusammenspielend auf Ihrem Wege zu demselben Ziel. Dieses wird sich ausweiten, sobald wir dort sind. Es ist dann so, wie es sein sollte. Das Universum ist nicht von vornherein festgelegt, und die Vision wird sich öffnen – so wie alle demokratischen Visionen es tun sollten – in eine andere Vision hinein, und deshalb brauchen wir uns nie selbst leidzutun. In einem solchen, im Himmel geführten Krieg kann Gott von unseren Fehlern ebensoviel lernen wie von unseren Triumphen. Es ist gut zu glauben, daß wir zu eben diesem Zweck da sind; und daß Gott, wenn Er oder Sie denn Zeit hat, sogar Mitgefühl für unsere Schmerzen empfinden kann. Und noch besser ist es, zu glauben, daß wir durch die Schmerzen, die wir ertragen, Ihr Leiden erleichtern können.

An diesem Punkt jedoch sollte man, da es den Mechanismus ja nun einmal gibt, lieber schließen, sonst fangen womöglich die Subskriptionen für ein neues Jerusalem wieder an. Ich empfehle meine Religion (denen, die sie ertragen können) vor allem aus einem Grunde. Sie spült das Selbstmitleid hinweg, welches das schlimmste und persönlichste Gift für Menschen ist. Sie erinnert uns daran, daß es in den Wechselfällen unseres Daseins um etwas anderes geht als um uns selbst, und sie tröstet uns mit dem Wissen, daß diese Überzeugung, falls sie dann gültig ist, so tief in uns allen angelegt ist, daß wir noch tausend Jahre vor uns sehen, wo wir den Herrn (und die Herrin) ohne eine Kirche anbeten können.

Aus dem Amerikanischen von Marianne Reppekus

NELLY MOIA

Marionette mit Herz

Mit Unmut habe ich diese Frage (Woran ich glaube?) zur Kenntnis genommen. Und zuerst einmal mit einem verärgerten »An gar nichts!« geantwortet. Wieviel lieber wäre mir eine Neuauflage von »Was halten Sie vom Christentum?« gewesen, auf internationaler Basis diesmal. In *den* saftigen Knochen möchte ich meine Zähne schlagen! Aber diese religiös anmutende Formulierung, diese nach Weihrauch riechende Präposition, mit der ich nichts anfangen kann? Ich glaube, *daß* – eine ganze Menge, aber *an* NICHTS, an dreimal nichts, wie die Franzosen sagen. Und über dieses Nichts jetzt drei bis zehn Tippseiten – eine schöne Quälerei.

Nun denn, trotz allem, was heißt das, an nichts glauben, und wie kommt eine Nichtsgläubige durchs Leben – ohne höheren Sinn und dergleichen? Zuerst einmal: es ist ganz leicht, den religiösen Ballast über Bord zu werfen, will sagen, den christlichen Glauben. Dazu genügt die Vernunft eines durchschnittlich begabten Menschen, dabei hilft enorm ein großes Freiheitsbedürfnis sowie ein gut entwickelter Gerechtigkeitssinn (oder: ein gutes Herz, wie man so sagt; hochtrabender: schopenhauerisches Mitleid). Und von Glück reden kann, wer dazu in einem freidenkenden Elternhaus aufwächst.

Zwei Episoden aus meiner Kindheit mögen zwei Wesenszüge illustrieren, die in diesem Zusammenhang ausschlaggebend sind: das unwillige Aufbegehren gegen Widervernünftiges, das sich als Wahrheit gebart; und das zornige Mitleid.

Es war ein sonniger Tag, alle Kinder spielten draußen, nur ich saß wieder regungslos in meine Bibel vertieft. Plötzlich knallte ich das Buch auf den Tisch und lief auch hinaus zum Spielen. Als ich zurückkam, fragte meine Mutter neugierig, warum ich denn meine Lieblingslektüre so plötzlich unterbrochen habe. Die Antwort: »Stell' Dir vor, da war Jonas tagelang im Bauch dieses Fisches, und dann soll der noch lebend herausgekommen sein?! Jetzt glaube ich denen aber gar nichts mehr!«

Jahre später, aus der Schule heimkehrend, Frage an meine Mutter: »Hat Gott alles, alles geschaffen, was es gibt?« – »Ja, natürlich!« – »Hat er denn auch nachgedacht über das, was er da schuf?« – Meine Mutter, etwas verdutzt, mit der entsprechenden Handbewegung: »Ja. Natürlich hat er das nicht so einfach aus dem Ärmel geschüttelt.« – »Was hat er sich denn dabei gedacht, als er den Virus der Kinderlähmung schuf?« (Das war damals die große Angst, das Damoklesschwert, das wir Kinder über uns spürten.)

Kein Wunder, daß ich um dieselbe Zeit, mit etwa 11, die andern Kinder in unserer Straße von der Nicht-Existenz der Hölle zu überzeugen suchte, da unvereinbar mit dem »lieben« Gott, den ich vorerst nicht fahren lassen wollte. Aber irgendwann mit 16, in der Quarta, während wir im Religionskurs die sogenannten Gottesbeweise durchexerzierten, habe ich den ganzen Plunder abgeworfen. Gefehlt hat mir ein Glaube an Höheres, Göttliches, Übernatürliches seither keine Zehntelsekunde. Es geht ganz gut ohne.

Man hat mir schon entgegnet, daß ich offensichtlich zu glücklich gewesen bin mein halbes Jahrhundert lang, um ein Bedürfnis nach Religion zu verspüren. Aber genau das Gegenteil ist der Fall. Wenn ich überschwenglich glücklich bin, *dann* möchte ich einem gütigen Schicksal für all die Seligkeit »danken«. Es ist aber keines da, das meinen Dank geschmeichelt in Empfang nehmen könnte, also eben nicht. (Es gibt schlimmeren Frust.) Wenn ich aber im Unglück war, so bedauerte ich noch jedesmal meinen Atheismus nur, weil er mir genußreiches Gotteslästern verunmöglichte, und ich nicht, wie Fritz Zorn, wenigstens in Gedanken »Gott in die Fresse hauen« konnte. *Wenn* es einen Gottschöpfer dieser gequälten Welt gäbe, ich könnte das widerliche Monster nur hassen und verachten.

Jedenfalls: Als *bescheidene* Atheistin, wie ich einmal an einen Freund schrieb, bilde ich mir nicht ein, das Ebenbild eines wie immer gearteten Gottes zu sein. Ich glaube nicht, daß da ein Allerhöchstes Wesen sich mit meinen moralischen Problemen befaßt und für menschliche Seelen ein ewiges Paradies eingerichtet hat. Ich erwarte mir kein transzendentales Aufhebens wegen Mensch und Welt. Ich weiß, daß ich als Mensch u. a. geistig beschränkt bin, und beschränkt ist die ganze Welt, das ganze Leben. Darin muß man sich einrichten können.

Das »kâlon/agathon« der Griechen; oder der Rat Huxley's an die Menschheit (gegen Ende seines Lebens von Reportern erfragt:) »Try to be a little kinder«; oder derjenige Jean Rhys': »Be as kind and happy as you can!« – das dürfte doch genügen als Lebensprogramm. Dazu bedarf es keines eingeimpften Glaubens an eine Dreifaltigkeit, an einen gekreuzigten Gottessohn und seine jungfräuliche Mutter, an Hölle und Paradies. Die biblischen Religionen mit dem Menschen und seinem Planeten als Mittelpunkt göttlichen Interesses schmeicheln dem Egozentriker, der partout metaphysisches Theater braucht, um sich wichtig vorzukommen.

Atheistische Bescheidenheit, die das Theater ablehnt, ist aber nicht mit trockener, kalter Gefühllosigkeit zu verwechseln. Atheismus verhindert keinesfalls die Freude und den Genuß an Kunst und Natur, ist durchaus vereinbar mit Sinnlichkeit und Temperament.

Doch wenn ich Anflüge von taedium vitae habe oder von Weltschmerz, so habe ich wenigstens nicht das Problem, die Zustände auf dieser Erde unter einen Hut zu bringen mit einem Allweisen Großen Geist, der sich das ganze Elend einfallen ließ und den ich anscheinend dafür auch noch verehren soll. Die crux theologorum überlasse ich gerne denjenigen, die sie sich gesucht haben.

Was aber die letzten Mysterien betrifft, das Rätsel, das niemand löst, so ist die Sache ungeheuer faszinierend, und ich habe meine Freude an der *Un*erklärlichkeit der Dinge. Die zu empfinden, ist so genußvoll, daß ich das mit »Existenzwollust« bezeichne. Es lebe das Geheimnis!

Ich glaube nicht an irgendeinen Sinn des Ganzen. Wenn es ihn aber gäbe und er sich erst in zigmilliarden Jahren offenbaren oder verwirklichen würde/könnte, um H. v. Ditfurths letzten Gedankengängen zu folgen, so pfeife ich darauf, will sagen, ein Sinn, der *soviel Leid* benötigt zu seiner famosen Verwirklichung, das leidvolle Leben und Sterben unzähliger Milliarden von Lebewesen, der kann mir gestohlen bleiben, der »Sinn«. Genug zum Thema religiöse Ungläubigkeit, oder nur noch kurz mit dem großen Clarence Darrow, dem köstlichen Rechtsanwalt im »Affenprozeß« von Tennessee 1925, als Darwin (sozusagen) vor dem frommen Gerichte stand: »I don't believe in God, because I dont't believe in the Easter bunny.« Basta.

Nun könnte ich ja mit Charles Maurras sagen: »Athée, mais catholique!« – weil sonst Anarchie und allgemeines Auseinanderbröckeln. Nein, denn die christlichen Kirchen fördern die menschliche Grausamkeit und Gemeinheit (mit superschlauer Heuchelei), und ich verabscheue sie dafür. Sie sind mit dem Schlimmsten in der menschlichen Psyche so stark verwachsen, daß sie wohl nicht auszurotten sind, was aber kein Grund ist, den Kampf gegen sie aufzugeben und es ihnen damit noch leichter zu machen, als sie es ohnehin schon haben. Sie sind fest gegründet auf dem Granitfelsen der menschlichen Lebensangst und Todesfurcht, auf der abgrundtiefen Dummheit und Faulheit der meisten Menschen und auf der darauf grassierenden Unwissenheit. (Cf. was der westliche Durchschnittsbürger alles *nicht* weiß über Kirchengeschichte – bei freiem Zugang zu allem mögichen Wissen!) Kurz, die »Pforten« der Herzensgüte und der Vernunft werden die Infame(n) kaum überwältigen.

Infam wesentlich und seit jeher. Wer hat die Sklaverei praktiziert und gerechtfertigt? Wer die Folter? (praktiziert und gerechtfertigt). Wer hat sie bekämpft und abgeschafft? Wer? (Bitte – das alles lernen wir nicht in der Schule, also wissen wir es auch nicht ...). Wer hat die Unterdrückung der Frauen und die Ausbeutung der Armen als Gottes Wille erklärt und unterstützt? Wer das skrupellose Schinden der Tiere? Der Natur? Wer hat heimtückisch die Verachtung der ratio gelehrt und irrationale Ängste geschürt, die gefügig machen, kritisches Denken und Handeln lähmen? Wer hat über ein Jahrtausend lang den wissenschaftlichen und besonders den medizinischen Fortschritt aufgehalten und damit (über ein Jahrtausend lang) *unermeßliches Leid* über die Menschen gebracht – und auf diesem Elend seine Macht gegründet? Wer sucht heute den Kampf gegen AIDS zu behindern, wer verhindert soweit als möglich (d. h. ganz wesentlich!) die für diesen Planeten *lebensnotwendige* Geburtenkontrolle? Wer verteufelt jeden Schwangerschaftsabbruch, wer steht der längst fälligen Legalisierung einer humanen Sterbehilfe im Weg? Wer paktiert seit jeher mit den abgefeimtesten Tyrannen, bis in unsere Zeit hinein?

– Ach, das Ungeziefer. Man bleibe mir doch mit dem Ungeziefer vom Leib.

Genug – (wie eingangs bedauert: das Thema heißt nicht »Was halten Sie vom Christentum?«) ... Also, weder Gott noch Kirche. Aber an irgendetwas muß sich der Mensch doch »klammern«. Glauben an – das heißt ja auch: Werte haben, Prinzipien und dergleichen, Dinge, die das Leben lebenswert machen. Der Glaube-an-die-Zukunft zum Beispiel. (O Schreck!) Nun, man kann nie wissen, aber ich glaube nicht, daß die Guten und Gescheiten dieser Erde den Kampf gewinnen werden gegen die Masse der Dummen und der Schufte, der Banausen, der Schönheitsblinden, der Gleichgültigen und der Hartherzigen. Doch: man kann nie wissen. Irgend etwas mag bewirken, daß sich die Proportionen und Verhältnisse umkehren, die Zahlen und die Macht der Hohlköpfe und Halunken zurückgehen, die der Guten und Klugen zunehmen werden. Bekommen wir erst einmal die Bevölkerungskontrolle weltweit in den Griff, so läßt sich das Ärgste (nicht nur für die Menschheit!) vielleicht noch abwenden, ein Nebeneinander-Überleben aller Arten von Mensch und Tier und Pflanze ermöglichen, die Menschheit durch die Erziehung verbessern ... (?). Die Erziehung ...

Ein Abgrund klafft zwischen dem intellektuellen und dem moralischen Fortschritt des Menschen. An der Disproportion zwischen seiner technischen Macht und seinem primitiven Egoismus droht die Welt unterzugehen. »Das Mitleid (aber) ist die eigentliche moralische Triebfeder« (Schopenhauer). Auch mit Worten wie Solidarität, »sympathie humaine« (Camus), Brüderlichkeit ausgedrückt, wurzelt es nicht nur im Herzen, sondern auch im Hirn, d. h. in der Vorstellungskraft. Mitleidslos handeln nicht nur die Grausamen, sondern auch die Phantasielosen, die sich z. B. beim qualvollen Dasein eines Tierversuchsopfers, eines Mastkalbs, eines Kettenhundes »nichts denken«. Tiere selbst sind völlig mitleidslos, primitive Menschen, ob Individuen oder Stämme, ebenfalls. Letztere haben z. B. oft nur *ein* Wort, um sowohl das lebende Tier wie auch sein Fleisch zu bezeichnen. Das »lebende Fleisch« wird mitleidslos auf glühenden Kohlen gebraten, bis es nicht mehr schreit.

Die wichtigste moralische Frage lautet deshalb: »Ist Mitleid lehrbar?« Und: Was ist überhaupt Mitleid, woher haben wir es, wann ist es in der Vorgeschichte der Menschheit aufgetaucht? Und: Warum wird sich über dieses brennend wichtige Thema ausgeschwiegen? Wo bleiben die Essays, Betrachtungen, Bücher, Forschungsergebnisse über Mitgefühl, Mitleid?! Und über Grausamkeit ... Solange wir nicht mehr darüber wissen, bleibt die Frage nach der Lehrbarkeit des Mitleids unbeantwortet. Sich vortastend mag man finden, wie ich, daß es eine angeborene Charaktereigenschaft ist. Man kann sie entwickeln, die Veranlagung, mal mehr, mal weniger. Wo sie kaum vorhanden ist, wird es die beste Erziehung nicht weit bringen. Falls aber das Mitleid oder die Güte (es läuft auf dasselbe hinaus) nicht anerzogen werden kann, was dann? Wie wollen wir dann den blutnotwendigen moralischen Fortschritt bewerkstelligen? Dadurch, daß wir gute Herzen gentechnologisch einpflanzen?!

Für diese pessimistisch veranlagte biologistische Deterministin bzw. deterministische Biologistin sieht die Zukunft trübe aus. Wird kommen, was kommen muß. Menschliche Freiheit – das ist ein Hirngespinst, das unserer Eitelkeit schmeichelt. Ich bin eine Marionette. Sie auch. Geprägte Form, die lebend sich entwickelt. Na und? Sofern unsere Umwelt (die wir sowenig gewählt haben wie unsere Eigenschaften) uns erlaubt, zu leben nach dem Gesetz, wonach wir angetreten, haben wir das Gefühl der Freiheit, und das muß genügen. Wer in einer weiträumigen »Flasche« sitzt (s. Huxley), hat Glück gehabt.

Dieser Marionette ist Mitleid das Höchste, selbstverständlich gepaart mit Intelligenz und ebenso selbstverständlich aktiv (nicht: passive Weinerlichkeit!). Gute Sachen, für die ich mich einsetze, wählte ich vor etwa zwanzig Jahren bewußt wegen ihrer »Lächerlichkeit«:

Tierschutz, Feminismus, Antiklerikalismus. Tiernarren, hysterische Emanzen und Pfaffenfresser kämpfen gegen Ungerechtigkeiten und Leiden, die von den Massen nicht wahrgenommen werden. (In der Zwischenzeit sind die ersten beiden Bewegungen ziemlich erstarkt, und den Kirchen laufen ihre europäischen Christen davon.) Es bleibt enorm viel zu tun. Äußerst wichtig ist mir der Kampf für die Legalisierung einer humanen Sterbehilfe sowie für eine weltweite Geburtenbeschränkung. Eine Niederlage nach der anderen stecke ich ein im Einsatz für die Umwelt; die Schönheit weicht allenthalben zurück, Tag und Tag, hier ein Stück, dort eins. Das Heer der Banausen rückt unaufhaltsam vor.

Was ich liebe (gehört das zum »Glauben«?): die Schönheit, für mich fast ein Synonym von Farben (blind möchte ich nicht leben); dann: die Stille und das Alleinsein, um zu schauen, zu denken, zu lesen ... Vor allem verhaßt ist mir das Leiden, besonders das vermeidbare, durch Menschendummheit und -grausamkeit verursachte. Andere sind anders beschaffen, sehen die Dinge anders, können sie nur so sehen. Und so wurschteln wir alle weiter. Wie's ausgehen wird, weiß ja keiner. Und in dieser Unkenntnis (unser selbst und der Zukunft) muß das bißchen Hoffnung wurzeln, das uns zum Handeln beflügelt und sogar zwingt.

Dieser Aufsatz, der mir (natürlich ganz unvermeidlich und prädeterminiert seit Jahrmillionen [!]) meine Weihnachtsferien verdorben hat, hat mich auch zu einigem Nachdenken und Bilanzziehen über meine verflossenen 52 Jahre angeregt. Ich bin froh, sie soweit gut überstanden zu haben, ich hatte Glück (besonders wegen der lieben Menschen in meinem Leben – Eltern, Freunde, Freundinnen). Doch ich bin auch froh, daß ich eines Tages wieder meine Ruhe haben werde. Dann noch dies: bei aller Lebensfreude – ich beglückwünsche mich noch immer zu dem mit 20 gefaßten Entschluß, keinem anderen Menschen ein Leben auf dieser Welt aufzubürden. Das hat mich noch nie gereut – im Gegenteil.

NEVILL MOTT

Die Existenz Gottes und die Wissenschaft

Viele Menschen meiner Generation kommen aus Familien mit
bestimmten religiösen Glaubensvorstellungen, die sie abgelegt
haben, als sie erwachsen wurden. So war es auch mit meinen
Eltern; ich wurde dazu erzogen, die christliche Ethik zu achten,
nahm aber nicht an christlichen Gottesdiensten teil. Im Alter von
fünfzig Jahren begann ich, angeregt von verschiedenen Leuten,
zur Kirche zu gehen, merkte, daß ich auf diese Weise einen
unbestimmten Glauben an Gott zum Ausdruck bringen konnte,
habe mich aber seitdem immer wieder gefragt, wieviel ich von der
geltenden Glaubenslehre der Anglikanischen Kirche für mich
annehmen kann. Ich wollte die Beziehung zwischen naturwissenschaftlichen und religiösen Wahrheiten herausfinden. Ich wußte
natürlich, daß alle wissenschaftlichen Theorien vorläufig sind und
verändert werden können, daß sie aber, im großen und ganzen,
von Washington bis Moskau wegen ihres praktischen Erfolges
akzeptiert werden. Wo Religion im Widerspruch zu den Ergebnissen der Wissenschaft stand, mußte sie sich bisher fast immer
zurückziehen. Ich dachte damals, und tue es noch heute, daß die
Wissenschaft eine reinigende Wirkung auf die Religion haben
könnte, indem sie sie von Überzeugung aus einem vorwissen-
schaftlichen Zeitalter befreit und uns zu einer wahreren Vorstellung von Gott verhilft. Gleichzeitig bin ich aber weit davon
entfernt zu glauben, daß die Wissenschaft uns jemals eine Antwort
auf all unsere Fragen geben kann.

Religiöse Lehrsätze, so wie sie in kirchlichen Gottesdiensten
dargelegt werden, scheinen mir Glaubensvorstellungen zu sein,
die unsere Vorfahren hatten, und die wir deshalb respektieren
müssen. Wir sollten über sie nachdenken, um zu sehen, ob sie uns
bei unserem Verständnis von Gott noch hilfreich sein können. Sie
werden sicherlich nicht von Washington bis Moskau – oder soll
ich sagen Albanien? – akzeptiert. Wir können sie, meine ich,
jedenfalls in den reformierten Kirchen teilweise annehmen oder

ablehnen oder sie im Sinne des Denkens des 20. Jahrhunderts interpretieren. Selbst innerhalb der katholischen Kirche haben sich einige prominente Theologen die Freiheit genommen, sie in dieser Weise auszulegen.

Historisch gesehen, sind unsere Ansichten über den Ursprung des Universums zutiefst von der Religion beeinflußt worden. Zur Zeit wird die Vorstellung vom Urknall und dem, was darauf folgte, durch Beobachtungen überzeugend gestützt, und ich sehe keinen Grund dafür, diese neueren Theorien in Zweifel zu ziehen. Für mich ist das anthropische Prinzip das Faszinierendste daran, die unzweifelhafte Tatsache, daß die Naturkonstanten, z. B. die Anzahl von Partikeln im Weltall oder das Verhältnis der Masse des Elektrons zu der des Protons gerade solche Werte haben, daß das ursprüngliche Gas zu Nebeln und Sternen kondensieren konnte und irgendwann Planeten bildete, auf denen wir leben können. Wären sie nur geringfügig anders gewesen, so hätte dies nicht geschehen können, und es gäbe uns nicht. Vielleicht wird es in Zukunft auch eine mathematische Theorie geben, die zeigt, daß diese Konstanten gar nicht anders sein konnten, als sie es sind – in welchem Falle eine anthropische mathematische Theorie eine höchst erstaunliche Schlußfolgerung aus unseren Bemühungen wäre. Oder vielleicht wurde alles von einer hohen Intelligenz geplant, von einem Gott, der, als er alles so einrichtete, schon an uns dachte. Ich weiß es nicht, und erwarte auch nicht, daß ich es einmal wissen werde, noch bin ich sehr daran interessiert. Falls dieses alles von Gott geplant wurde, so ist Er so weit entfernt von dem allgegenwärtigen Gott des Gebets und der Verehrung, daß ich es mir kaum vorstellen kann, daß es sich um das gleiche Wesen handelt.

Was den Ursprung des Lebens betrifft, so kann ich mich nur der modernen Evolutionstheorie anschließen und glauben, daß es durch irgendwelche chemischen Reaktionen im Urschlamm entstand. Ob eine spezielle Mutation den *homo sapiens* von den anderen Tieren unterscheidet, weiß ich nicht. Es ist sicherlich möglich. Wenn nicht, und wenn wir uns im wörtlichen Sinne an den Lehrsatz vom ewigen Leben halten, so müssen wir uns einigen unbequemen Fragen stellen, z. B. haben unsere Katzen und Hunde und die wilden Tiere auch eine Art von ewigem Leben?

Lassen Sie mich nun zu dem kommen, was für diesen Artikel die entscheidende Frage ist – was für eine Vorstellung habe ich von Gott? Ich brauche kaum darauf hinzuweisen, daß ich das nur ganz persönlich beantworten kann; ich erwarte oder wünsche ganz sicher nicht, Andersdenkende zu überzeugen.

In meinem Verständnis von Gott gehe ich von gewissen festen Überzeugungen aus. Eine davon ist, daß die Naturgesetze nicht gebrochen werden. Wir kennen natürlich noch nicht alle diese Gesetze, aber ich meine, daß es welche gibt. Darum glaube ich auch nicht an die buchstäbliche Wahrheit einiger Wundergeschichten aus der christlichen Bibel, wie z. B. an die Jungfräuliche Geburt oder die Verwandlung von Wasser in Wein. Ich bezweifle dies nicht bewußt, weil ich Naturwissenschaftler bin, denn wenn Gott allmächtig ist, kann Er natürlich auch Seine eigenen Gesetze brechen. Mein Unglaube entsteht eher daraus, daß ich von der Vorstellung eines Gottes abgestoßen werde, der Wunder dieser Art bewirkte, um ein besonderes Ereignis in der Geschichte Seiner Offenbarung und Seiner Natur hervorzuheben. Die Wundergeschichten veranlassen uns ja auch zu fragen, warum Gott nicht noch mehr Wunder tut, warum Er den Schwarzen Tod oder das Erdbeben in Armenien nicht aufgehalten hat. Gott wirkt, meine ich, im Rahmen von Naturgesetzen, und ihnen gemäß geschehen diese Dinge.

Wenn wir über Gottes Macht nachdenken, müssen wir nicht nach einem Gott für die Lücken suchen, nach einem Gott, der für die Phänomene herangezogen wird, für die es keine wissenschaftliche Erklärung gibt. Ich glaube, allerdings, daß es eine »Lücke« gibt, für die es niemals eine naturwissenschaftliche Erklärung geben wird, und zwar ist es das Bewußtsein des Menschen. Kein Wissenschaftler der Zukunft, und wenn er auch mit einem Supercomputer des 21. Jahrhunderts oder später ausgerüstet ist, wird je imstande sein, ihn in Gang zu setzen und damit zu beweisen, daß er darüber nachdenkt. Dieses Argument ist schon von meinem Nachfolger im Amt als *Head of the Cavendish Labortory Cambridge*, Sir Brian Pippard, in einem Aufsatz vorgelegt worden unter der Überschrift: »The Invincible Ignorance of Science« (Contemporary Physics, Bd. 29, 393, London 1988). Pippard, ein

Agnostiker in bezug auf Gott, beschreibt dies nicht als die »Lücke«, in der Gott sich uns zu erkennen gibt. Aber ich würde aus seiner Hypothese ableiten, daß Gott gerade an dieser Stelle eine Rolle in unserem Leben spielen kann, weil unzählige Männer und Frauen ja auch behaupten, sich Seiner bewußt zu sein, wenn sie Ihn suchen und wenn sie akzeptieren, daß Er der Gott der Liebe ist. Gott kann zu uns sprechen und uns darauf hinweisen, wie wir leben sollen.

Mir scheint, daß Gott, so wie wir Ihn kennen, nicht allmächtig sein kann. Wir stellen Ihn uns als den Gott der Liebe vor, und somit kann Er die Erdbeben, Hungersnöte und Epidemien, die die Menschheit heimsuchen, nicht wollen. Oder wir sollten vielleicht sagen, daß Er freiwillig seine Omnipotenz aufgegeben hat – ein Gedanke, durch den wir diese Aussagen in Einklang bringen könnten mit unseren Gebeten an den Allmächtigen in der Kirche und mit dem Glauben an einen Gott, der den Urknall herbeiführte. Ich bin auch nicht der Meinung, daß wir den Gott, mit dem wir leben, für allwissend halten können. Dies ist vor allem so, weil ich an den freien Willen glaube, wie auch Dr. Johnsson, als er sagte: »Wir wissen, daß der Wille frei ist, und damit basta!« Deshalb glaube ich, daß das, was wir tun, nicht vorherbestimmt ist, und das heißt auch, daß Gott die Zukunft nicht vorher wissen kann. Die Zeilen aus einem moslemischen Gedicht sind schön:[1]

»All diese Seiten, die noch nicht beschrieben wurden,
   hat Er schon gelesen,
Vollkommenes Wissen alles Verborgenen
   hat mein Herr.«

aber, meine ich, nicht wahr. Wenn wir an den freien Willen glauben wollen und an Gottes Allwissenheit, müssen wir uns Gott wohl als »außerhalb der Zeit« vorstellen, was für die meisten schwierig sein dürfte.

In bezug auf die Physik schließe ich mich der Kopenhagener Interpretation der Quantenmechanik an. Ich übernahm sie von Niels Bohr, dessen Schüler ich einmal war, und habe sie 60 Jahre

---

1. Von Raman Baba, der im 17. Jahrhundert dort lebte, wo jetzt Afghanistan ist. Zitiert in dem Oxford Book of Prayer, Oxford, 339.

lang in all meinen Forschungen angewendet. Ich bin deshalb davon überzeugt, daß der Zufall ein reales Element in der Natur ist. So wissen wir, daß von Milliarden von Atomen in radioaktiver Form eine bestimmte Anzahl, einmal mehr, einmal weniger, heute zerfallen wird, aber wir wissen nicht, welche. Die Unsicherheitsrelation besagt, daß wir, wenn wir herausfinden wollten, welche sozusagen bereit wären zu zerfallen, die Atomkerne untersuchen müßten, und dies würde deren Zerfall selbst auslösen. Der Zufall ist also ein reales Charakteristikum des Universums, wenn auch viele dies bestreiten.[2] Der Zufall ist meiner Meinung nach nicht nur ein Alibi für unsere Ignoranz. Theologisch gesehen muß ich dabei bleiben, daß Gott selbst nicht weiß, welches Atom heute zerfallen wird und welches erst im nächsten Jahr. Ich behaupte jedoch nicht, daß es irgendeine Beziehung zwischen dem Unsicherheitsprinzip und dem freien Willen des Menschen gibt. Aber ich lerne daraus, daß die Natur nicht im Newtonschen Sinne determiniert ist und daß es in der Physik nichts gibt, was gegen meinen Glauben an den freien Willen spricht. Und, um wieder auf die Religionsgeschichte zurückzukommen, es war auch nicht vorhergesagt worden, daß Pontius Pilatus sich so verhalten würde, wie er es dann tat. Ich schließe daraus, daß das große Drama des Neuen Testaments auch hätte nicht geschehen können.

Ich will nun versuchen, Gott zu beschreiben. Er ist ein Wesen, das weder die Naturgesetze bricht noch die Zukunft weiß, das uns aber, wenn wir Ihn darum bitten, helfen kann, unseren Lebensweg zu finden und entscheidend auf uns einzuwirken, was in Seiner Welt geschieht. Die Wunder in der Geschichte sind die, in denen Gott mit den Menschen geredet hat. Das größte Wunder ist für Christen die Auferstehung. Irgend etwas geschah mit jenen Männern, die Jesus gekannt hatten, was sie zu der Überzeugung brachte, daß Jesus lebte, und zwar glaubten sie es mit einer solchen Intensität und Überzeugungskraft, daß dieser Glaube die Basis für die christliche Kirche noch 2000 Jahre später geblieben ist. Was ist »leibliche« Auferstehung? Ich will dazu Hans Küng zitieren, den

2. Siehe z. B. die Sammlung von Aufsätzen in des Autors Buch »Can Scientists Believe?«, London (soll 1990 veröffentlicht werden).

katholischen Theologen von der Universität Tübingen, dessen Lehre dem Vatikan nicht immer genehm war. Er schreibt: »Jeder, der den springenden Punkt der Auferstehungsbotschaft erfaßt hat, wird so manche heiß umstrittene« (historische) »Frage für peripher halten«. Er wird sie, wenn ich ihn recht verstehe, nicht für eine Molekularbewegung halten. Mir gibt auch der Standpunkt des gegenwärtigen Erzbischofs von York in England[3] sehr zu denken, der sagt, daß wir uns, um die Bibel zu verstehen, in die Glaubensvorstellungen der damaligen Zeit versetzen müssen – ein hartes Wort, weil es die weniger gebildeten Leute von einem richtigen Verständnis des Christentums ausschließen könnte.

Ich glaube, daß wir Gott fragen können und müssen, welchen Weg wir gehen, was wir tun und wie wir uns verhalten sollen. Und wenn wir dieses tun – brauchen wir uns von den Erkenntnissen des späten 20. Jahrhunderts, der Molekularbiologie und der modernen Astrophysik nicht zu sehr beeindrucken zu lassen. Man sagt, daß derjenige, der versucht, seine Religion mit den Glaubenssätzen einer bestimmten Zeit zu verheiraten, das Risiko eingeht, in der nächsten Periode ein Witwer zu sein. Wir müssen aber die Weisheit und die Erkenntnisse unserer Vorfahren respektieren. Darum ist es mir auch möglich, an kirchlichen Gottesdiensten teilzunehmen und ein Bekenntnis mitzusprechen, von dem ich vieles nicht glaube.

Gleichzeitig fällt mir auf, daß die Antworten, die Gott denen gibt, die Ihn fragen, nicht immer die gleichen sind. In der Religion bin ich stolz darauf, mich einen Liberalen zu nennen, aber ich habe das Gefühl, daß Liberalismus in den letzten dreißig Jahren in meinem Lande ein Schimpfwort geworden ist. Und wir sehen leider auch, daß die Antworten, die in der Geschichte denen gegeben wurden, die Ihn gefragt haben, uns heute abstoßen würden, ob wir nun Liberale sind oder nicht. Christen haben gefragt, und die Antwort hat gelautet, daß Kreuzzugsheere Jerusalem erstürmen und alle Juden und Moslems dort erschlagen sollten, und später, daß Ketzerei für unser Heil so gefährlich sei, daß Häretiker verbrannt werden müßten. In einer anderen großen

3. Dr. John Habgood, Science and Religion, London 1964.

Religion ist die Antwort erst kürzlich gewesen, daß ein Schriftsteller, Salman Rushdie, getötet werden müsse. Können wir dann nicht glauben, daß unser Verständnis von Gott sich je nach Zeit und Ort sehr verändert und daß einige religiöse Erkenntnisse böse waren und sind?

Als ich einmal mit einem jüdischen Freund sprach, fragte ich ihn, wie er seine Vorstellung von Gott mit der in Einklang bringe, die im 31. Kapitel des Buches Numeri beschrieben wird, wo Jahwe den Israeliten befiehlt, alle männlichen Midianiter zu töten, die Frauen aber für sich zu behalten. »Ach«, sagte er, »Gott ist seit jenen Tagen erwachsen geworden.« Vielleicht, aber ich fürchte, nicht überall. Nichtsdestoweniger ist das, was wir hören, wenn wir Ihn fragen, der einzige Weg, Gott, der unter uns lebendig ist, zu begegnen. Was wir in bezug auf Ihn glauben, kann unser tägliches Leben beeinflussen, unsere Politik, unser Bildungssystem und unsere Meinung über die unterschiedlichen Rollen von Frauen und Männern in unserer Gesellschaft. Aber – die Frage, die in diesem Artikel gestellt wird, lautet: Können wir diesen Gott mit dem Schöpfer der Welt in Verbindung bringen?

Wissenschaftler, insbesondere Guth und Vilenk in den USA, Linde in der UdSSR und Hawking in England, verlegen die Schöpfungsgeschichte in die Zeit vor dem Urknall in ein Universum, das leer ist, aber voll von Energie und Schwankungen unterworfen, von denen eine die Explosion auslöste. Und was das anthropische Prinzip betrifft, so vermuten andere, wie ich schon sagte, daß es viele Welten gegeben hat oder noch gibt, und es einfach Zufall war, daß eine von ihnen die Konstanten hatte, die für uns gerade richtig sind. Ich möchte lieber glauben, daß die Naturgesetze so beschaffen sind, daß sie nicht anders sein könnten und daß die Besonderheiten, die unsere Existenz ermöglichen, sich aus letzten mathematischen Gleichungen ableiten lassen. Wenn, oder falls, unser Verstehen bis zu diesem Punkt vordringt, wird, wie der Astronom Stephen Hawking sagt, »die Physik die letzte Vollendung erreicht haben« – seine Art von Physik jedenfalls.

Aber wie auch immer wir die Sache betrachten, hier ist unsere Welt, und wir fragen: Muß es dahinter einen Schöpfer und eine Intelligenz geben? Dies ist eine Frage, auf die wir vielleicht nie eine

Antwort bekommen, aber wir werden nie aufhören zu fragen. Dieser allmächtige Gott, vielleicht außerhalb der Zeit, der eine Welt in Bewegung setzte, den Menschen plante, sah, daß die Konstanten der Natur richtig waren, der durch Jahrtausende da saß, während die Evolution und der Daseinskampf den Menschen hervorbrachten, an den er von Anfang an gedacht hatte, ist einer, den ich nicht recht mit dem Gott der Liebe in Einklang bringen kann, der, wie die Christen glauben, unter uns ist. Es ist, denke ich, weise, sich nicht zu viele Gedanken über Fragen zu machen, die nicht beantwortet werden können, oder in dem anthropischen Prinzip Beweismaterial für den Gott zu suchen, der für uns von Bedeutung ist.

Andererseits kann ich aber die alte jüdische Geschichte auch nicht vergessen, wie Gott mit Abraham sprach und sagte: »Wenn es mich nicht gäbe, wärest du nicht hier.« – »Ich weiß, Herr«, antwortete Abraham, »aber wenn ich nicht hier wäre, wäre da keiner, der über dich nachdächte.« Wir werden es weiterhin tun.

Aus dem Englischen von Marianne Reppekus

HUBERTUS MYNAREK

Gottesbild eines Ketzers

Es wäre mir im jetzigen Stadium eines fast lebenslangen Denkprozesses viel lieber, wenn man mir die Fage gestellt hätte: »Woran zweifeln Sie?« Die Frage, woran ich heute noch glaube, scheint mir sehr viel schwerer beantwortbar zu sein. Der Umfang dessen, woran ich in meinem bisherigen Leben geglaubt habe, wurde im Laufe der Jahre immer kleiner. Umgekehrt wurden Umfang, Intensität und Reichweite meiner Zweifel immer größer. Als katholischer Theologiestudent und etwas später als Priester der römisch-katholischen Kirche glaubte ich eine ganze Reihe von Jahren recht fest an das, was sie lehrte. Allerdings scheint es mir im Rückblick eher so zu sein, daß ich gar nicht so sehr glaubte, d. h. von den Glaubensgegenständen, die mir die Kirche aufdrängte, überzeugt war, sondern glauben *wollte*. Ich wollte, sie möge recht haben; recht haben mit ihrer Lehre von der absolut beweisfähigen Existenz eines allmächtigen und unendlich vollkommenen Gottes, an dem mir seit meiner Jugend immer wieder Zweifel kamen; recht haben mit ihrem Anspruch, die einzige, von Gott eingesetzte religiöse Institution zu sein, die alles dafür tue und allein dazu da sei, die Menschen irrtumsfrei, unfehlbar und zuverlässig zur Erlösung zu führen. Glauben wollte ich auch daran, daß jede menschliche Seele (»Geistseele«, wie Kirche und Theologen sagen, um sie von der Seele der Tiere und Pflanzen abzuheben) in einem ganz individuellen, einzigartigen und unmittelbaren Akt von Gott höchstpersönlich geschaffen werde, so daß die Evolution eben nur den menschlichen Leib aufbauen und mitformen durfte. »Doch nicht die Seele«, wie ich überheblich-spiritualistisch verneinte, obwohl die Unlogik und mangelnde Universalität einer das Geistig-Seelische ausklammernden Evolution ständig an meinem psychischen Glaubensgerüst nagten und mich permanent unbefriedigt ließen. Irrationale Dogmen wie die unbefleckte Empfängnis und die Himmelfahrt Marias oder Jesu Geburt aus einer Jungfrau »nahm« ich einfach so »mit«. »Wenn das kirchliche Lehramt unfehlbar ist«, sagte ich mir, »dann wird es auch mit diesen der Vernunft nicht einsichtigen Dogmen recht haben.«

Selbst als ich 1972, damals bereits seit einigen Jahren Theologie-professor, aus der Kirche austrat[1], glaubte ich noch, daß ich im großen und ganzen nur fundamentale Kritik und radikale Zweifel gegenüber dieser pseudoreligiösen Institution üben bzw. hegen müßte, daß aber z. B. das von ihr dargebotene Jesus-Bild im großen und ganzen stimmig sei. Allerdings war mir damals schon aufgrund vergleichender religionswissenschaftlicher Studien klar-geworden, daß Leben und Lehre anderer Religionsstifter und großer Philosophen, wie z. B. Buddha oder Sokrates, ebenso einzigartige Lebensentwürfe und -stile darstellen wie die Existenz und Handlungsweise des Jesus von Nazareth, wenn wir diese jetzt einmal als geschichtlich, als real-historisch voraussetzen.

Wie gesagt, meine Glaubenszweifel wurden im Laufe der Jahre immer grundlegender und umfassender. Heute glaube ich, daß wir ziemlich fest und dicht in unsere Raum-Zeit, die wir Welt nennen, eingeschlossen sind; daß wir zwar biologisch die Spezies sind, die die stärkste Dynamik zur Grenzüberschreitung des Vorfindlichen und der eigenen Befindlichkeiten aufweist; daß wir aber diese Welt nur mit Hilfe von Träumen, Wünschen, Vermutungen und Pro-jektionen eines endlich von allen Fragwürdigkeiten, Abhängigkei-ten und Relativitäten befreiten Lebens zu überschreiten versuchen. Ob wir mit diesen »psychologischen« Grenzüberschreitungen tat-sächlich über diese Raum-Zeit hinauskommen, ob wir dabei etwas ontologisch oder gar metaphysisch Gültiges erhaschen und sozu-sagen das »Sein alles Seienden«, den Grund aller Dinge, berühren, das kann ich nicht wissen, schon gar nicht überprüfen. Doch ist es in sich kein logischer Widerspruch, es für möglich zu halten und insofern zu glauben. Ich gebe zu, daß ich von meinem Typ, meiner Wesensanlage her geneigt bin, daran zu glauben. Aber gleichzeitig vergißt der Rationalist in mir nie, daß alle über diese unsere Raum-Zeit hinausgehenden, insofern metaphysischen Urteile nur Hypothesen sind. Der Agnostiker, der dafür eintritt, daß wir bei allem, was »letzte Wirklichkeiten« und endgültige Antworten auf die Fragen nach dem Sinn der Welt und des Menschen betrifft, nichts mit absoluter Gewißheit wissen, nichts mit absoluter Bestimmtheit sagen können, ist der intellektuell Redlichste, Verantwortlichste, Wahrhaftigste! Vielleicht klingt es nicht ganz so konsequent, wenn ich für mich in Anspruch nehme, ein »gläubiger Agnostiker« zu sein.

Es steckt aber keine Spur von Opportunismus hinter diesem meinem gläubigen Agnostizismus. Ich halte mir damit lediglich die Chance offen, über alle metaphysischen Möglichkeiten meines Denkens und Menschseins zu reflektieren und Argumente dafür zu finden. (Nur intellektuell und ethisch verantwortbare Argumente, nicht Beweise, sind ja in bezug auf letzte Grenz- und Grundfragen möglich). Mich faszinieren z. B. außerordentlich jene kosmischen und biologischen Grundlagen und Gesetzmäßigkeiten, die zu einem Universum mit Leben und Intelligenz führten: die ausgeklügelten mathematischen Zahlenverhältnisse zwischen den vier Grundkräften der Natur, der elektromagnetischen, der starken und schwachen Kernkraft und der Gravitation, denn Abweichungen nach oben oder unten von diesen Proportionen hätten die Entstehung von Leben und Intelligenz verhindert; die sich nach ganz bestimmten Affinitäten der chemischen Elemente ereignende Entstehung makromolekularer Verbindungen, die dann in einem universalen Spiel, bei dem aber »die Spielregeln vorgegeben sind« (Manfred Eigen), die ganze ungeheure Artenvielfalt des Lebens hervorgebracht haben; die organismischen Gesetzmäßigkeiten und Regelhaftigkeiten, die der generellen Zufälligkeit der Mutationen des Lebendigen eine Grenze setzen; gewisse Entsprechungen zwischen dem Kosmos da draußen und der Psyche da drinnen (Goethe: »Im Innern ist ein Universum auch«)[2].

Keineswegs neige ich dazu, diese Dinge apologetisch überzustrapazieren. Keineswegs triumphiere ich, wenn hochrangige Biologen zugeben, daß das imposante Phänomen, das »Warum« des Aufstiegs des Lebens zu immer höher organisierten Bauplantypen noch immer nicht erklärt sei, ebensowenig wie die Frage, wieso »das Leben« nicht beim risikolosen Existieren auf der Stufe der Einzeller verblieben ist, sondern den Sprung zu immer höherer, aber auch riskanterer Organisation wagte. Selbst in Jacques Monods These, daß das einzigartige und eminent unwahrscheinliche Zusammentreffen einer so unermeßlichen Vielzahl günstiger Zufälle, ohne die es ein Universum mit Leben und Intelligenz nicht gäbe, seinerseits eben auch ein Zufall, sozusagen der »Super-Zufall« gewesen sei, sehe ich keine absolute Denkunmöglichkeit, keinen logischen Widerspruch. Aber persönlich nehme ich für mich in Anspruch, optimistischer sein zu dürfen und an eine letzte transzendente Begründung dieses Zusammentreffens zu glauben, was in sich ebenso widerspruchslos wie Monods Glaube, aber auch nicht beweisbar ist. Wobei ich sogar noch hinzufügen sollte, daß ich nicht weiß, wie diese Transzendenz beschaffen sein müßte. Aber der grandiose und an sich jedenfalls völlig unglaublich und unwahrscheinlich erscheinende Aufstieg »von der Amöbe zum reflektierenden Bewußtsein« motiviert mich persönlich sehr stark, auch weitere uns heute ebenso unwahrscheinlich vorkommende evolutiv-metaphysische Entwicklungen und Chancen des Menschen zur Überschreitung unserer Raum-Zeit für möglich zu halten.

Doch dann schlägt sich wieder der Skeptiker in mir sogar mit Dingen herum, die logisch-begrifflich als einwandfrei gelten. Tragen unsere Begriffe? Sind sie der Wirklichkeit um uns herum und in uns auch nur einigermaßen angemessen? Sicher, wenn ich an den Begriff des absoluten Nichts denke, das nicht die allergeringste Spur von irgend etwas, das ist, enthalten darf, dann besteht keinerlei Möglichkeit, daß das Nichts aus sich heraus den Sprung ins Sein schaffen könnte. Aber wir schaffen unsere Begriffe, und die von uns unabhängige Wirklichkeit kümmert sich möglicherweise wenig oder gar nicht um das, was wir als innere Denknotwendigkeit bezeichnen. Geht vielleicht in der von uns unabhängigen Wirklichkeit ständig und seit Ewigkeit, d. h. anfangslos, Nichts in Sein und Sein in Nichts über? So wie ja kleinste subatomare Partikelchen – scheinbar akausal – zum Erstaunen des Atomphysikers plötzlich wie aus dem Nichts auftauchen, ohne daß ihr Auftreten im voraus berechnet werden könnte, so daß Atkins von einer »Schöpfung ohne Schöpfer« spricht[3].

Man muß sich jedenfalls, meine ich, manchmal im Leben dem universalen, alle Sicherheiten auflösenden Zweifel stellen. Denn wir sind ja in der Tat nicht nur in unserer Existenz, sondern auch in unserem Denken ständig den permanent anbrandenden Wogen des Nichts ausgesetzt. Wir können das vergessen oder verdrängen, an der Faktizität dieses Sachverhalts ändert das aber nichts. Vielleicht leben wir überhaupt nur dadurch, daß wir ständig Barrieren gegen das Chaos und das Nichts in und um uns errichten. Und diese Barrieren – das wäre dann der Glaube, das Vertrauen in die trotz allem gegenteiligen Augenschein bestehende Tragfähigkeit des Seins, der Wirklichkeit. Aber den Beweis, daß dieser Glaube wahrheitsgemäß ist, den kann keiner erbringen. Nützlich erscheint er wohl unter dem jetzt behandelten Gesichtspunkt.

Überhaupt erstaunt den Psychologen in mir immer wieder die anscheinend so gut wie keine Ausnahmen verzeichnende Universalität des Glaubensphänomens. Es scheint geradezu, daß der Glaube als Akt, also noch unabhängig von allen geglaubten Gegenständen, zur Struktur unseres Wesens gehört. Angesichts dessen, was Glaubensfanatismus an scheußlichsten Verbrechen in der Welt angerichtet hat und weiterhin noch ständig anrichtet und ausbrütet[3], kommt es mir nur schwer über die Lippen, aber ich muß das gleich Folgende dennoch sagen, und zwar keineswegs in antiaufklärerischer Absicht. Kein Mensch, so scheint mir, hat sich je nur rational verhalten. Ein irrationales (nicht antirationales!) Zutrauen, daß das Sein hält, daß sozusagen die Balken des universalen Seins sich zwar unter unserem Schritt biegen, vielleicht auch ächzen, aber doch tragen werden, erscheint mir geradezu notwendig zur seelischen Gesundheit. Das fängt schon beim Kind an. Ohne Glauben an die bergende Kraft seiner Betreuer (Mutter, Vater usw.), also ohne ein gewisses Grundvertrauen, kann es nicht gedeihen, kann sein psychisch-vitales Energiepotential nicht wachsen. Es ist mir auch klargeworden, daß es kein Weltbild, keine Weltanschauung geben kann, die das Resultat rein rationaler Überlegungen, geschweige denn rein empirischer Verifikationen von Sachverhalten darstellte. Das wäre schon deshalb unmöglich, weil eine Weltanschauung immer auch nach dem letzten Sinn von Welt und Mensch fragt, der ja sinnlich-empirisch gar nicht sichtbar, gar nicht greifbar ist. Selbst der Rationalist ist gläubig in dem Sinne, daß er an die Tragfähigkeit und tragende Logik seiner Begriffe als (mindestens in etwa) seinsmäßiger Entsprechung glaubt. Auch er muß einen gewissen Akt des Glaubens in die ersten Axiome setzen, auf die sich sein ganzes Begriffsystem stützt. Die *prima principia*, die ersten Prinzipien und Axiome aller Wissenschaftsdisziplinen, sind ja solche, die nicht mehr beweisbar und hinterfragbar sind, weil sonst der Prozeß des Beweisens in infinitum, ins Unendliche fortschreiten müßte. Alle weiteren Beweise fußen auf diesen Axiomen, die nicht mehr beweisbar, nur akzeptierbar und plausibel sind. Ein solches Axiom, das zugleich als Methode und Instrument allem Fortschreiten in den Naturwissenschaften zugrunde liegt, ist zum Beispiel das Kausalgesetz. Mit Recht sagt einer der berühmtesten Neodarwinisten, der Münsteraner Biologe Bernhard Rensch: »Das Kausalgesetz selbst können wir niemals erklären, ebensowenig wie die Tatsache, daß die Welt so beschaffen ist, daß sie eine Differenzierung kausaler Spezialgesetzlichkeiten gestattet, zu denen auf einer besonderen Stufe auch die biologischen Gesetzlichkeiten rechnen.«[5]

Auch alle heute so hoch im Kurs befindlichen Methoden der Selbstfindung, der Selbstverwirklichung, des Sich-zu-sich-selbst-Verhaltens, der Bewußtseinsklärung und -erweiterung, des Hinabsteigens in die Tiefenschichten der Psyche oder des Unterbewußten, setzen einen Glauben voraus, den Glauben, daß man auf dem Grund der Psyche die Perle seines echten Seins, seiner echten Identität findet. Denn man könnte ja ebenso annehmen, daß sich auf dem Grunde der Psyche nur ein Chaos von Empfindungen, Bedürfnissen, aggressiven und destruktiven Trieben vorfindet, aber nicht das hohe, eigentliche Selbst unter der Schale der Ichsucht, des Ego. Jede Meditation über mein Selbst, meinen Weg dazu, meinen Weg zur Selbstfindung und Selbstverwirklichung enthält das Vertrauen, einen Glauben an die Gangbarkeit dieses Weges. So gesehen, gibt es nur die Alternative des Glaubens oder des Nihilismus für die Menschen, zumindest gilt dies für das Gebiet der weltanschaulich letzten Fragen, der Fragen nach Sinn.

Aber selbst der Nihilismus, der die totale Sinnlosigkeit von allem behauptet, setzt doch eine These, nämlich diese »Wahrheit« der umfassenden Sinnlosigkeit, absolut, stellt also eine Glaubensposition dar.

So erscheint mir also Glauben im allgemeinsten Sinn als die

unausweichliche Daseinsweise reflex erkennender Lebewesen, die nicht alles, das heißt das umfassende Ganze und dessen Grund, sehen und wissen können. Nur ein konequenter Agnostizismus, von dem oben schon kurz die Rede war und der keine letzten Behauptungen aufstellt, sondern alles in der Schwebe der Fraglichkeit beläßt, könnte dieser Daseinsweise entgehen. Aber er besteht in einer ununterbrochenen Gratwanderung und muß sich ständig dagegen wehren, die Hände schlaff herabfallen zu lassen und zu resignieren.

Denn das Leben selbst, die Kunst zu sein[6], zu leben, scheint mir nach großen Visionen und Perspektiven zu verlangen, an die man mit ganzem Engagement glaubt und ohne die man die im Kopf befindlichen Ideen der Verwirklichung keinen Schritt näherbringt. Der Glaube an die Durchführbarkeit, die Realisierbarkeit einer Sache steht am Beginn jeder großen wissenschaftlichen, technischen oder gesellschaftlichen Veränderung und Errungenschaft. Das bezeugt selbst ein so rationaler Geist wie Albert Einstein: »Das tiefste und erhabenste Gefühl, dessen wir fähig sind, ist das Erlebnis des Mystischen. Aus ihm allein keimt wahre Wissenschaft ... Es ist gewiß, daß eine mit religiösem Gefühl verwandte Überzeugung von der Vernunft bzw. Begreiflichkeit der Welt aller feineren wissenschaftlichen Arbeit zugrunde liegt. ... Das Schönste und Tiefste, das der Mensch erleben kann, ist das Gefühl des Geheimnisvollen. Es liegt der Religion sowie allem tieferen Streben in Kunst und Wissenschaft zugrunde.«[7]

Der Glaube, den ich hier meine und den ich nicht aufgeben möchte, ist allerdings etwas völlig anderes als ein Glaube an Dogmen. Es ist der Glaube als Zutrauen zum Sein, als Vertrauen, daß die Wirklichkeit trotz aller Widersprüche, aller Enttäuschungen und Widerstände dennoch das Feld für die Verwirklichung positiver Werte bleibt, daß sie positiven Sinngebungen durch den Menschen auf die Dauer trotz aller Negativitäten nicht absolut abhold ist. Mein Glaube ist ein letztes »Dennoch-Vertrauen« zur Wirklichkeit. In einem solchen Glauben als existentieller Grundhaltung sehe ich keine Gefahr für die Gesellschaft. Erst der Glaube, der sich über den Glauben des anderen erhebt, wird und wirkt gefährlich. Jener Glaube ist gefährlich, der seine Sichtweise zur einzig maßgeblichen erhöht oder erheben möchte. Jener Glaube ist gefährlich, der sich einer Gruppe oder größeren Anzahl von Menschen als unfehlbar und allein seligmachend aufdrängen möchte. Jener Glaube ist gefährlich, der seinen Charakter als Urhaltung und Urvertrauen zur Wirklichkeit verliert und sich reduziert zu einem Fürwahrhalten von Sätzen, von Thesen, von Meinungen, von ganz bestimmten fixierenden Urteilen, der also zu einer Dogmatik verkommt. Glaube als Vertrauen zur Wirklichkeit, daß sie letztlich doch heute oder in Zukunft Heimat und Geborgenheit trotz aller tragischen Zwischenfälle des Lebens geben kann oder könnte, weil – wie Aristoteles sagt – die Natur nichts umsonst und nichts Sinnloses tut, dieser fundamentale Glauben ist nämlich alles andere als das Fürwahrhalten und krampfhafte Festhalten einiger Sätze und Thesen, die auch gar nicht aus diesem Urvertrauen abgeleitet, deduziert werden können. Die Weite dieses Vertrauens duldet gar keine Fixierungen auf satzhafte, ausschnittlichhafte Wirklichkeiten. Der sich über den Glauben des oder der anderen erhebende Glaube, der seine Sicht der Dinge zur einzig maßgebenden erhöhende Glaube, der sich einer Gruppe von Menschen oder überhaupt allen Menschen als unfehlbar und allein seligmachender aufdrängende Glaube wird zugleich durch diese seine negativen Tendenzen zum Aberglauben. Wer seine Sicht der Wirklichkeit, selbst wenn er sie auf eine Offenbarung zurückführt, zur einzig richtigen erklärt, der verabsolutiert seine individuelle Sehweise (selbst wenn wir als Individuum hier ein begrenztes Kollektiv annehmen, dem eine »Offenbarung« zuteil geworden sei). Jede Sicht der Wirklichkeit durch einen einzelnen oder durch einzelne Gruppen ist begrenzt, spezifisch bedingt, kann somit nicht die einzig richtige Sicht der Dinge, kann nicht die absolute Wahrheit sein. Somit kann auch ein Glaube als ganzheitliches Wissen um den Sinn der Wirklichkeit nur ein Beitrag eines Menschen oder einer Gruppe zur Gesamtwahrheit sein, die nur von allen Gruppen erbracht werden kann. Aberglaube ist also die Vereinseitigung, Verengung, Deformierung des ganzheitlichen Glaubens, und alle abstrusen »Wahrheiten«, die wir so mit dem Wort Aberglauben verbinden (wie Hexenglaube, Dämonenglaube, Satanskult usw.), sind nur eine

Folgeerscheinung des fundamentalen Aberglaubens, der darin liegt, daß man eine begrenzte Sehweise, eine auf eine Gruppe oder eine Institution oder eine gesellschaftliche Schicht bezogene und begrenzte Glaubensgestalt allen anderen oktroyieren, überstülpen möchte. Aber man versteht gerade aufgrund dessen, was ich hier über den Glauben als gewaltige Urkraft gesagt habe, daß auch der Aberglaube in gewissen Zeitaltern eine solche Macht haben kann.

Im Grund gibt es auch gar keine Offenbarung, sondern nur Inspirationen. Wenn sich ein Mensch von den höchsten Höhen, den tiefsten Tiefen der Wirklichkeit ergriffen fühlt (oder aber sich so benimmt, als ob das der Fall ist), dann zieht er das im tiefsten immer abergläubische Volk, dann zieht er die (mangels echter Information) immer wundergläubige Masse magisch in seinen Bann. Hier wirkt wahrscheinlich auch das Urvatersyndrom im Sinne Freuds oder das archetypische Modell des Großen Vaters, der Großen Mutter im Sinne Jungs nach. »Das Volk ergreift man nicht mit dem Verstand, sondern mit dem Herzen.« Wie aber, wenn einer herzhaft heuchelt? Es gibt sicher – das soll nicht geleugnet sein – echte Inspiration (zumindest vom Subjekt her gesehen). Vom psychologischen Standpunkt aus kann einer absolut überzeugt sein, vom Urgrund der Wirklichkeit selbst inspiriert zu sein. Es ist ein inspirierter Glaube. Aber auch echte Inspiration ist nicht unbedingt mit wahrer Inspiration gleichzusetzen, das heißt, daß der Inspirierte nicht notwendigerweise neue Wahrheiten errungen haben muß.

Offenbarungsreligion führt dann im soziologischen Zusammenhang mit der Macht, die man über naive Gemüter gewinnt, wenn man sagt, einem Elitären, Auserwählten oder einer Elite sei eine Offenbarung zuteil geworden, zu einer immer weiteren Ausweitung der vermeintlich geoffenbarten Wahrheiten. Daß es Teufel und Hexen gibt, Dissidenten, Abtrünnige und Ketzer, die von der vermeintlich geoffenbarten Wahrheit der Glaubensinstitution (Kirche) abweichen, daß eine inquisitorische Wahrheitskontrollnotwendigkeit (der Kirche) besteht – all das wird dann mit der Zeit selbst zu einem Dogma, einer geoffenbarten Wahrheit erklärt. Aber das alles ist nur möglich, weil der Glaube als seinsmäßiges Urvertrauen eine so grundlegende Daseinsweise des Menschen ist[8]. Nur deswegen müssen sich alle Deviationen, alle Abweichungen, Irrwege, Vereinseitigungen und Verengungen des Glaubens zwangsläufig so katastrophal auswirken.

Im Vorhergehenden habe ich nur dem Glauben im allgemeinsten Sinn, nämlich als einem grundlegenden Seinsvertrauen das Wort geredet. Doch will ich nicht kneifen und dennoch auch noch einige speziellere Gegenstände nennen, an die ich mit allen Einschränkungen und Vorbehalten eines »gläubigen Agnostikers« glaube. Wie gesagt, die grundsätzliche Einschränkung ist die, daß wir Erkenntnisse nur im Rahmen unserer Raum-Zeit und unserer Verstandesorganisation gewinnen können. Selbstverständlich können wir dann die so gewonnenen Resultate ins Metaphysische hinaus ausweiten, aber der hypothetische Charakter dieser Extrapolationen muß einem stets gegenwärtig bleiben.

Ohne also all diese Bedingtheiten meines Erkennens je aus dem Auge zu verlieren und mit aller erforderlichen erkenntnistheoretischen Vorsicht *glaube ich an eine weltumspannende, transzendent-immanente Kraft oder Energie,* die das Positive, das ethisch Gute in der Gesamtwirklichkeit und in jedem Einzelwesen zu fördern und zu vermehren sucht. Mit »transzendent-immanent« meine ich, daß diese Kraft oder Energie im Innersten jedes Seienden vorhanden ist, ja das Ureigenste und Beste jedes Seienden ist, wiewohl sie durch ihre überragende Wertqualität und Seinsmacht wie etwas Fremdes und Transzendentes über uns hinausragt.

Das ist nun eine Position, die gleich zwei Gruppierungen in unserer bundesrepublikanischen Wirklichkeit nicht gefällt, den Atheisten[9] und den Christen, was aber nicht gegen die Wahrheit meines Standpunktes sprechen muß, evtl. eher sogar dafür, wenn ich an Laotses unbezweifelbaren Satz denke: »Angenehme Worte sind nicht wahr, wahre Worte sind nicht angenehm.« Den Atheisten erscheint meine Position wie ein verkappter Theismus, zumindest klebte ich noch an einer verschwommenen Art von Religiosität, die den konsequenten, nüchternen Atheismus desavouiere. Vertretern der beiden Großkirchen in der Bundesrepublik Deutschland und ihren Theologen bin ich suspekt, weil sie sich über jeden Pantheisten, für den sie mich halten, himmelweit überlegen fühlen[10]. Denn die zahlreichen Aporien ihres eigenen

Glaubens an einen persönlichen Gott bringen sie sich so gut wie nie zu Bewußtsein.

Aber ich übersehe dabei nicht, daß das »Gottesbild eines Ketzers« dem konventionellen christlichen Gott schwer zuwiderläuft. Die Theologie der beiden christlichen Großkirchen hat ja vor allem in den beiden letzten Jahrhunderten, in denen doch eine zeitgemäße Erneuerung ihres Gottesbildes dringend erforderlich gewesen wäre, tief geschlafen. Sie ist in bezug auf die unbedingt notwendigen Veränderungen ihres Gottesbildes steril und leichenhaft erstarrt. Selbst die fortschrittlichsten Theologen, die fast jedes Dogma der Christologie und Mariologie scharfer Kritik unterziehen, tun so, als ob das Dogma vom unendlich vollkommenen, allmächtigen und personalen Gott über jeden Zweifel, jede Kritik erhaben sei. Zwar hat sich das kirchliche Lehramt endlich und mehr stillschweigend als offiziell dazu durchgerungen, »die Evolution freizugeben«, d. h. Theologen, die sich zu ihr bekennen, nicht mehr zu verfolgen, wie man das noch mit Teilhard de Chardin gemacht hatte. Aber selbst die »mutigsten« Theologen, die nun großspurig verkünden, die Tatsache der Evolution beweise, daß Gott der Schöpfer die Welt in ihre Eigenursächlichkeit und Eigengesetzlichkeit freigegeben habe, denken nicht im Traum daran, daraus Konsequenzen für ihre Gotteslehre zu ziehen. Feministische Theologinnen haben wenigstens den dominant patriarchalisch-maskulinen Gott des kirchlichen Christentums attackiert und gefordert, man möge ihn doch um die Komponente des Weiblichen, Mütterlichen etc. erweitern. Aber selbst die kühnsten Befreiungstheologen, die die Freiheit der kirchlich und staatlich gegängelten Katholiken Südamerikas erreichen möchten, haben das völlig statische Bild eines absolut fertigen, unveränderbaren christlichen Gottes nie in Frage gestellt. Alle christlichen Theologen des gesamten Spektrums von links bis rechts geben vor, ganz genau zu wissen, was Transzendenz bedeutet. Keine Chiffre im Sinne von Karl Jaspers, sondern einzig und allein den unantastbaren, über jeden Zweifel erhabenen, unendlich vollkommenen, persönlichen Gott des kirchlichen Lehramts. Hierin stimmen sogar die sog. progressivsten evangelischen und katholischen Theologen mit ihren Kirchenzentralen voll überein.

Demgegenüber weiß ich nicht, was meine positive immanent-transzendente Kraft oder Energie näherhin ist. Aber daraus kann man mir keinen Vorwurf erstellen. Denn wenn unser Denken und Erkennen in unserer Raum-Zeit irgendeinen objektiven Sinn haben soll, dann müßte auch das Gottesbild der christlichen Theologie und Dogmatik radikal korrigiert werden. Eine »Revolution im göttlichen Bereich« steht auch für die christliche Theologie an!

Nehmen wir nur einmal an, es gebe so etwas wie einen Grund der Welt, der sie »im Innersten zusammenhält« und den die Theologen Gott nennen. Dann kann ihm jedenfalls Allmacht und absolute Vollkommenheit, von der die Theologen immer wußten, wie sie beschaffen sein müßte, nicht attestiert werden. Da sich kein Wesen aus dem absoluten Nichts mit eigener Kraft ins Sein, in die Existenz befördern kann, hat dieses Urwesen, Gott genannt, seinen eigenen Ursprung also auch nicht in der Hand, stünde es vor seinem eigenen, meinetwegen anfangslosen »Ursein« wie vor einem undurchschaubaren Rätsel und Geheimnis. Es müßte schon in seinem innersten Wesen, ähnlich wie wir Menschen, eine Entwicklung von weniger zu mehr Wissen, auch in Richtung auf das Geheimnis seines Ursprungs und seiner Existenz, durchmachen. Schon Kant hat ja bekanntlich darauf hingewiesen, daß die Annahme keineswegs logisch zwingend sei, das erste Sein, der Grund aller Wirklichkeit, müsse auch die absolute Vollkommenheit darstellen. Aber damit haben sich die Theologen bis heute nicht wirklich auseinandergesetzt.

Immer wußten sie auch, daß Gott »reiner Geist« sei. Folgen wir einmal ihrem Glauben, dann ergeben sich aber daraus Folgen, die sie nun gerade nicht akzeptieren wollen, ja noch nicht einmal ins Auge gefaßt haben. Denn ein reiner Geist wäre raum- und zeitlos. Er wäre auch gefühl- und empfindungslos, da ihm das Leib-Seelische abgeht. Erfahrungen in diesem Bereich könnte er erst sammeln, wenn er sich in und auf den Weltprozeß einließe. Kurzum: Durch eine raumzeitliche Evolution von Körpern und durch eine »Raumzeitsynthese«, wie sie der Mensch darstellt, gewänne auch Gott, der Geist, an Erfahrung, die er bisher nicht hatte und auf andere Weise gar nicht gewinnen konnte. Und er hätte dann die Welt nicht bloß aus Liebe, sondern aus Neugier geschaffen, um etwas dazuzulernen. Gott also ein Lernender, ein Erkenntnis Suchender, Erfahrungen Sammelnder! Der raumzeitliche Weltprozeß wäre für Gott notwendig, wenn er neue Dimensionen kennenlernen wollte. Aber kein Theologe, auch nicht die sog. progressivsten von Küng bis Drewermann[11], haben je so »ungeheuerliche« Gedanken zu denken gewagt. Alles mögliche haben sie an der kirchlichen Dogmatik auszusetzen gehabt, ans Herzstück der Theologie, die Gotteslehre, haben sie sich nie herangetraut.

Keine Hexen- und Ketzerverfolgungen, keinerlei Inquisitionstribunale, kein Auschwitz, keine Massenmörder wie Hitler und Stalin konnten auch je der Lehre der Theologen, Gott sei die Liebe, etwas anhaben. Von Teilhard de Chardin bis Karl Rahner, von Karl Barth bis Jürgen Moltmann erklingt auch im 20. Jahrhundert das von allem Leid der Welt unberührte Hohelied protestantischer und katholischer Theologen von Gottes vollkommener und umfassender Liebe. Wie wär's, wenn sie sich endlich mal fragten, ob's nicht an seiner ihm von ihnen selbst zugesprochenen geistigen Struktur liegt, die ihn daran hindert, gegen Grausamkeit und Leid in der Welt aktiv zu werden? Ein unendlicher, reiner Geist nämlich, so er existiert, fühlt und empfindet gar nichts, kann in sich und von sich aus überhaupt nicht verstehen, was Leid ist. Er wohnt ja, wie das Neue Testament »weiß«, »in unzugänglichem Licht«! Er weiß auch nicht, was Sterben und Tod sind. Er besitzt einfach keine Erfahrungsbasis für all das, was für uns Schmerz, Leid, Sterben bedeutet. Das stimmt mit dem überein, was einer der größten Theoretiker der Physik des 20. Jahrhunderts von seinem Fachgebiet aus über ein mögliches höchstes Wesen sagte. Nach allem, was wir heute wüßten, könnte man ihm höchste mathematische Intelligenz zubilligen, aber bisher keinerlei Anzeichen von Moral (James Jeans).

Es gibt heute so etwas wie einen Waffenstillstand, einen faulen Frieden zwischen Naturwissenschaft und Theologie. Man tut nach Galilei, Kopernikus, Giordano Bruno, Charles Darwin usw. so, als ob die Auseinandersetzungen der Kirche mit ihnen bloße Mißverständnisse gewesen seien und als ob es jetzt mit der formellen Anerkennung der Naturwissenschaften und der Evolution schon getan sei. Aber »Gott und die Evolution« hat noch kein Theologe wissenschaftlich-redlich zusammengedacht und miteinander vermittelt, auch nicht der jetzt nach dem Tode hochgelobte Teilhard de Chardin. Nähmen die Theologen das Phänomen Evolution nämlich wirklich ernst, dann müßten sie Gott einen »Spieler« und »Würfler« nennen, der dem Zufall (der Mutationen) und den zufällig selektiv wirkenden Umweltbedingungen einen weiten Raum läßt, der daher auch nicht mit absoluter Sicherheit wissen kann, was so alles bei der Evolution herauskommen kann (z. B. ein menschenfressender, blutrünstiger Hai, den er in seiner »Liebe« doch nicht »gewollt« haben könnte), auch wenn er dem Ganzen offensichtlich eine immanente Tendenz zur Höherentwicklung des Lebens gegeben hat. »Gott würfelt«, behauptete Max Born in seinem berühmten Briefwechsel mit Einstein, der sich wie die Theologen einen unvernünftigen, akausal vorgehenden Gott nicht vorstellen konnte.

Möglicherweise ist Gott sogar ein Hasardspieler, der sehr viel riskiert, denn das Abenteuer Evolution kann, wie wir heute besonders kraß wissen, auch schiefgehen, und die vom Menschen initiierte zweite Schöpfung (Genesis II, wie Jeremy Rifkin sagt) könnte die erste Schöpfung außer Kraft setzen, ja selbst die »Krone der Schöpfung«; dieses antiquierte »Kohlenstoff-Ding« Mensch, durch die Künstliche Intelligenz, durch die sechste oder siebente Generation intelligenter Computer ersetzen.

Nimmt man alle modernen Entwicklungen und Entwicklungsmöglichkeiten, dann ist der Gott der Theologen ein unberührbares, dogmatisches, aber auch völlig abstraktes, lebloses Wesen, das mit der faktischen raumzeitlichen Realität unserer Welt gar nichts zu tun hat. Der Theologie und dem kirchlichen Lehramt wäre angesichts dessen und im Namen größerer Wahrhaftigkeit zu empfehlen, sich wenigstens zu einem »theologischen Agnostizismus«, zu einem weitgehenden Nicht-Wissen in bezug auf ihr Herzstück, die Gotteslehre, zu bekennen.

Angesichts der Aporien des Gottes der Kirchen und Theologen gewinnt der Erfahrungsbegriff einer zugleich weltumfassenden wie weltimmanenten positiv-ethischen Kraft, die also in der Natur wie in uns gleichermaßen wirkt, ohne nun gerade unendlich mächtig und vollkommen zu sein, an Plausibilität. Sie genauer zu wissen, sie präziser zu beschreiben, fällt schwer bzw. ist gar nicht möglich. Aber der Mensch, in der Dialektik von Positivem und Negativem, von Gut und Böse stehend, der sich ihr im ethisch-aktiven Vollzug anschließt, erfährt einen Zugewinn an Motivation und Lebenskraft. Er erfährt, daß ein positives Energiefeld von kosmisch-universaler Weite vorhanden ist, in das er sich einfügen, an das er sich anschließen kann. Wenn er sich dieser Kraft anvertraut, ihr durch Dick und Dünn folgt, an ihr trotz aller Fehlschläge und Niederlagen des Lebens festhält, wird er von ihr nach Phasen des Zweifels und der Einsamkeit immer wieder an die Hand genommen, vom Dunkel ins Licht geführt. Er spürt, daß es so etwas wie einen Lebensplan für ihn gibt, einen individuell und phantasievoll auf ihn zugeschnittenen ökologischen Ratgeber, der ihn die »Leichtigkeit des Seins«[12] lehrt, die ja so gut wie nie von vornherein einfach gegeben ist, sondern errungen werden muß. Er erfährt, was das »Weltkind« Goethe mit den Worten ausgedrückt hat: »Mein Empfangen war mein höchstes Schaffen.« Er ist, wenn er mit dieser Kraft längere Zeit zusammenarbeitet, überzeugt, daß ihm am Ende, manchmal allerdings nach furchtbaren Zwischenstadien, alles zum Guten gereicht, so daß er mit Giordano Bruno selbst im Angesicht des Todes durch die Schergen der Inquisition sagen könnte: »Mit größerer Furcht vielleicht verkündet *Ihr* das Urteil, als *ich* es empfange!« – »Auch ich habe einen Glauben ... Ich bin erfüllt von der göttlichen Harmonie unseres Weltganzen ... Ich fühle mich wie ein Stäubchen im Angesicht der Unendlichkeit und trotzdem größer als die Gewalt der Himmelskräfte, da ich sie begreife und teilhabe an der ewigen Weltseele. Ihr habt einen Glauben, der mir geringer scheint als der meine!«[13]

Auch im politisch-gesellschaftlichen Raum im weitesten Sinne des Wortes sehe ich Bestätigungen für meinen Glauben. Es dauert für das Maß unserer Geduld und die Struktur unserer Zeitlichkeit oft zu lang, viel zu lange, aber ich glaube, daß sich in großen Zeiträumen doch das Gute durchsetzt. Das Ende des Hitlertums, das Ende des Stalinismus trotz ihrer geballten, übermächtigen Gewalt bestätigen mir das. Ebenso sehe ich einen Beleg für meine

Sicht in der Entlarvung des verlogenen, Menschen erniedrigenden und ausbeutenden real existierenden Sozialismus durch die Völker Ungarns, Polens, der DDR und der Tschechoslowakei, ohne daß deshalb »christliche« Politiker wie Norbert Blüm recht hätten, wenn sie nun triumphal das Ende jeglichen Sozialismus verkünden. Denn auch in dem sich schon abzeichnenden Ende des technokratischen Kapitalismus, der unsere Welt in eine einzige Müllhalde verwandelt und an seiner eigenen monströsen, alles ausbeutenden Gefräßigkeit zugrunde gehen wird, sehe ich den Beweis für das Walten einer den Menschen und die Menschheit umfassenden, aber auch irgendwie übersteigenden Kraft der Gerechtigkeit.

Allerdings leide ich mit vielen anderen daran, daß diese Entlarvung und Niederlage aller großen Unwahrheiten und Ungerechtigkeiten nach langen Zeiträumen des scheinbaren Triumphs des Bösen auf die Hekatomben von Opfern, auf das Schicksal des einzelnen oft keine Rücksicht zu nehmen scheint.

So gewinnt für mich, den gläubigen Agnostiker, der das Metaphysische nicht ausklammert, sondern als hypothetische Größe zuläßt, an Bedeutung die Sicht auf einen Gott, der nicht so sehr am Anfang als am Ende steht; der sich in unendlich entfernter Vorzeit einfach vorfindet, aus den Schleiern und Wolken des Unbewußten hervorarbeitet, durch die Evolution der Natur als seiner Materialisation und Verkörperung immer mehr Gesetzmäßigkeit und Bewußtsein gewinnt; der in gewaltigen Eruptionen des Geistes durch homines religiosi wie Laotse, Konfuzius, Buddha, Sokrates, Jesus, durch Genies wie Shakespeare, Goethe, Mozart, Beethoven, Einstein, durch Mystiker wie Meister Eckhart, Shankara oder Sri Aurobindo, durch Moralisten wie Gandhi oder Albert Schweitzer immer höhere Stufen der Vergöttlichung aufbaut; dies alles in einem Prozeß, der ja keineswegs auf unsere Erde beschränkt sein muß, sondern, wenn er real ist, Millionen von Leben ermöglichenden Planeten in Milliarden von Galaxien betrifft. Am Schluß dieses gewaltigen Prozesses, dieser fruchtbaren, aber auch furchtbaren Geburtswehen einer göttlichen Welt stünde das »Reich« alles dessen, was lebt, in unendlicher, endlich erreichter Harmonie.

Trotzdem weiß ich, daß das mein ganz persönlicher Privatglaube ist. Wer das alles, was ich hier als meinen Glauben dargelegt habe, nicht zu ahnen, zu spüren, zu glauben vermag, ist, wie ich genau weiß, nicht schlechter als ich und auch nicht schlechter dran. Entscheidend im allerletzten ist überhaupt nicht, woran man glaubt, ob man an Gott, wie immer man ihn auffaßt, glaubt oder nicht. Ob man glaubt, daß er ist, oder glaubt, daß er nicht ist. Wichtig erscheint mir allein die entschiedene, im eigenen Leben hartnäckig durchgehaltene Option für das ethisch Gute, für soziale Gerechtigkeit und gütige Behandlung aller Menschen und aller Lebewesen ohne Ausnahme. Wobei ich allerdings zugebe, daß auch da ein Glaube nicht ganz entbehrlich ist, nämlich der Glaube, daß es Sinn hat, in dieser Welt dem Guten zum Siege zu verhelfen, sich für das Gute zu engagieren. Denn beweisen läßt es sich ja wiederum nicht, daß das Gute sein muß.

Vielleicht hat sich der Autor des ersten Evangeliums schon ähnliche Gedanken über das einzig Entscheidende in unserem Leben gemacht. Denn die Gerichtsrede, die er in Kapitel 25 Jesus in den Mund legt, stellt eine Ohrfeige für alle Verwalter des Heils, alle Kirchenfunktionäre, Theologen und Prediger dar, die das Erreichen des Himmelreichs vom rechten Glauben, von der »Orthodoxie« abhängig machen. Einzig und allein die ethische Praxis, das Tun des sozial Guten stellt bei Mt. das Kriterium dar, an dem der Mensch gemessen wird und letztlich vielleicht doch noch genesen kann.

Anmerkungen

1. Zu diesem Kirchenaustritt vgl. die umfassenden Ausführungen in meinem Buch: Herren und Knechte der Kirche, Köln 1973, und in meinem Beitrag: Der Ausstieg oder Opportunisten haben es leichter, in: G. Denzler (Hg.), Lebensberichte verheirateter Priester, München 1989, 99 ff.

2. Ausführlich behandelt werden diese Zusammenhänge in meinen Büchern: *Ökologische Religion*. Ein neues Verständnis der Natur, München 1986 (2. Aufl. 1990), und *Die Vernunft des Universums*. Lebensgesetze von Kosmos und Psyche, München 1988.

3. P. W. Atkins, Schöpfung ohne Schöpfer, Reinbek 1984.

4. Dafür bieten eine Fülle von Belegen die kirchenkritischen Werke K. H.

Deschners, insbesondere seine Bücher: Abermals krähte der Hahn, Düsseldorf 1980; Kriminalgeschichte des Christentums, Reinbek ab 1986 (bisher erschienen Bd. I, 1986; Bd. II, 1988); vgl. auch Mynarek, Verrat an der Botschaft Jesu-Kirche ohne Tabu, Rottweil a. N. (»Das Wort«) 1986.

5. B. Rensch, Homo sapiens, Göttingen 1959, 26.

6. H. Mynarek, *Die Kunst zu sein*. Philosophie, Ethik und Ästhetik sinnerfüllten Lebens, Düsseldorf (»Mehr Wissen«) 1989.

7. Zit. nach L. Barnett, Einstein und das Universum (mit einem Vorwort von A. Einstein), 5. Aufl., Frankfurt 1957, 133 f.; vgl. H. C. Meiser (Hg.), Albert Einstein, München 1986.

8. Zur Notwendigkeit eines neuen Vertrauens zur Natur in ihrem veränderten, nicht mehr allein von gegenseitiger Aggression und Ausbeutung gekennzeichneten Verständnis vgl. meine »Ökologische Religion« (s. Anmerkung 2).

9. E. Ch. Hirsch, Vorsicht auf der Himmelsleiter: Auskünfte in Glaubensfragen, Hamburg 1987, 57 ff. (Kapitel: Atheismus. Wiederbelebung eines Scheintoten).

10. Vgl. z. B. J. Sudbrack S. J., Neue Religiosität, 3. Aufl., Mainz 1988, 19–22, 48, 109, 125, 179, 208; ders., Die vergessene Mystik, 2. Aufl., Würzburg 1988, 41 ff.

11. Vgl. H. Mynarek, Der Fall Drewermann und seine Hintergründe, in: Das neue Zeitalter, Nr. 49/89, 42 ff.

12. Dazu nochmals ausführlich meine »Kunst zu sein« (s. Anm. 6).

13. Zit. nach A. Kaiser, Giordano Bruno, in: K. H. Deschner (Hg.), Das Christentum im Urteil seiner Gegner, Ismaning 1986, 55.

URSULA UND JOHANNES W. NEUMANN

Vernunft und Verantwortung

Credo – *ich* glaube.

Wir sind es durch Jahrhunderte gewohnt, daß eine höchst persönliche Angelegenheit – oder sollte man sie vielleicht sogar »intim« nennen? – in vorformulierten Floskeln massenhaft und meist unreflektiert nachgebetet wird. Wenn es hoch kommt, denkt sich der eine oder die andere noch die eigene Auslegung dazu. Ob »Gott ist groß« oder »ich glaube an die eine heilige Kirche«, die Formel wird im Kollektiv nachgesprochen und nur selten als individuelles Bekenntnis eigener Entscheidung. Und selbst dann übernimmt das Individuum eine von anderen geprägte Aussage. So drückt das »Credo« stets den Verzicht auf eigenes Wollen und Denken aus.

Weil es vertraut ist, mag zunächst gar nicht weiter auffallen, wenn wir im Folgenden ebenfalls die Ich-Form gebrauchen, obwohl wir zwei sind, und keiner für den anderen reden will und keiner dem anderen so leichthin das Recht gibt, für ihn zu sprechen. Wir: das sind zwei Menschen mit einer im Religiösen ähnlichen Sozialisation. Beide haben wir katholische Theologie studiert, waren überzeugt, für eine gute und gerechte Sache einzutreten – die eine mehr, der andere weniger –, waren als sogenannte Progressive zu Konzilszeiten und danach optimistisch, daß durch das *Aggiornamento* (dem von Papst Johannes XXIII. geprägten Pendantbegriff zu Perestroika) auch in der Kirche alles möglich sei (wiederum die eine mehr, der andere weniger), wurden immer skeptischer, ob es nicht Augenwischerei und Selbstbetrug ist, zwischen der *Form* (als dem geschichtlichen Ausdruck), die zu kritisieren war, und dem *Inhalt* (dem vielzitierten »Eigentlichen oder Wesentlichen«) zu unterscheiden – der eine früher, die andere später.

Vor über einem Jahrzehnt kam nach lang gereifter innerer Abkehr die offizielle Trennung. Wir verließen eine Kirche, in die wir hineingeboren und -gewachsen waren, nahmen Abschied von einem Glauben, den wir für den unseren gehalten hatten, und gingen unsere eigenen Wege. Äußerlich erlernten wir neue Berufe. Innerlich verblaßte der alte Glaube zur Erinnerung. Sie gleicht der, die sich beim Betrachten alter Fotografien einstellt: »Mein Gott, wie bin ich damals bloß herumgelaufen. Aber das war der letzte Schrei!«

An die Stelle des alten Glaubens trat ein neuer. Diesen haben wir hier zu formulieren versucht. Jeder hat das für sich getan, und wir haben die Teile zusammengefügt zu einem einzigen Credo. Die Frage, wer dabei das eine und wer das andere formuliert hat, scheint uns allenfalls für einen Literarkritiker von Interesse. Für uns, die wir uns seit bald zwei Jahrzehnten wortlos und wortreich austauschen, ist sie ohne Belang.

I. Warum ich geglaubt habe

Ich war Theologe, Gottesgelehrter also, und somit von Berufs wegen zwar nicht mit »*dem* Glauben« beschäftigt, wie man okkuppierend sagt, aber mit einer hierzulande wichtigen und weitverbreiteten Form des Glaubens.

Eine Karrikatur fällt mir ein: Eine großäugige Kuh unterweist ihr andächtig lauschendes Kälbchen im Kuhglauben: »Und dann« – so sagt sie – »schuf er uns nach seinem Bilde.« Bevor ich wegen Gotteslästerung oder Verunglimpfung eines religiösen Bekenntnisses belangt werde, schnell meine Interpretation dieser Karrikatur. Aber vielleicht mache ich es dadurch noch schlimmer. Heute, da ich Abstand habe (die Bezeichnung »Abständiger« ist mit gutem Grund für die Gläubigen – schon wieder diese Okkupierung – ein Verdikt) stehe ich staunend vor der Hybris, die für mich der Glaube darstellt, daß von allen Welten und Epochen und Kulturen ein Gott ausgerechnet die unsere auserwählt hätte, sich zu offenbaren und uns zu erlösen. Der Hochmut und das Wunschdenken, das sich hinter solcher Phantasie verbirgt, läßt sich gut kaschieren mit Wendungen wie »er hat uns gewürdigt«, »in seiner unermeßlichen Gnade«, »nach seinem unerforschlichen Ratschluß«, womit ER zum Objekt des Staunens gemacht wird.

Das ist das Erstaunliche, wie viele sich über die Größe des selbstgemachten Gottesbildes wundern, anstatt über die Kühnheit solch menschlicher Vermessenheit. Aber wer ist nicht geneigt, den Kündern eigener Auserwähltheit Glauben zu schenken?

Dem Gott, der sich also dem on dit zufolge auf diese Weise verfügbar gemacht haben soll, bekam das schlecht: Er wurde systematisiert und katalogisiert, sein Innerstes akribisch nach außen gekehrt und in Glaubenssätze gegossen. Zum Beispiel heißt es im Glaubensbekenntnis von Toledo aus dem Jahr 675: »Das ist die Darlegung über die Dreifaltigkeit, die man nicht dreifach, sondern dreifaltig nennen und gläubig bekennen muß. Es ist auch keine rechte Benennung, wenn man sagt: in dem einen Gott ist die Dreifaltigkeit, sondern: ein Gott ist die Dreifaltigkeit. In den Personennamen, die eine Beziehung ausdrücken, wird der Vater auf den Sohn, der Sohn auf den Vater, der Heilige Geist auf beide bezogen. Dennoch glauben wir, weil eben die drei Personen Beziehungen besagen, an eine Natur oder Wesen. Obwohl wir drei Personen bekennen, bekennen wir doch nicht drei Wesenheiten, sondern eine Wesenheit, aber drei Personen.«[1] Und so weiter, und so weiter.

Das soll ich geglaubt haben? Ich habe es weniger geglaubt, als – wie so vieles andere auch – billigend oder mißbilligend in Kauf genommen, um ... Ja, warum und wozu? Es ist ja nicht so, daß ich heute so viel gescheiter bin und damals so viel dümmer war. Auch die Theologen, die sich Sätze wie den obigen ausdenken, sind intelligente Leute. Aber ihnen wie mir unterlief ein Irrtum: die Verwechslung von Wahrheit und Sicherheit. Kein Mensch interessiert sich im Ernst für die innertrinitarischen Verhältnisse. Aber jeder ist zutiefst daran interessiert, eine Sicherheit zu finden, die die eigene Existenz durchschaubar, verstehbar und damit erträglich macht. Der Irrtum der Dogmatiker jeder Couleur gleicht dem gewisser Ehepartner, die detektivisch den Seitensprüngen des anderen nachschnüffeln, minutiös Mosaiksteinchen zu Mosaiksteinchen kombinieren in dem Aberglauben, durch ihr Wissen bekämen sie die Sache in den Griff. Sie mögen alles wissen, aber sie begreifen nichts und noch viel weniger ändern sie die Dinge zu ihren Gunsten – was das einzige wäre, worauf es ankommt.

Wahrer Glaube oder Häresie, das ist ein Scheingefecht, das ist Stein statt Brot.

Wie gesagt, das nahm ich in Kauf, um ein Stück Heimat und Sicherheit zu erlangen: Die Gemeinschaft der Gläubigen. Es gibt sie; es wäre töricht, das leugnen zu wollen. Es sind die Momente, wo man weiß: Ja, hier gehöre ich hin. Jetzt ist es gut. Es kann mir nichts passieren. Das ist der Sinn, mein Sinn.

Solche Momente gibt es überall – wenngleich selten –, wo Menschen zusammen sind, warum also nicht auch in der Kirche? Solche Momente erlebte ich. Sie hatten allerdings – so sehr ich mir das auch vormachte – wenig zu tun mit der Gemeinschaft der Gläubigen, die da Kirche heißt.

Die Hilfskonstruktion zwischen »dem Eigentlichen« der Kirche und ihrer »menschlichen Erscheinungsform« zu unterscheiden, war mir nur zu geläufig. Sie war auch bitter nötig, angesichts der Kirchengeschichte und dessen, was ich mit eigenen Augen sah. Diese Unterscheidung ist ja nicht nur verkehrt. In jedem Verein klaffen Anspruch und Wirklichkeit, Absicht und Realisierung auseinander. Nirgends soll so böse gestritten werden wie unter Pazifisten, heißt es. Aber eine nüchterne Abwägung ist in der Kirche nicht erlaubt, in ihr ist die Überlegung illegitim: Was bin ich bereit, an Ärger, Abscheu, Entsetzen über Fehlentwicklungen in Solidarität zu ertragen, ohne die Grundsatzfrage zu stellen? Vielmehr wird das Leiden an der Kirche zur Aufgabe und zum Verdienst. Letztlich: Wenn ich alles mitmache, ja, alles mit mir machen lasse und die Kluft zwischen Anspruch und Wirklichkeit als Ausdruck der Göttlichkeit der Institution begreife, so ist das der Beweis, daß ich auf dem richtigen Wege bin. Alles andere ist Treulosigkeit, Fahnenflucht und Überheblichkeit.

Das ist schon etwas Verführerisches, denn dem Deserteur drohen – anders als dem großen Haufen – die Zweifel: »Wenn du nur noch ein bißchen ausgehalten hättest ...«

Überhaupt Zweifel. Dieses Gefühl, mit seinen Zweifeln allein auf weiter Flur zu stehen. Wider besseres Wissen stellt sich doch das Gefühl ein, als bedeute »die Lehre der Kirche« eine ungebrochene Tradition spätestens vom Tag der Auferstehung Jesu bis zur Gegenwart, ein fragloses Akzeptieren von Alaska bis Feuerland. Natürlich wußte ich, daß es nicht so war. Aber was im Brustton der Überzeugung vorgetragen wird, verfehlt seine Wirkung nicht. Mindestens nicht bei mir. Ich bin immer wieder aufs Neue verblüfft über diese Selbstgewißheit, die von keinem Zweifel angekränkelt ist.

Wie »die« das machen, wie sie es durchhalten unbeirrt und unbelehrbar? Ist man selbst voller Zweifel, hat man Sehnsucht nach festem Halt und ist in Gefahr, sich von den Sirenentönen jener betören zu lassen, die vorgeben, zweifelsfei zu wissen, wo's lang geht. Zweifle an jenen, die nie zweifeln.« Das ist leichter gesagt als getan, da zweifelt man doch lieber an sich selbst. Zumal auch der Zweifel ins religiöse System eingebaut ist: Ist er nicht von Gott zugedachte Prüfung, die einen auf eine höhere Stufe des Glaubens heben soll? Wenn das so ist, dann gilt es, den Zweifel zu besiegen. Sonst ist man bei der Prüfung durchgefallen.

II. Woran ich glaube

Ich bin also durchgefallen.

Und jetzt sitze ich da mit meinem selbstgezimmerten Glauben und lasse die Fertighausbesitzer des Glaubens die Nase rümpfen. Klein, aber mein!

Als *erstes* glaube ich daran, daß ich sterben werde.

Das ist schon falsch.

Ich weiß es zwar, aber glauben kann ich es trotz allen Bemühens immer noch nicht. Es ist ein weiter Weg vom Kopf zum Herzen. Ich sage mir immer wieder: »Eines Tages wird die Sonne aufgehen wie immer, die Leute gehen zur Arbeit wie üblich, es gibt Verkehrsstaus wie gewohnt, der Wetterbericht bringt auch nichts Neues, lediglich im Werbefernsehen wird für ›Das neue XY‹ geworben, alles wird sein wie sonst ..., außer daß es dich nicht mehr gibt. Die Welt wird nicht stillstehen, sie wird nicht mal den Atem anhalten. Business as usual. Bloß ohne dich. Und bald, sehr bald, wird niemand mehr was von dir wissen. Nicht die Spur.« – »Das darf doch nicht wahr sein«, empört sich mein armes und ungläubiges Herz. »Doch«, sage ich und weiche keinen Millimeter, lasse kein Hintertürchen offen.

Als *nächstes* glaube ich an die Lebensnotwendigkeit, integer zu sein. Gewiß, man kann auch ohne Integrität leben, recht gut sogar, wie's scheint. Aber für mich wäre solch ein Leben nicht lebenswert. Natürlich meine ich mit Integrität nicht moralische Vollkommenheit; körperliche Unversehrtheit ist ja auch etwas anderes als körperliche Vollkommenheit. Um meine Fehlerhaftigkeit weiß ich, tagtäglich werde ich draufgestoßen. Aber es gibt einen Bereich, da muß ich mich zweifelsfrei auf mich verlassen können, da muß ich sicher sein: Egal, was geschieht, das tue ich nicht! Ich will so sein wie jene Frankfurterin, deren Name – Hannelore Kraus – bereits wieder vergessen sein wird, wenn dieses Buch gedruckt ist, die mit stiller Festigkeit wohl den entscheidenden Beitrag dazu leistete, daß der »Campanile« – geplant als höchstes Gebäude Europas – nicht gebaut wurde. Millionen wurden ihr für ein Umfallen geboten. Aber sie war sich sicher, das wäre ein Geschäft, das sich nicht rentierte. Vielmehr: »... daß man mal nein gesagt hat – das reicht schon als Grund, gelebt zu haben.«[2]

Um keinen Irrtum aufkommen zu lassen: Integrität ist für mich nur am Rande ein moralisches Prinzip. Man nennt jemanden auch nicht moralisch, der auf seine körperliche Unversehrtheit bedacht ist. Und wer es nicht tut, versündigt sich in meinen Augen nicht gegen sich selbst, sondern viel banaler: er schadet sich.

Aus dem Zuchthaus schrieb Oscar Wilde: »Ich hatte einen gewaltigen psychologischen Irrtum begangen. Ich hatte die ganze Zeit geglaubt, mein Nachgeben in unwichtigen Dingen hätte nichts zu bedeuten: ich könnte im entscheidenden Augenblick meiner Willenskraft wieder zu ihrer natürlichen Überlegenheit verhelfen. Das stimmte nicht. Im entscheidenden Augenblick ließ meine Willenskraft mich im Stich. Im Leben gibt es tatsächlich nichts Entscheidendes oder Unwichtiges. Alle Dinge sind gleichwertig und gleichgewichtig. Meine Gewohnheit, ... Dir in allem nachzugeben, war unbemerkt ein Teil meines Wesens geworden ... Ich hatte zugelassen, daß Du meine Moral untergrubst, und die Annahme einer Gewohnheit führte bei mir nicht nur zum Scheitern, sondern zum Untergang.«[3]

Ich möchte mein eigener Herr sein und bleiben, nicht erpreßbar, nicht verführbar, nicht bestechlich, nicht verpflichtet, Hände zu waschen, bloß weil ich sie mir waschen ließ. Ich will mich nicht schämen müssen. Auch wenn ich jedem Schwarz-weiß-Denken abhold bin, weil die Welt komplizierter ist, als daß sich so einfach sagen ließe, »hie gut – dort böse«, gilt für mich hier – bei aller Toleranz, mit der ich auch mich selbst behandeln will – ein Alles-oder-Nichts-Prinzip, aus Verantwortung für mich selbst.

Meine Verantwortung für mich findet ihr Gegenstück in meiner Verantwortung für die Welt. Dies wäre mein *dritter* Grundsatz.

Hier kämpfe ich nicht nur den tagtäglichen Kampf gegen die eigene Bequemlichkeit und Lethargie, gegen das schleichende Sich-Gewöhnen. Wenigstens genauso kämpfe ich gegen jenen resignativen Sog des Verstandes, der mir klarmachen will, daß nicht nur ein Narr mehr fragen kann, als hundert Weise beantworten können, sondern daß auch ein Gedankenloser mehr Bäume abbrennt, als hundert Nachdenkliche zu pflanzen imstande sind, daß ein »Dr. Seltsam« mehr Leben auslöschen kann, als Millionen Mütter zu gebären vermögen.

»Was kann ich schon dagegen tun?!« – Ein schlimmer Satz, weil er die Wirklichkeit schafft, die er zu beschreiben vorgibt. Tatsächlich sind wir zunächst einmal alle nur Einzelne, heißen wir Hitler oder Charlie Chaplin, Guevara oder Ossietzky, Ceaucescu oder Vaclav Havel, Berta Suttner oder Margret Thatcher, Müller oder Neumann. Nichts gibt uns das Recht zu glauben, daß wir weniger vermögen als die – im Guten wie im Bösen – Hervorragenden. Darauf getrimmt, »bescheiden, sittsam und still«, wie das Veilchen im Moose zu sein, ist uns beigebracht worden, Selbstbewußtsein und Selbstvertrauen mit Hochmut und Überheblichkeit zu verwechseln. Vermutlich ist es den meisten Mächtigen nur recht, wenn möglichst viele glauben, »dafür kann ich nichts«, denn solange tun sie auch nichts dagegen. Solange ich aber nichts tue gegen die Abholzung des Regenwaldes, gegen die wahnsinnige Rüstung, gegen die Vergiftung unserer Welt, gegen die Ausrottung ganzer Völker, gegen die Abschiebung von Flüchtlingen, solange kann ich etwas dafür.

Aber sicher ist dabei gleichzeitig, daß ich nicht »allen alles« sein kann. Shen-Te ist kein Vorbild[4]. So sehr ich überzeugt bin, daß in meiner Macht mehr steht, als ich kleingläubig zu glauben wage: alles kann ich eben doch nicht.

Widerstand hat unter viel schwierigeren Bedingungen als denen, unter denen ich lebe, nicht nur seinen Sinn, sondern kann auch erfolgreich sein. Dies ist die Lehre gerade des Jahres 1989, das all jene »Realisten« düpierte, die ihre eigene Hasenfüßigkeit mit abgeklärtem Weitblick verwechseln. Weil das also so ist, vertraue ich darauf, daß gleich mir andere das tun, was getan werden muß.

Denn weiterhin glaube ich daran – trotz aller Ketzer- und Hexenverbrennungen, trotz Kreuzzügen und Eroberungskriegen, trotz Auschwitz und Katyn, Hiroshima und Vietnam, Afghanistan und Ceausescus Terrorregime – daß der Mensch kraft seines Verstandes und Willens fähig ist, aus seiner Unmündigkeit auszubrechen. Dann nämlich, wenn er sich Rechenschaft darüber gibt, daß seine Unmündigkeit nicht nur selbstverschuldet ist[5], sondern auch von Interessierten vorsätzlich herbeigeführt wird. Die meisten der vielfältig vermittelten Signale verkünden nur die eine Botschaft:

»Du brauchst nicht zu denken; andere, die klüger sind, tun das für dich; du brauchst nur das Angebotene zu konsumieren, den Befehlen zu gehorchen; entscheiden tun für dich jene, die den besseren Überblick haben.«

So ist die gläubige Herde perfekt und die Masse zu bändigen. Es ist immer schon schwer und mühselig gewesen, sich seines Verstandes und Willens zu bedienen, also wirklich Verantwortung zu übernehmen und zu widerstehen. Zu widerstehen um seiner Selbst willen, um des Menschen willen und um der Welt willen, die niemand so sehr zu bedrohen vermag wie der Mensch. Dennoch glaube ich an das verständig Menschliche, an das Gute im Menschen. Nicht als selbstverständliche Naturanlage, sondern als immerwährende Aufgabe, als realisierbare Utopie.

Ich glaube *schließlich*, daß alles dies der Toleranz bedarf, jener Form des Hinnehmens der Andersartigkeit und der anders gerichteten Interessen der anderen, ohne die eine multikulturelle, sich in allen Bereichen austauschende Welt nicht möglich ist. Dieser einander bejahende Austausch kann weder Glaubens- noch Herrschaftsmonopole, noch umfassende ökonomische Dominanz vertragen. Freilich ist diese auf nüchterne Rationalität fußende Toleranz ein empfindliches, fragiles Gebilde, denn sie kann nicht gegen die tolerant sein, die selbst keine Toleranz üben wollen. Aber ich glaube daran, daß eine humane, auf Ausgleich und Freiheit bedachte Welt, tolerant sein *muß*. Oder zerfließt hier mein Glaube in Hoffnung, gar in selbsttrügerisches Wunschdenken?

III. Woran ich glauben möchte

Das eigentlich Skandalöse des Glaubens an die Endgültigkeit des Todes ist nicht das Eingeständnis meiner Endlichkeit, sondern der damit implizierte Verzicht auf den Glauben an Gerechtigkeit. Wenn der Tod das letzte Wort ist, dann ist er es auch für jedes verhungerte Kind, auf dessen Kosten wir uns überfressen, für jeden zu Tode Gefolterten, dessen Peiniger nach Verzehrung der staatlichen Pension seinen spätmöglichsten Tod unter bester medizinischer Betreuung stirbt, für jeden Arbeiter mit Staublunge, dessen Chef bewegt über die unerträglich hohen Lohnkosten Klage zu führen weiß, für jede Frau, die – ob mit Schleier oder ohne – in die Kategorie »Mensch zweiter Klasse« von jenen eingeteilt wird, deren moralische Autorität allenthalben unbestritten ist und unter deren billigen Mahnworten die Mächtigen zusammenzucken.

Das ist unerträglich.

Ich wünschte, ich bräuchte mich nicht mit dem allzu schwachen Trost abspeisen, daß es doch schon viel ist, wenn ich meinen Beitrag leiste, daß ein winziges Bißchen mehr Gerechtigkeit herrscht. Wie einfach haben es doch jene, für die feststeht, daß das Gute belohnt und das Böse bestraft wird, daß die Gänseliesel den Prinzen heiratet und die treulose Magd mit Schimpf und Schande aus dem Land gejagt wird!

Ich wünsche, ich könnte glauben, daß Gerechtigkeit nicht nur das Ziel ist, für das sich jeder Kampf lohnt, sondern daß die Gerechtigkeit Wirklichkeit ist.

Anmerkungen

1. Aus dem Glaubensbekenntnis der (11.) Kirchenversammlung von Toledo (675), in: Josef Neuner und Heinrich Roos, Der Glaube der Kirche in den Urkunden der Lehrverkündigung, Regensburg 1958, 101–107, 103 f.

2. »Die Zeit«, Nr. 35 vom 25. 8. 1989, 29.

3. Oscar Wilde, Brief aus dem Zuchthaus zu Reading. De Profundis, in: Wolfgang Ebersberger (Hg.), Über den Genuß, Augsburg 1987, 73–90, 84 f.

4. Vgl. Bertolt Brecht, Der gute Mensch von Sezuan. Parabelstück, Frankfurt 1963.

5. Wolf Biermann besingt das in seinem nach der November-Revolution 1989 entstandenen Lied: »Wir hatten es wohl schon halb vergessen« (abgedruckt in: »Die Zeit«, Nr. 47 vom 17. 11. 1989):

»Wir hatten es wohl schon halb vergessen
Daß sich uns're kleine Erde dreht
Wir hatten die Lüge schon halb gefressen
Daß nie mehr im Osten die Sonne aufgeht
Wir hatten uns halb schon abgefunden
und ganz vergessen, was Zukunft war
Und haben uns mit unsern Bonzen geschunden
Wie'n altes verbiestertes Ehepaar
...

Das Schlimmste war nicht an unsern Tyrannen
Die rotgetünchte Tyrannei
Das Schlimmste waren dabei wir selber
All uns're Feigheit und Kriecherei
Und daß wir auch selber das Übel waren
Grad das ist die Chance und unser Glück
Ihr seht: Es geht! Wir hol'n uns nun auch selber
Die ewigen Menschenrechte zurück.«
...

MILAN PETROVIĆ

Meine Religion(en)

Der lebendigen Ikone der Heiligen Barbara,
Patronin der Ostslawen, gewidmet.

Ich schreibe als Rechtswissenschaftler und Politologe über meinen Glauben. Doch möchte ich dies hier ziemlich unakademisch tun, will ich nicht nur die Inhalte meines Glaubens aufzeigen – das wäre im herrschenden Tohuwabohu der Religionen und Gegenreligionen wohl recht belanglos –, sondern auch dessen Entstehung im Kopf, im Herzen eines Kindes, eines Heranwachsenden. Dies scheint mir relevanter als das blanke Zur-Schau-Stellen der Finalprodukte eines Glaubensbewußtseins, scheint mir ein Weg auch zu besserer Selbsterkenntnis. »Erkenne dich selbst!« – ist der kategorische Imperativ, der Appell an jeden geistigen Arbeiter und Abenteurer, oder, mit Nietzsche: »Man hat nämlich, vorausgesetzt, daß man eine Person ist, notwendig auch die Philosophie seiner Person.« Kurz, mein *Bekenntnis* möchte auch etwas Licht werfen auf jenen dunkelsten Winkel von Welt und Wissenschaft, der nach Jaspers »Psychologie der Weltanschauungen« genannt werden sollte.

Ich glaube, daß Religionen im großen und ganzen durch Raum und Rasse bedingt sind. Dies kann – nach den Rassenwahnorgien in der Hälfte dieses Jahrhunderts – leicht mißverstanden werden. Doch ist es sicherlich mehr als bloße Koinzidenz, daß die mediterranischen Romanen vorwiegend römisch-katholisch sind, also einen wertrationalen und femininen Glauben haben (Hauptbeispiele: Naturrecht und erbliche Begründung des Papstprimats); daß die atlantischen Germanen größtenteils Protestanten sind, also eine zweckrationale und maskuline Religon vertreten (Hauptbeispiel: der kapitalistische Geist); und daß die euroasiatischen Slawen, Völker der krassesten Gegensätze, meist orthodox sind, also Bekenner einer Konfession, die, weil mystisch und extrem dogmatisch zugleich, die widersprüchlichste Art von Christentum ist.

Und der Monotheismus, diese Pestilenz unter den Religionen, mußte gerade im Nahen Osten entstehen, auf einem Gebiet schärfster Rassen- und Religionsgegensätze, als Folge der Reichsgründungen, deren notwendige Vorbedingung die Beseitigung dieser Gegensätze war. So konnte das jüdische Reich nicht entstehen, bevor der semitische Jahwe die vorderasiatische Baalim verschlungen hatte. Das römische Mittelmeerreich mußte, der eigenen Stabilsisierung wegen, die üppig wuchernden Kulte der Spätantike in die Zwangsjacke des Christentums stecken. Und der noch rabiatere Zwillingsbruder Jahwes, Allah, verstand es geradezu meisterhaft, asiatische und afrikanische Christen gegen Byzanz und Persien auszuspielen. Normalerweise wurden die Opfer zuletzt auch verdaut.

Ich schreibe mit einer Dosis schwarzen Humors. Das droht jene zu verärgern, die mit einem so erhaben Ding wie Religion nicht gespaßt sehen wollen. Doch der Mensch unterscheidet sich nun einmal durchs Lachenkönnen von allen anderen Geschöpfen, ja, dies ist gerade sein menschlichster Zug, der sein metaphysisches Korrelat in der Willensfreiheit hat. Die Grundfunktion des Lachens aber ist Befreien. Sind nicht gerade große Komiker, Tragikomiker, Ironiker, ein Cervantes, ein Rabelais, ein Dostojewski oder mein Lieblingsepiker Proust auch große Befreier des menschlichen Wesens vom »Geist der Schwere« in seinen unzähligen Erscheinungen? Und steht es nicht mit dem ganzen Leben so, wie Nietzsche, der größte Kulturforscher nach der goldenen Zeit von Hellas, sagte: »Die kurze Tragödie ging schließlich immer in die ewige Komödie des Daseins über und zurück, und die ›Wellen unzähligen Gelächters‹ – mit Aeschylus zu reden – müssen zuletzt auch über den größten dieser Tragöden noch hinwegschlagen?« Und hat nicht auch der Mentor aller Religionskritiker, Karlheinz Deschner, gezeigt, daß die Heilsgeschichte eine einzige Tragikomödie, eine wirkliche Comoedia divina, ist? Für mich war Spott, Verlachen, mehr noch Selbstverlachen, durch mein ganzes Leben die einzige Oase meiner Freiheit, meine letzte Zuflucht vor dem »Terror der Tatsachen« in mir und um mich.

Meine ersten religiösen Erfahrungen erwarb ich im Alter von drei, vier Jahren im Hause meiner Großeltern mütterlicherseits, in einer Stadt an der Grenze zwischen dem Balkan und Mitteleuropa. An warmen Vorabenden saß man da nach griechischem Brauch an der Straße. Frauen sprachen über Krankheiten, Geburten und Tod, Männer über Geschichte und Politik, und nach slawischem Brauch scherzte man auch gern. Ich war ein sprachbegabtes Kind, und alte Spaßvögel beschäftigten mich bald nach ihrem Gusto. Sie lehrten mich Schimpfwörter vulgärster Art, sagte etwa: »Mein Herz, geh zu jenem grauhaarigen Opa und sage ihm das und das. Ich gebe dir einen Dinar dafür.« Der Apostrophierte, meist erst verblüfft, faßte sich bald: »Mein kluges Köpfchen, geh zurück zu jenem alten Ziegenbock, der dich hergeschickt hat, und sage ihm das und das. Ich gebe dir zwei Dinar dafür!«

Obwohl mir natürlich nicht bewußt war, was ich sagte, sah ich meine Arbeit hochgeschätzt und begann Leute auf eigene Faust zu beschimpfen. Eine alte Montenegrinerin aber fühlte sich verletzt, weinte und klagte, hinter meinem Rücken, bei meinem Großvater. Großvater, selber ein Spaßmacher ohnegleichen, nahm mich bei der Hand: »Warum hast du die tote Mutter von Wida, der Montenegrinerin, beschimpft?« – »Woher weißt du das?« Ich war erstaunt. Großvater sah mich schlau an: »Gott hat mir ein Vögelchen geschickt, das verriet es mir. Das Vögelchen sagte mir auch, daß Gott auf dich böse sei und dich töten wolle.« – »Opa, gehe zu Gott und prügle ihn!« schrie ich. »Das darf ich nicht«, winkte der Alte scheinbar erschrocken ab. »Warum?« – »Weil er stärker ist als ich.« – »Dann rufe die Miliz!« insistierte ich hoffnungsvoll. »Gott ist stärker als alle Miliz der Welt!« – »Dann verstecke mich irgendwo!« – »Vor Gott kann man sich nicht verstecken.« – »Opa, du mußt mich doch irgendwie vor Gott retten«, weinte ich am Rand der Verzweiflung. »Hab' keine Angst«, lächelte Großvater jetzt. »Wenn du zu Gott betest und ihm versprichst, daß du nicht mehr schimpfen, daß du den Älteren gehorchen und sie achten willst, wird er dir verzeihen.« Er führte mich vor die Ikone des heiligen Johannes des Täufers: »Da sollst du beten. Gott tut alles, was der heilige Johannes, der in diesem Bild wohnt, ihm sagt. Bekreuzige dich wie ich im Namen des Vaters ... Und sagte: Vater unser ...«

Aber mein christlicher Eifer schmolz bald beträchtlich, als ich meine Großmutter, die Seele des Hauses, keinen Geringeren als Gott, den Herrn, und Jesus Christus saftig verfluchen hörte und sah, daß sie weiterlebte. Ich ging zu Großvater, und der suchte sich herauszureden: Gott erlaube den Erwachsenen manchmal, was er Kindern verbiete. Das konnte mich freilich nicht überzeugen. Doch der Bann der Ikone wirkte auf mich fort. Als ich sie schaute, versetzte ich mich in ihre Landschaft, und ich spürte, daß dort objektive Seinsgesetze keine Geltung haben. Auch jetzt, im Traum, sehe ich oft diese Landschaft und einen Fluß, dem ich, nach dem großen Sternenstrom, den Namen Eridanus gab. Ich begriff endlich, daß dies Land mit dem Strom ein slawisches Paradies ist, mein Anfang und Ende, das heilige Chaos, Kon, Swarog, die höchste Gottheit der Slawen.

Die zweite Quelle meines Glaubens entdeckte mir meine Mutter, eine Studienrätin, als ich schon Schüler war. Obwohl überzeugte orthodoxe Christin, durfte sie mir ihre Gesinnung nicht vermitteln, um ihre Stelle, in einem kommunistischen Regime nur Atheisten vorbehalten, nicht zu verlieren. Doch wollte sie nicht, daß ich ganz gottlos würde und gab mir deshalb als Lektüre griechische Mythen. Schon früh las ich so Schwab, Graves, Homer, Hesiod und wurde zu einem hellenischen Heiden. Mein Gott wurde Apollon, der ein bißchen feige, kapriziöse, infantile, kalte, aber auch großzügige, harte und tödlich gefährliche Schirmherr der Wissenschaften. Ein echter Wassermann, könnte ich sogar sagen, wie ich. Doch meine Helden wurden echt slawisch-hyperboreische Archetypen, die in allen Lagen kämpften, in der Oberwelt, der Unterwelt und im Bett, Odysseus und der edle Dieb Jason, welche die Fahrt ins Unbekannte, einen flüchtigen Blick über den Rand des Chaos mehr schätzen als das eigene Leben. Und meine verwunderte Frage, warum man eine so schöne Religion mit einer so häßlichen vertauschte, beantwortete mein Onkel, ein Architekt, dem auch irgendwie das griechische Maß im Blut war, lächelnd, einmal habe Gottvater Zeus entschieden, allein zu beherrschen, und da wurden wir Christen. Aber ich sollte nicht zu traurig sein, könne der allmächtige Zeus doch diese Entscheidung widerrufen und seine verbannten Kinder wieder einsetzen.

Ich darf hier den Bolschewismus nicht übergehen. Er beeinflußte mich, aber nicht als Marxismus, Leninismus, Kominternismus, sondern als eine Art Religion der Zukunft, die magisch Mystik und Technik verbinden soll. Die offizielle Lehre, mit der man uns über vierzig Jahre hinweg ideologisch umzuerziehen suchte, die Lehre, daß die Religion, ein Produkt des Unwissens, durch den Marxismus, die wahre Erklärung der Welt, ersetzt werde und daß der beste Vollstrecker dieser Wahrheit unser Marschall Tito, Freund der Kinder, Hunde und der ganzen Mannschaft sei, diese Lehre glaubte ich schon als Gymnasiast nicht mehr. Denn die Lehrer, die sie eindringlich vortrugen, nannten genauso eindringlich Tolstoj, Dostojewski und Gorki die größten Schriftsteller der Welt. Aber als ich deren Werke las, nahm ich wahr, daß sie alle drei, jeder auf seine Weise, an Gott glaubten und daß sie keinesfalls weniger wissend waren als meine Lehrer. Um völlige Klarheit zu gewinnen, begann ich Marx, Engels und Lenin emsig zu studieren, viel gründlicher gewiß als die meisten ihrer Priester und Funktionäre. Das Hauptanliegen des Marxismus, die hegelische Theologie der Immanenz in empirische Wissenschaft umzuwandeln, fand ich gleich der Quadratur des Zirkels, dem Bau eines Luftschlosses. Und Lenin offenbarte sich mir als ein Marktschreier am falschen Ort. Ein russischer Philosoph schrieb von ihm: »Gottesstrafe. Eine Kerze von 5 Kopeken, die ganz Rußland in Flammen setzte.«

Doch der Bolschewismus, der mich erwärmte, trat mir entgegen in Gestalt einer recht hübschen, dinarisch rassigen Genossin Studienrat. Meine Mutter vermittelte wieder: »Komm, ich werde dich mit einer Kollegin bekanntmachen, die eine wahre Kommunistin ist und kein bloßes Parteimitglied!« Genossin Maria theoretisierte nicht von Basis und Überbau, sie ging vielmehr ins Herz der Sache. Die Bewegung, die sie propagierte, wollte dem Neuen Menschen das Weltall in die Hand geben. »Es ist schon begonnen«, rief sie begeistert. »Der russische Satellit ist schon im Kosmos! Und glaube nicht den faulen Reaktionären, daß die Bolschewisten etwas gegen die Serben haben! Die Bolschewisten sind die besten Slawen der Welt! Am Satellit steht ja kyrillisch – merke: kyrillisch! – UdSSR geschrieben, und wir sollen stolz drauf sein! Wir werden übrigens die kleine alte Erde den Kapitalisten und dummen Reaktionären überlassen. Mögen sie dort einander fressen, weil sie sonst nichts anderes kennen! Wir aber werden neue Welten bewohnen, wo keine irdischen Gesetze gelten!« Es entflammte gewaltig meine Phantasie. Und ich sah mich, ein neuer Jason oder Sindbad der Seefahrer, an Bord des Raumschiffes »UdSSR«, das sich der Grenze des Weltalls nähert, erwartet von der strahlenden Versammlung der Olympischen Götter.

All das mag kindisch klingen. Doch als ich in die slawische Kultur tiefer eindrang, erkannte ich voller Überraschung diese Art Bolschewismus als Teilchen nur einer breiten geistigen Strömung, die ich »Chaotismus« nennen möchte, weil sie durch Beseitigung der Seinsgesetze, als dieser Welt selbst, die alte Herrschaft des heiligen Chaos herbeizuführen strebt.

Schon die frührussischen Christen interessierten sich in der Bibel fast ausschließlich für die Apokalypse; den Rest der Schrift hielten sie für überwunden, erwarteten den Dritten Bund des Heiligen Geistes. Hierher gehört der »Sophianismus«, der kolossale Versuch der eminentesten russischen Denker und Theologen, der christlichen Trinität »Sophia« beizugesellen, in der Tat die slawische Schicksalsgöttin. (Diese Form scheiterte freilich am heftigen Widerstand der byzantinischen Kirche: höchstwahrscheinlich eine der Ursachen der kommunistischen Revolution, gleichwie das Scheitern der normannischen Reformation eine wichtige Ursache der französischen Revolution wurde, die durch und durch protestantisch war – ihr Endeffekt die Angloamerikanisierung Frankreichs). Selbst einer der Bolschewistenführer, Pjatakow, den Stalin als »Trotzkisten« erschießen ließ, erklärte unumwunden, die Diktatur des Proletariats führe zur Ausbreitung des Möglichen bis an gigantische Ausmaße und verkleinere das Unmögliche »bis zu Null«. Auch Proudhon, seiner Rasse, seinem Weltgefühl nach sehr slawisch, darf hier nicht vergessen werden. Der französische Revolutionär nannte es das Schicksal der Erde, allmählich zu erkalten und zu sterben wie der Mond. Die Menschheit ende dann mit ihrem Planeten, gelinge es ihr nicht, sich zum Geist – Spiritualité, Conscience, Liberté – zu sublimieren.

Es sei mir erlaubt, noch einen Serben zu erwähnen, den deutsch schreibenden Russel-Freund B. Petronijević, unseren einzigen

Philosophen von Format; einen tollen mystischen Mathematiker – bei Slawen häufig, weil Mathematik Sprache des Chaos ist. Durch eine Reihe »hypermetaphysischer« Rechnungen kam er zu dem Schluß vom notwendigen Weltende: In der fernen Zukunft werde durch die »unsterblichen Monaden« die Vernichtung der Welt beschlossen und der dreidimensionale Kosmos wie ein Fächer zum eindimensionalen zusammenklappen. Und habe der Bolschewismus noch eine Zukunft, dann nur als »Chaotismus«, also ohne Marx, Lenin und Komintern-Pistoleros, aber mit uns-'ren braven apokalyptischen Mathematikern Proudhon, Pjatakow und nicht zuletzt mit Genossin Maria. Ich vermag mich dieser mir so sympathischen Bewegung gleichwohl nicht ganz anzuschließen. Nicht nur bin ich durch mein altbalkanisches, ostmediterranisches Bluterbteil zu stark an die Vergangenheit gebunden, ich glaube auch, daß man zu einer Neuordnung des Kosmos erst nach einer Neuordnung dieser Erde übergehen kann.

Die nächste Quelle meiner Grenzerfahrungen steht im Zeichen der vielleicht wichtigsten Sache eines Mannes, der Frage nach seinem Vater. Die Ehe meiner jungen Eltern, Studenten noch, zerbrach über dem Streit, ob ich geboren werden sollte. So kam ich im Hause meiner Großeltern zur Welt, denen meine Mutter mich überließ, während mein Vater mich vergaß. Aber da jedes Kind einen Vater haben muß, wählte ich mir einen, ohne daß ich und mein Wahlvater dies wußten. Das war mein Großonkel, der Bruder meiner Großmutter. Er hatte nur die Handwerkerschule hinter sich, war technisch sehr begabt und ein echter Sohn der Natur, deren Puls er förmlich fühlen konnte. Doch litt er auch an Engstirnigkeit und Besserwisserei und wollte immer über alle Welt zu Gericht sitzen. Um die Naturvernichtung der Genossen nicht sehen zu müssen, verließ er nach dem Zweiten Weltkrieg die Stadt und verbunkerte sich am Ufer der grünäugigen Sawe, indem er auf sirmischer Seite einen Bauernhof erstand, um völlig autark leben zu können. Und obschon er immer an und auf dem Wasser war, berührte er es nie: als ob er, nach Art antiker Mönche, sich auch dadurch von anderen isolieren und zugleich auszeichnen wollte. Er, der Sohn einer Bayerin und eines serbischen Kaufmanns und Freiwilliger in den Kriegen 1912–1918, war in dem letzten großen

Krieg ganz neutral. Früh verwitwet, verbrachte er die Katastrophe mit der Harmonika und in Gesellschaft von Wirtshaussängerinnen. Nun aber, in seiner Vereinsamung, wurde er zu einem systematischen Kritiker alles Kommunistischen. Er aß nur Erzeugnisse seiner Farm und erklärte viele Jahre vor Entstehung der ökologischen Bewegung, daß die Kommunisten nicht nur die Seele der Menschen, sondern auch die Erde vergiften. Jede medizinische Behandlung lehnte er ab: »Nur Gott und die Natur sind meine Ärzte. Die kommunistischen Ärzte in den Spitälern haben die Aufgabe, alte Leute umzubringen, damit der Staat an ihnen die Pensionen spart.«

Diese Denkweise führte ihn fast zwangsläufig zu einer Anbetung des schon längst begrabenen Nationalsozialismus. Eines Tages sagte er zu mir nachdenklich: »Weißt du, Hitler war der größte Staatsmann der Welt. Hätte er länger gelebt, so würde er das Faulenzen, den Diebstahl und die Hurerei ausgerottet haben«. – »Aber Opa, die Konzentrationslager?!« rief ich. »Ja, die Konzentrationslager waren vielleicht ein Fehler. Aber Hitler war der einzige Politiker, der ernsthaft die Bolschewisten bekämpfte, die das heilige Rußland, Mutter aller Slawen, unterjochten und verdarben, und die die ganze Menschheit zu einer kopflosen Masse machen wollen ...« Ich stritt mit ihm, bis er mit zitternder Stimme, einer Mischung aus Stolz, Verachtung und Mitleid sagte, ich sei auf der Universität mit dem Bazillus des Kommunismus verseucht worden und auf dem besten Weg, ein Idiot zu werden.

Unsere Beziehungen kühlten sich danach erheblich ab. Aber viel später, als ich einmal über das merkwürdige Gespräch nachdachte, entdeckte ich, daß er, wie im Schach, die richtige Kombination zwar gesehen, doch die Figuren für ihre Ausführung falsch aufgestellt hatte. Wie im Halbtraum sah ich die Legionen der schwarzen mit Haken und Kreuzen bewaffneten (Gegen-)Revoluzzer und die Legionen der roten mit Hämmern und Sicheln bewaffneten (Gegen-)Revoluzzer, die wider Protestantismus, Orthoxie, das unabhängige westliche Bürgertum sowie gegen das östliche Bauerntum, die Verkörperung der europäischen Freiheit, ins Feld ziehen. Preußen-Deutschland hat beide Kriege verloren, weil es die römisch-katholischen Scheinverbündeten, Österreich–

Ungarn, das faschistische Italien, nicht zuletzt den »Heiligen Vater« hatte. Die protestantische Weltmacht Preußen verschwand dabei völlig, aber den romhörigen Deutschen fehlte nichts: Bayern blieb Bayern, Österreich, dies Nest des Pankatholizismus, des Juden- sowie Slawenhasses, blieb Österreich, und Adenauer, der schon nach dem Ersten Weltkrieg die katholischen Rheinlande an Frankreich verkaufen wollte, bestieg den Thron der deutschen Kaiser. Armer Ranke, der glaubte, der römische Katholizismus habe nach dem Westfälischen Frieden auf seine Weltherrschafts-pläne verzichtet. Dummer Wilhelm II., der Bismarck stürzte, 1914 Polen befreien wollte und 1917 den Bolschewisten in Ruß-land zur Macht verhalf, worauf gerade die Polen, die Erzpapisten, und die Bolschewisten sein blühendes Königtum auffraßen.

Vielleicht fühle ich so viel Sympathie und Mitleid mit dem protestantischen Preußen, weil etwas ähnliches auch mit meinem orthodoxen Volk in Jugoslawien geschah. Voll von panslawischer Glut schufen die Serben 1981 Jugoslawien, ihr künftiges Unglück, da sie die gleichsprachigen Kroaten und Slowenen vor den völker-rechtlich begründeten Annexionen der Italiener verteidigten. Denn wir wollten auch mal ein Volk, ein Reich, ein Kaiser sein, ein Neu-Rußland, das bald im Bündnis mit Frankreich, Rumänien und der Tschechoslowakei auch Alt-Rußland vom Bolschewismus befreien sollte. Doch schon 1941 verübten unsere römisch-katho-lischen und mohammedanischen »Brüder«, gehetzt von Vatikan und Mekka, unterstützt von geprellten Italienern und wütenden Deutschen, an uns ein Genozid, das alle in einem halben Jahrtau-send an uns von den Türken begangenen Ausmordungen übertraf. 1945 veränderte sich die Situation insoweit, als die Führung der Firma für Vernichtung der Serben von römisch-katholischen und mohammedanischen Klerofaschisten auf römisch-katholische und mohammedanische Bolschewisten überging – und neuerdings nun von diesen auf römisch-katholische und mohammedanische Demokraten, deren Hauptkampfparole jetzt heißt, die Serben seien unverbesserliche Antidemokraten und Bolschewisten.

Wenngleich mein Großonkel von Grund auf Einzelgänger war, hatte er nichts gegen Besucher jeder Art. Zu ihm kamen obdach-lose, halbwilde Kinder und obdachlose Hunde, oft verkrüppelt, die er wie Menschen tröstete und die sein Hab und Gut blutrünstig hüteten. Und dann begann in seinem einsamen Haus auch die Elite der mystischsten Sekte der Welt, der Kartenspieler, ihre nächtlichen Geheimsitzungen zu halten. Man kannte die Leute nicht genau, es sickerte aber durch, daß seine Stammgäste auch Landgerichtspräsident und Bezirksleiter der Politischen Polizei waren. Und nun wurde am stillen, finsteren Strom und unter der Ikone des heiligen Erzengel Michael, des Patrons meines Großonkels, nicht nur um Geld gespielt, sondern ebenso um Häuser, Arbeitsplätze, gesellschaftliche Stellungen, Frauen. Und der Großonkel war wegen seiner Schweigsamkeit, Unbestechlichkeit und nicht zuletzt wegen seiner streitkolbenschweren Hand der ideale Pförtner der Spielhölle, ein wahrer Unterweltgott, ein Charon.

Eines Tages sagte meine Großmutter zu mir: »Ach, nimm den Antikommunismus meines Bruders nicht ernst. Um ihn wimmelt es jetzt von Vampiren schlimmster Art. Mein Vater dreht sich um im Grab!« Als ich Großonkel wieder besuchte, sah ich in seinem Haus und Hof viele kommunistische Bosse samt ihren Familien mit ihm scherzen, ihn bewundern. Manche installierten sogar ihre Campinghäuser und -flöße in seiner Nachbarschaft, um ihren neuen Götzen ständig vor Augen zu haben. Bald überschütteten sie ihn mit Geschenken. Und endlich bekam er auch eine kommunistische Pension. Die Erklärung, daß er vierzig Jahre lang als kommunaler Personenbeförderer am Fluß tätig war, wurde von so bedeutenden Genossen unterzeichnet, daß niemand fragen durfte, ob ein solcher Arbeitsplatz überhaupt bestand. Hat der alte verschlossene Mann dies Verhalten seiner ideologischen Todfeinde jemals zu ergründen versucht? Mir scheint jedenfalls, daß die überideologische, chaotische Logik des Satansspieles die Sekundärgegensätze überbrückte und die wahren Affinitäten zum Vorschein kommen ließ. Und vielleicht wurde eben dadurch meine Überzeugung gefestigt, daß Ideologien, Morallehren an sich, d. h. getrennt betrachtet von ihren Trägern, nichtig sind und daß die menschliche Person als solche, was auch die orthodoxe Theologie lehrt, die erhabenste Ikone Gottes, doch ebenfalls und mitunter zugleich sein schrecklichstes Zerrbild sein kann.

Mit meinem Großonkel verbindet mich auch unsere gemeinsame Liebe zu großen Gewässern. Zu Besuch bei ihm, konnte ich ungestört stundenlang auf den Strom starren, die Hieroglyphen von Wind und Sonne darauf lesen, während ich das gedämpfte Dröhnen der Schiffsmaschinen hörte, Musik der Vermählung von Elementen, und wünschte, selber zum Element zu werden. Auch in diesen Stimmungen war ich vom slawischen Geist überwältigt. Slawe heißt eigentlich Flußmann. Und für die Slawen ist der Fluß auch nächster Wohnort der Götter, größtes Symbol des Chaos. Das Rückgrat Serbiens, die Morave, bekam samt den Nebenflüssen ihren Namen nach Mora, Göttin des Schicksals und des Todes. Die südliche Hauptstadt der Slawen, Belgrad, Weißburg, trägt ihren Namen nach den von Wolken und Flußnebeln umhüllten Göttinnen, Feen, nach unserem Mythos auch Schwestern Jesu, die den Zusammenfluß von Save und Donau zum Ister bewohnten, weshalb sie eigentlich Feenburg heißt. Ich habe bisher keine Fee gesehen, doch ist mir ein Bild der Save und meines Großonkels wie eine Ikone im Gedächtnis geblieben.

Es war Ende Januar, ein sehr scharfer Winter, und als ich den Großonkel besuchte, lag da der fast ein Kilometer breite Strom zu einer riesigen Marmorschlange erstarrt, nur aus der Ferne von sirmischen Wäldern scheu beäugt. Alles war eisig weiß und blau, still wie in einem leeren Tempel. Doch hörte ich da einen Ton, ein einförmiges Klopfen, das mit jedem meiner Schritte stärker wurde, bis ich meinen Großonkel als Ursache erkannte. Er stand auf dem Eis, mit einem Schlegel und einer eisernen Stange in der Hand. Als er mich sah, erklärte er, Schweiß von der Stirn wischend: »Ich will einen Kanal durchschlagen, um mit dem Boot ans andere Ufer zu kommen.« Diese Sisyphusarbeit erlebte ich später ebenfalls als eine Art Transzendenz. Aber sie war nicht die slawische, zukunftsträchtige, welche die Macht der Mathematik über die Physik wiederherstellen will, sondern war prometheisch-germanischer, gegenwartsbezogener Art, die »dem Werden den Charakter des Seins einzuprägen« sucht. Und immer, wenn mir etwas schier Übermächtiges den Weg verstellt, erinnere ich mich an den alten orthodoxen Siegfried-Zarathustra, der den 940 Kilometer langen frostigen Lindwurm schlachtet.

Diese Mischung, dies Gegeneinanderprallen von Orthodoxie,

Heidentum, Chaotismus und heroischem Existenzialismus riß mich oft in einen Zustand metaphysischen Schwindels. Daß ich überhaupt ein inneres Gleichgewicht erlangte, danke ich meiner Großmutter, die ihr ganzes Leben lang mit Gott stritt, ein Leben fürwahr wie ein fortwährendes Golgatha. Tagsüber in ihrer Schneiderwerkstatt bei Schülerinnen und Arbeiterinnen, sich stets den Kopf zerbrechend, wie die Steuer zu zahlen sei, womit sie die Genossen zu ersticken suchten, hatte diese Freiheitliebende, Sophia war ihr Name, ihr einziges Vergnügen darin, daß sie nachts, wenn alle schliefen, Pflaumenschnaps nippen und russische Romane lesen konnte. Denn auch ihre Ehe war eine einzige Plage.

So entstand zwischen der verletzten, verlassenen Frau und dem ihr irgendwie ähnlichen Kind eine tiefe, aber sprachlose Zuneigung. Ich wurde zu ihrem Rechtsanwalt gegenüber der Familie, und ihre unaufdringliche Sorge folgte mir, solang sie lebte. Und diese Sorge war auf ihre Weise religiös, wenn auch ohne jede Transzendenz. Denn meine Großmutter muß gewußt haben, aus dem Kreis des Schicksals nicht ausbrechen zu können, eben weil sie als Frau Schicksal war, seine stärkste Hand. Gerade sie hat einmal an mein Lager, als ich etwa sechzehn war, ein schwarzes Buch gelegt: die Bibel, eine Ausgabe Stockholm 1945, die ich, immer neugieriger, zu durchblättern anfing. Die Bibel wurde für mich zu meinem Anker in den Wogen jeder Situation. Doch las ich sie, ohne dogmatisch eingeengt zu sein, so daß ich endlich zu einem freien Bibelgläubigen wurde. Schließlich fand ich alles, woran ich schon geglaubt hatte, in der Schrift bestätigt, vereinigt und versöhnt. Zuerst meinen Polytheismus. Begegnete ich doch nebst Jahwe dem El, der sogar am Anfang im Plural, als Elohim, sich offenbart. Und muß nicht das Gottesvolk neben Jahwe ebenso Azazel, dem Herrn des Niemandslands, opfern? Im Kampf Israels um sein Reich erkannte ich das Jahrhunderte währende Ringen meines Volkes mit dem römisch-katholischen Ungarn-Kroatien und der mohammedanischen Türkei. Und erst recht die archetypischen Gestalten! War nicht Prophet Elia ein wahrer Guerillero und existenzialistischer Privatrevolutionär ersten Ranges? Wird nicht das Duell Davids mit Goliath übertroffen durch das Heldentum des Ritters Miloš, der im Amselfeld 1389, am Veitstag, Tag des Wildes, des hyperboreischen Apollons, Murad I., den Herrscher aller Allah Ergebenen, getötet hat? Gleicht nicht dem Wort Jesu: »Aber nun, wer einen Beutel hat, der nehme ihn, desgleichen auch die Tasche, wer's nicht hat, verkaufe seinen Mantel und kaufe ein Schwert«, der Appell des Fürsten Lazar an seine Edelleute und Knechte, um des Reiches Gottes willen zu sterben im Kampf gegen die Horden Allahs? Das Reich Gottes, ist es nicht das Traumfeld des Chaos? Und der allmächtige Gott, hat Er, bzw. haben Sie, nicht nach der Schrift unzählige Söhne? Warum ist nur einer, vielleicht nur der adoptierte, sein einziger anerkannter Sohn? Und dazu der letzte? Ist nicht sein Sohn ebenso der Satan, Baum der Erkenntnis und zugleich die Schlange daran, und sogar sein Erstgeborener?

Karlheinz Deschner hat das monotheistische Pfaffentum angeklagt wegen dessen physischer Verbrechen. Ich klage es aber zusätzlich wegen seiner metaphysischen an, deren Folge die physischen sind und die beide weiterhin wechselweise aufeinander wirken; wegen der Enterbung der Götter bzw. der Gottessöhne sowie wegen des Versuchs, den Vater des Alls zu kastrieren.

ERNST REINHARD PIPER

Ich glaube an ein Leben vor dem Tod

Irgendwann ändert sich alles in der Welt.
Die Frage ist nur, wann.

Robert Havemann

Mein Beitrag in diesem Buch ist nur kurz. Und er enthält Selbstverständliches. Doch als Anwalt des Selbstverständlichen gerät man allzu leicht in die Rolle desjenigen, der in Auschwitz die Geltung des Gebotes »Du sollst nicht töten« einfordert.

Ich glaube an ein Leben vor dem Tod, ein Leben nicht gegen den Tod, doch auf das Gegenwärtige gerichtet. Die Religionen, die uns motivieren, unser einziges Leben gering zu achten und noch geringer das des Anders- oder Nichtgläubigen, sind unser größtes Verhältnis. Sie sind der Hauptgrund dafür, daß die Menschen auf dieser Welt nicht friedlich zusammenleben können. Der absolut gesetzliche Wahrheitsanspruch verhindert Koexistenz, Toleranz, Empathie. »Willst Du nicht mein Bruder sein, dann schlag ich Dir den Schädel ein.« Und die ins Jenseits eskamotierte Heilserwartung dient als Vorwand für die Duldung jedweden Unrechts. Es kommt aber im Gegenteil darauf an, daß der Mensch sich als Gestalter seines Lebens erkennt und begreift. Die Zukunft ist offen, es ist nicht vorherbestimmt, ob die in Europa stationierten Atomraketen abgeschossen oder verschrottet werden. Niemand kann uns die Entscheidung abnehmen, ob wir ein körperlich und seelisch gesundes Leben oder eines in Passivität und Frustration führen. Ein einfaches Beispiel: Menschen, die eine Psychotherapie absolviert haben, haben oft die gleichen Probleme wie die anderen, die diese Erfahrung nicht haben. Aber sie erleben ihre Existenz häufig dennoch als glückhafter, weil sie sich ihrem Schicksal nicht ausgeliefert fühlen. Natürlich gibt es ein richtiges Leben im Falschen.

Ich glaube, Vertrauen ist besser als Kontrolle. Der Wunsch zu kontrollieren, endet in der stalinistischen Paranoia. Perfekte Kontrolle ist ohnehin unmöglich, der Versuch, sie zu erreichen, führt in der letzten Konsequenz zur totalen Vernichtung. Was noch lebt, ist nicht endgültig unterworfen. Vertrauen in andere setzt aber voraus, daß wir uns selbst vertrauen, daß wir unser gewiß sind. Wer Vertrauen auch erwerben, wer glaubwürdig werden will, muß bereit sein, sich selbst in Frage zu stellen. Nur wer seiner gewiß ist, kann sich in Frage stellen. Dazu gehört auch, sich seiner eigenen Vergangenheit zu stellen, diese Konfrontation immer wieder auszuhalten. Nur wer sich der Vergangenheit stellt, kann die Zukunft gewinnen. Das gilt für einzelne wie für Gesellschaften.

Ich glaube, daß es vor allem darauf ankommt, den Kampf für mehr Gerechtigkeit und mehr Menschlichkeit nie aufzugeben, auch wenn von Anfang an klar ist, daß wir ihn noch nicht gewinnen werden. Und je schwächer einer ist, desto mehr sind wir verpflichtet, ihm gerecht zu werden.

Ich glaube, daß es keine Entschuldigung dafür gibt, das wenige, das wir tun können, nicht zu tun.

Es liegt an uns.

UTA RANKE-HEINEMANN

Die Lehre der Kirche und die Barmherzigkeit Gottes

Gleichsam als Checkliste für meinen Glauben habe ich einen Schulkatechismus aus den 50er Jahren durchgesehen. Er war nicht nur für die Schule gedacht, sondern sollte »ein Lebensbuch werden« und ein Wegweiser für die »ganze Lebenswanderschaft«. In diesem Katechismus ist also alles aufgeschrieben, was man als Katholik im Laufe des Lebens glauben soll. Es ist kein geringer Anspruch, mit dem der Katechismus vor die Leser tritt: Im Vorwort erklärt ein namentlich nicht genannter Schreiber, der sich als »euer Bischof« bezeichnet, er sei ein »Bischof, den Gott aufgestellt hat als Lehrer der himmlischen Wahrheit«, und »alle heiligen Lehren« seien in diesem Buch beisammen.

Eine der ersten Fragen des Katechismus ist grundsätzlicher Art: »Was müssen wir glauben?« Und die Antwort lautet: »Wir müssen alles glauben, was Gott geoffenbart hat.« Nun ist das inhaltlich keine sehr konkrete Antwort, und was mich außerdem an ihr stört, ist das Wort »müssen«, das auch schon in der Frage erscheint. Denn ich bin ganz freiwillig bereit, zu »glauben, was Gott geoffenbart hat« – falls Gott etwas geoffenbart hat. Auch die nächste Antwort finde ich nicht gut, denn auf die Frage: »Warum müssen wir die göttlichen Offenbarungen fest für wahr halten?«, lautet die Antwort: »Wir müssen die göttlichen Offenbarungen fest für wahr halten, weil Gott nicht irren und nicht lügen kann.« Ja, bedeutet das denn, daß Gott, wenn er lügen *könnte*, möglicherweise auch lügen *würde*? Ich brauche solche Spekulationen nicht, um Gott zu glauben, daß er kein Lügner ist.

Auf die Frage, wie uns die göttlichen Offenbarungen zuteil werden, erhalten wir die Antwort: »Was Gott geoffenbart hat, lehrt uns die katholische Kirche.« Schade, daß wir so mit Gott nur noch indirekt zu tun haben, was seine Offenbarungen betrifft, direkt haben wir es da nur noch mit der Kirche zu tun. Wir erhalten die Offenbarung nur aus zweiter Hand, lediglich die Kirche erhält sie aus erster. Die Frage, warum wir denn der Kirche

215

glauben sollen oder müssen, um in der Zwangssprache des Katechismus zu bleiben, bleibt ungestellt. Die Antwort, daß die Kirche nicht irren und nicht lügen kann, würde nicht angehen, denn sie hat zu oft in der Geschichte bewiesen, daß sie beides sehr wohl kann. So bleibe ich denn mit meiner Frage, warum ich denn der Kirche glauben »muß«, allein.

Wenn ich von der Kirche übernehmen würde, was diese auf Grund von (für mich nicht nachprüfbaren) Offenbarungen über Gott behauptet, würde mich dieses ihr Gottesbild nicht froh machen. Denn dieser Gott ist ein zu strenger Gott. »Die Stammeltern übertraten das Gebot Gottes«, ist da zu lesen. »Sie hörten auf, Kinder Gottes zu sein, ... wurden aus dem Paradies verstoßen, mußten vieles leiden und endlich sterben.« Wenn die ersten Menschen aufgehört hatten, Kinder Gottes zu sein, so hätte Gott demnach aufgehört, ihr Vater zu sein. Ich kann das nicht gut glauben und frage mich, ob sich die Kirche hier nicht irrt.

Nach der Lehre der Kirche läßt Gott die Menschen auch weiterhin absichtlich leiden. »Wozu läßt Gott Leiden kommen?« fragt die Kirche, und sie weiß auch die Antwort: »Gott läßt Leiden kommen, damit wir für unsere Sünden Buße tun und himmlischen Lohn erwerben.« Es gibt nun zwei Möglichkeiten. Erste Möglichkeit: Wenn viele Menschen vieles Schlimme leiden mußten, dann war das Gottes heiliger und weiser Wille zum Besten der armen Gepeinigten und Gequälten, da sie auf diese Weise himmlischen Lohn erlangten. Dann bedeutet das, daß uns das Leiden von Menschen in einem ganz falschen Licht erschien, wenn wir es bisher nicht von der göttlichen Offenbarung bzw. deren kirchlicher Vermittlung erleuchtet, sondern mit den letztlich blinden Augen unseres einfältigen Mitleids sahen. Und unsere Trauer über das Leid der Welt war vielleicht bloßer Unglaube. Oder aber – und das ist die andere Möglichkeit: die Kirche hat auch hier alles falsch verstanden.

Es ist kein Wunder, daß dieser harte Strafer- und Leidenlassergott auch einen Teil der Engel in die Hölle verstieß, weil auch sie gesündigt hatten. »Die verstoßenen Engel sind ganz böse und unglücklich geworden ... Sie werden böse Geister oder Teufel genannt.« Erstaunlich ist das nicht, daß Engel in der Hölle »ganz unglücklich« werden. Und daß sie darum böse werden, auch nicht. Vielleicht könnte Gott, der ja auch der Vater der armen Teufel ist, bewirken, daß diese seine unglücklichen Kinder wieder glücklich würden, gewiß wären sie dann auch nicht mehr so böse.

Denn mit der Menschheit hatte Gott ja auch Erbarmen, wie mich der Katechismus weiter belehrt. Allerdings war dieses Katechismuserbarmen ein ziemlich erbarmungsloses Erbarmen, denn von Tod und Hinrichtung ließ Gott nicht ab. Es war sogar sein eigener Sohn, der geopfert werden mußte. Mit diesem seinem Opfertod hat der Sohn »dem himmlischen Vater die höchste Genugtuung geleistet« und uns damit »das Anrecht auf den Himmel verdient«. Ich für mich allerdings glaube, daß ich ein solches Anrecht, für das ein Mensch auf so schreckliche Weise sterben mußte, nicht möchte. Es klebt zuviel menschliches Blut an solcher Eintrittskarte.

Ich weiß: Wenn ich vor meinem durch die Hinrichtung eines Menschen erkauften »Anrecht auf den Himmel« zurückschrecke und es ablehne, steht auch mir laut Katechismus ein schreckliches Schicksal bevor. Denn zu Straflosigkeit reicht Gottes Erbarmen nicht aus. Dieses Strafschicksal erfolgt im ewigen Leben. Das ewige Leben besteht nämlich aus zwei Abteilungen, 1. dem Himmel und 2. der Hölle. »In die Hölle kommen alle, die im Zustande der Todsünde gestorben sind.« Mein Zustand der Ablehnung meines durch Henkershände bewirkten »Anrechts«, meiner »Erlösung«, ist gewiß auch ein solcher Zustand. Was erwartet mich also? Der Katechismus klärt mich auf: »Die Verdammten der Hölle leiden mehr, als ein Mensch sagen kann.« Einiges allerdings kann der Katechismus mir doch schon verraten: »Sie leiden Qualen des Feuers ... und wohnen in der Gesellschaft der Teufel«, und das, da es sich um ein »ewiges Leben« handelt, auf ewig.

Am Ende meines Katechismus-Checks bin ich meines Unglaubens überführt. Und ich bin auch geständig: Ich glaube von den genannten Lehren des Katechismus und des »Euer-Bischof« und der Kirche so gut wie nichts. Ich bin noch nicht einmal traurig darüber, daß ich das alles nicht glauben kann. Ich glaube vielmehr das genaue Gegenteil: Ich glaube an einen Gott, der keine Menschen aus keinen Paradiesen vertreibt und keine Menschen leiden läßt und keine durch Blut erlöst, der keine Menschen zum Tode verurteilt und keine in eine ewige Hölle verdammt. Ich glaube an einen Gott, der nicht Leiden zufügt, sondern Leiden fortnimmt, an einen, der nicht quält, um dann zu belohnen, vielmehr an einen, der in jedem Leid und in jeder Trauer mitleidend und mittrauernd nahe ist, an einen, der mit allen Weinenden in der Welt weint.

Ich glaube an die Barmherzigkeit Gottes.

JAN PHILIPP REEMTSMA

Ich »glaube« nicht

>»I don't believe in Beatles«
>*John Lennon*

Klänge doch die Frage nicht so sehr nach dem Ende einer Debatte mit einem Religiösen, der als letztes Substitut eines Argumentes nur noch anzubringen weiß: »Und woran glauben *Sie*?!« Doch muß ich das Lamento gleich zurücknehmen, denn es ist wohl gar nicht möglich, diese Frage ganz aus religiösem Kontext zu lösen. Es läßt sich kein Synonym zu ihr bilden. Ich kann das Wort »glauben« in ihr nicht durch andere Wörter ersetzen – sie ergäbe, so allgemein gestellt, keinen Sinn mehr. Ich bin mit ihr eben nicht nach alldem gefragt, was ich nicht weiß, aber für wahrscheinlich halte. Ich bin mit ihr nicht nach meinem Verhältnis zu den Tatsachen gefragt. Ich bin auch nicht nach Antworten gefragt dieses Typs: »Ich glaube, daß Menschen sich nach Möglichkeit nicht gegenseitig umbringen sollten.« Ich bin mit ihr also auch nicht nach meinen Wertvorstellungen oder moralischen Maßstäben gefragt. Sondern – vorausgesetzt mein Sprachgefühl trügt mich nicht – die Frage fragt danach, ob ich an »das Gute im Menschen«, den »Fortschritt in der Geschichte« oder »die Unabhängigkeit des moralisch Guten von menschlichen Setzungen« oder etwas Ähnliches »glaube«. D. h. mit der Frage nach dem »Glauben« ist nach meinem Verhältnis zu irgendeiner Wesenheit gefragt, die es unabhängig von mir wirklich »gibt« und ebenso unerweislich ist wie von Belang. Und hier muß ich passen: an derlei glaube ich nicht.

Meine Ansicht, es sei zweckmäßig, das Fragen nach solchen Wesenheiten immer ein religiöses oder religiös motiviertes zu nennen, muß man nicht teilen. Wesentlicher als eine solche Benennungsfrage scheint mir die nach dem eine positive Auskunft auf diese Frage begleitenden Gefühl zu sein. Ich denke, daß auch jemand, der von sich nicht behaupten würde, er sei religiös, die Frage aber beantwortete: »*Ich* glaube an ...« doch wohl zugeben würde, daß das durch die Beantwortung der Frage ausgelöste (oder das sie begleitende) Gefühl wenigstens ähnlich dem Gefühl sei, das der Religiöse hat, wenn er sagt, er glaube an einen gütigen Gott, ein Leben nach dem Tode oder eine Harmonie der Sphären. Es hat etwas zu tun mit Sicherheit, Geborgenheit, Zugehörigkeit zu oder Aufgehen in einem Großen-Ganzen. Ohne dies Gefühl im einzelnen beschreiben zu wollen, steht sicherlich außer Zweifel, daß es angenehm ist – der historische Triumph der Glaubenssysteme wäre sonst ein zu absonderliches Faktum. Eine Analyse des Gefühls, könnte seine Abkunft beschreiben und die Motive, es sich erhalten zu wollen, und diese Analyse liegt in Grundzügen seit 1929 vor. Aber danach ist nicht gefragt, sondern ich bin gefragt: »Woran glauben Sie?« - und ich formuliere die Frage, damit sie für mich beantwortbar wird, um in: »Bei welchen Gedanken, Vorstellungen etc. stellt sich mir ein solches Gefühl ein?« Auch hier passe ich: ich habe keine Gedanken, Vorstellungen etc., die ein solches Gefühl in mir hervorriefen.

Das heißt nicht, daß ich es nicht kennte. Als Kind habe ich an einen guten Gott und ein Leben nach dem Tode und so weiter geglaubt, und was den Abschied von religiösen Vorstellungen allgemein schwierig macht, die Trennung von den damit verbundenen Gefühlen, war auch für mich eine zunächst schmerzliche Angelegenheit. Denn wie gut es sich auch ohne solche Vorstellungen und Gefühle leben läßt, weiß man ja erst hinterher. Mir war zum Beispiel die Vorstellung eines Jenseits, das die Leiden dieser Welt kompensiere, so angenehm, daß ich das Angenehme dieses Gedankens als Argument für seinen Wirklichkeitsgehalt genommen habe. Das Gegenargument Bertrand Russels: ob denn, wer eine Kiste Apfelsinen gekauft habe und finde die erste Lage verfault, rechtens annehmen könne, die zweite müsse zum Ausgleich desto besser sein? hat mir die Vorstellung wie das sie begleitende Gefühl abhanden kommen lassen. Doch hat mir diese Erfahrung – nämlich: dem besseren Argument gefolgt zu sein – eine Zeitlang ein Substitut beschert – ich will es in den Worten aus Bertolt Brechts »Leben des Galilei« zitieren: »Ja, ich glaube an die sanfte Gewalt der Vernunft über die Menschen. Sie können ihr auf die Dauer nicht widerstehen. Kein Mensch kann lange zusehen, wie ich einen Stein fallen lasse und dazu sage: er fällt nicht. Dazu ist kein Mensch imstande. Die Verführung, die von einem Beweis ausgeht, ist zu groß. Ihr erliegen die meisten, auf die Dauer alle.«

Das, bin ich versucht zu sagen, würde ich gerne glauben. Aber es stimmt nicht. Es stimmt nicht, daß »die« Menschen auf die Dauer der Vernunft nicht widerstehen können; es stimmt nicht, daß kein Mensch lange zusehen kann, wie jemand einen Stein fallen läßt und dazu sagt: er fällt nicht. Es stimmt nicht – es stimmt *leider* nicht: die Fähigkeit unendlich vieler Menschen, gegen das bessere Argument, gegen das Zeugnis ihrer Sinne zu handeln, ist erstaunlich ausgeprägt. Zwar hätte ich gern gute Gründe, die Ansicht des Brecht/Galilei für wahr zu halten, doch ich habe sie nicht. Es wäre schön, wenn es wahr wäre, aber es ist nicht wahr. Und darum stimmte es nicht, sagte ich, ich würde das gerne »glauben«. Ich kann mir nunmal nicht wünschen, wider besseres Wissen etwas für wahr zu halten. Und auch im Sinne des »credo quia absurdum« kann ich's nicht. – Ich würde übrigens auch nicht die Frage, ob ich denn glaubte, illusionslos oder glaubenslos glücklicher zu sein, mit »Ja« beantworten. Denn wenn ich auch keinen Grund zu der Annahme habe, einer, der nichts »glaubt«, sei fraglos »unglücklicher« als einer von der gläubigen Sorte, so weiß ich doch, daß es eine Reihe von Glückserlebnissen gibt, die nur dem zuteil werden, der »an etwas glaubt«. Nur muß man auf sie eben verzichten, wie man auf vieles verzichten muß, wenn man erwachsen wird.

Ich sehe mich also nicht im Stande, die Frage zu beantworten. Ich kann das gläubige Gefühl in mir nicht mehr entdecken. Darüber sei kein Streit mit denen, die es pflegen. Ich möchte sie nur bitten, in meiner Gegenwart nicht darauf zu sprechen zu kommen. Denn – es sei mir zum Schluß diese Bemerkung gestattet – das würde mir doch in den Sinn rufen, daß die allem Glaubensbedürfnis zugrunde liegende Infantilität furchtbarste Massaker nebst der sie begleitenden Unschuldsmiene hervorgebracht hat. Der Mensch ist gefährlich, wo er glaubt. Oder er ist, wie auch die

Erfahrung lehrt, betulich oder pompös. In jedem Falle bitte ich um Distanz. Glaubensbedürfnisse werden, wenn möglich, in meiner Nähe nicht verrichtet.

Mit Vernunft gegen Technokraten und Mythokraten

Die Antwort der Aufklärung, die Antwort Kants strahlt auch heute noch unverändert: es ist die Vernunft, die sich vor neuen Herausforderungen immer neu zu bewähren hat. Denn die Normen des Handelns sind von Menschen gemacht und können von Menschen verändert werden. Deshalb sind die Menschen auch für sie verantwortlich. Der Mensch ist ein Kind der Natur, aber er verfügt über die Werkzeuge, seinen Kosmos zu schaffen. Wohl können wir nicht so handeln, als gäbe es keine Schwerkraft oder die Erde stünde im Zentrum des Universums. Wir können auch nicht handeln, als ließe sich die Welt der von uns selbst geschaffenen Tatsachen übergehen. Aber wir sind frei, ob wir diese Welt hinnehmen oder sie verändern wollen. Andere Wahrheiten als die unsere sind uns dabei unzugänglich. Immer ist es seine Moral, die der Mensch setzt. Ihm ist die Verantwortung für unsere Welt auferlegt, niemandem sonst.

Separe aude! – die Maxime der Aufklärung verweist den Menschen auf seine Fähigkeit, die Benutzung seines Verstandes zu wagen. Viele haben dies als dürren Rationalismus kritisiert, als einen menschenfremden Glauben an unsere Fähigkeit, alle natürlichen Regungen, die nicht dem Verstand entspringen, zu unterdrücken. Der homo oeconimicus erscheint dieser Kritik als Ungeheuer, das Machtmittel ansammelt, deren Wirkung ihn in seiner Ahnungslosigkeit nicht interessiert oder nicht interessieren kann, weil er nur seine materialistische Gier befriedigen will.

Aber die Philosophie der Aufklärung anerkennt gerade jenen anderen Teil der menschlichen Persönlichkeit, der nicht reiner Verstand ist. Sie macht uns klar, daß wir mit Hilfe des Verstandes unsere Instinkte, Gefühle und Leidenschaften erkennen können. Sie leugnet nicht, daß der Mensch zu schöpferischen Leistungen imstande ist, die aus den irrationalen Quellen der Vorstellungskraft entspringen. Aber sie stößt uns auch vor die Gewißheit, daß allein unsere Vernunft, unser Gefühl für die Wahrheit und Wahrhaftigkeit, Schönheit und Gerechtigkeit, für Freiheit und Würde dem Verstand Maßstäbe für gut oder schlecht, für falsch oder richtig geben vermag.

Aber wir müssen die Folgen unseres Tuns mitdenken. Dies verlangt uns keine unerfüllbaren Prognosekünste ab, wohl aber, unser Denken nur dann für verantwortlich zu halten, wenn es offen bleibt für jegliche kritische Überprüfung. Und für unser Handeln gebietet es, die erforderlichen institutionellen Vorkehrungen zu treffen, damit der Schaden, der aus Ausbrüchen des Irrationalen erwächst, möglichst gering gehalten werden kann. Nur so können wir uns dazu bringen, die destruktiven Züge unserer Natur zu beherrschen. Diese Einheit von Denken und Handeln ist die permanente Machtprobe für unsere geistige und moralische Existenz. Das meine ich, wenn ich von Vernunft, wenn ich von Geist rede.

Unsere Pflicht ist die Behauptung der Vernunft gegen Technokraten wie gegen Mythokraten, jene beiden Extreme, zwischen denen die heutige Welt – und auch die Unternehmungen – bis ins letzte aufgeteilt, bis in den letzten Winkel von den schrecklichen Folgen derart geleiteten Denken und Handelns vergiftet und zerfressen wären, hätten Menschen nicht die Fähigkeit, dagegen den Geist der Aufklärung einzusetzen.

ADOLF MARTIN RITTER

Nichts ist so wichtig wie Dienst, Opfer, Hingabe

Woran ich glaube, diese Frage will ich – Glaubenswissenschaftler, (vor allem historisch arbeitender) Theologe von Beruf – in drei Annäherungen zu beantworten versuchen:

1. Befragt man die Geschichte, z. B. die Geschichte »meiner« inzwischen mehr als 600jährigen (Heidelberger) Heimatuniversität, so kommen tiefgreifende Wandlungen zu Bewußtsein. In dem klugen Buch meines (neutestamentlichen Fakultäts-)Kollegen Gerd Theißen »Biblischer Glaube in evolutionärer Sicht« (München 1984) wird hierfür folgendes treffende Bild gebraucht: »Einst war die Religion Regierungspartei, die Wissenschaft Opposition. Als Oppositionspartei diente sie (sc. die Wissenschaft) einem selbstbewußt werdenden Bürgertum, sich von den Mächten der Vergangenheit (einschließlich der Religion) zu empanzipieren. Sie brachte die Verheißung eines besseren Lebens. Der schon lange regierenden Religion wurden dagegen alle Übel der Vergangenheit zugerechnet. Inzwischen wurde die Wissenschaft Regierungspartei. Von ihr geschaffene Technik und Verwaltungsapparate regieren unser Leben von der Geburt bis zum Grab. Nun geht es der Wissenschaft wie jeder langjährigen Regierungspartei: Sie wird für alle Übel verantwortlich gemacht ... Die Wissenschaft muß heute in einer Öffentlichkeit um Anerkennung werben, die dazu neigt, sich von den Grundlagen ihrer eigenen Kultur emotional zu distanzieren – von Wissenschaft, Technik, Wirtschaft und rationeller Verwaltung.« Wie könnte angesichts dessen die Religion, die im allgemeinen akzeptiert hat, daß sie von der Regierungs- auf die Oppositionsbank wechselte, reagieren? Sie könnte zum einen in Anbetracht der Zunahme neuer irrationaler Strömungen eine »große Koalition« mit der wissenschaftlich verwalteten Welt eingehen und sich dabei als traditionell bewährte Form anbieten, Irrationalität zu domestizieren. Sie könnte sich zum anderen »an die Spitze der Oppositonsbewegung gegen die wissenschaftlich verwaltete Welt setzen und die modische Kritik an Wissenschaft

und Technik anführen. Anstelle einer ›großen Koalition‹ hätten wir dann eine außerparlamentarische Opposition, die sich darauf berufen könnte, daß sich aus ihren Quellen immer schon der Aufstand der Phantasie, der Sensibilität und Irrationalität gegen die rational verwaltete Welt genährt hat.« Mit Gerd Theißen möchte ich indes für einen »dritten Weg« plädieren: Religion sollte in der wissenschaftlich verwalteten, in unserer heutigen Welt »die konstruktive Opposition einer kognitiven Minderheit sein, die sich ihrer Mitverantwortung bewußt ist, auch wenn sie nicht in der Regierung sitzt« (a.a.O., 15 f.).

2. Nun, da wir längst in ein Zeitalter eingetreten sind – ich halte es nach wie vor überwiegend für richtig, von einer Zeit der »zweiten Aufklärung« zu sprechen –, in welchem Kirche als »Institution« wohl nirgends mehr als eine »dogmatische Macht« einen lebens- und meinungsregulierenden Führungsanspruch wird durchsetzen oder sich als »sakrale Macht« im Gegenüber zur »profanen« Gesellschaft wird behaupten, ja, in welchem sogar fraglich ist, ob sie als »paradigmatische Macht« die Gesellschaft wird reformieren und als ganze, eben als »Institution«, etwas wird leisten können, was die Gesellschaft nicht zu leisten imstande ist, nun ist es an der Zeit, sich eines Sachverhaltes zu erinnern, den einer an der Schwelle zum voraufgegangenen »konstantinischen«, staatskirchlichen Zeitalter so formuliert hat: »Die Religion ist's, in der die Freiheit ihre Burg hat«, sie »allein« (Laktanz, Epit 49,1.2: rec S. Brandt, CSEL 19, 727 f.). Damit ist angedeutet, welch gewaltige Herausforderungen gerade auch auf die christlichen Kirchen in Mittel-, Ost- und Südosteuropa, in Ländern mit einer stark christlich geprägten Vergangenheit, zukommen. Sie werden – genau so wie die Kirchen hierzulande – diese Herausforderungen nur dann halbwegs bestehen, wenn sie sich selbstkritisch auch mit den Hypotheken der eigenen Vergangenheit auseinandersetzen, den zahllosen Opfern von »Gottesvergiftung« und Meinungsterror unter »christlichem« Vorzeichen ins Angesicht zu schauen wagen und Denkbuße tun! Zumal in den Jahrhunderten des Staatskirchentums ist den Dissidenten seitens der »im Regimente sitzenden« Kirchen so viel Unrecht widerfahren, daß ihr Guthaben noch bei weitem nicht aufgebraucht ist. Auf diesem Hinter-

grund gesehen besteht also für Theologie und Kirche gar kein Anlaß, darüber zu lamentieren, daß auch hierzulande den Christen der Wind ins Gesicht bläst, daß ihr Tun und Lassen in Geschichte und Gegenwart eine zunehmend *kritische* Aufmerksamkeit findet. Eher als zu Selbstmitleid müßte dies zu kritischer Selbstprüfung dienen. Weicht man ihr nicht aus, sondern nimmt die Ideologiekritik, Religionskritik, Kirchenkritik als Herausforderung an, dann – und nur dann – könnte es gerade als ein Zeichen von Respekt empfunden werden, wenn der Kritik die nötige Kritik nicht vorenthalten, sondern sie zurückgewiesen wird, wo immer sie unberechtigt ist.

3. Es lohne sich nicht mehr, schrieb 1987 Johannes Groß in einem seither (besonders in protestantischen Kirchenkreisen) vielzitierten Artikel in der FAZ, das Schicksal des deutschen Protestantismus zu verfolgen. Vierhundert Jahre einer glorreichen Geschichte gingen zu Ende. Was in hundert Jahren in Europa noch an Volkskirche bestehe, werde katholisch sein. Mag sein, daß er recht hat. Aber wenn ich mir überlege, was dem Dritten im europäischen Bunde, nämlich der orthodoxen Kirche (die sich selbst in der Bundesrepublik zur drittgrößten Konfessionskirche entwickelt hat), im Hinblick auf die noch fast ganz unterbliebene Auseinandersetzung mit der Aufklärung und dem Säkularismus an Erschütterungen bevorsteht und wie sehr in der katholischen Kirche unter dem gegenwärtigen Papst Pluralismus und Gewissensfreiheit von neuem einen sehr schweren Stand haben, dann regen sich in mir gelinde Zweifel. Die entscheidenden Probleme sind m. E. schon längst nicht mehr konfessionsspezifischer Natur; entsprechendes wird dann auch von den entscheidenden Aufgaben gelten. »Die Religion ist's, in der die Freiheit ihre Burg hat.« Das glaubhaft zu machen, ohne alle Absolutheits- oder Alleinvertretungsansprüche, stünde allen Kirchen gut an und wäre wohl ihr wichtigster Beitrag: die Freiheit von dem Zwang, das Leben aus den eigenen Gaben und Fähigkeiten, der eigenen Tüchtigkeit und dem eigenen Erfolg zu definieren oder aber aus dem gesellschaftlichen Ansehen zu leben, das einer genießt; die Freiheit dazu, die eigenen Gaben und Möglichkeiten unverkrampft einzusetzen und mit dem anderen abseits von allem Buhlen um immer erneute

Bestätigung umzugehen, *weil* der Glaube die Frage nach dem Sinn und Wert des eigenen Lebens anderweitig beantwortet weiß.

Was immer morgen sein wird: für heute scheint mir, wenn anders ich die »Zeichen der Zeit« in den letzten Monaten und Wochen richtig verstanden habe, zu gelten, daß nichts so wichtig ist wie Dienst, Opfer, Hingabe. Sehe ein jeder, wie und woher er die Kraft dazu finde. Ich für meinen Teil halte es heute (und wohl auch morgen) gern mit der »guten Botschaft«, daß ich mich darum – nicht *sorgen* muß (1. Petrus 5, 7).

PETER ROOS

GLAUBErsalz und Schokolade oder
Woran ich glaube

39 Bekenntnisse zu meinem Religionshaushalt

1

Glauben ist eine Sache von Na_2SO_4.

2

Ich glaube nur an die verdauungsfördernde Wirkung von Glaubersalz. Alles andere ist Hokospokus.

3

Ich glaube an das Böse, weil ich weiß, daß es sich durchsetzt.

4

Ich glaube an alles, was schön ist. Vom Kuß angefangen bis zum Walnußeis, die schönen Frauen in den Bildern von Brynolf Wennerberg nicht zu vergessen.

5

Ich glaube an mich, wenigstens manchmal. Denn auf mich ist Verlaß, wenigstens meistens.

6

An Gott habe ich einmal geglaubt. Aber das ist sicher 20 Jahre her.

7

Ich würde gerne an so etwas wie *Freundschaft* glauben. Das schließt den Glauben an Liebe aus. Aber welch eine wackelichte Angelegenheit ist die F.

8
Am liebsten glaub' ich nichts.

9
Aberglaube – Badehaube. Gespensterglaube – Gartenlaube. Irrglaube – Nachthaube. Kinderglaube – Kühlerhaube. Unglaube – Lachtaube. Volksglaube – Trockenhaube. Wunderglaube – Steuerschraube.

10
GLAUBE im theologischen Verständnis ist die personelle Fundamentaloption, in der der Mensch, in der Gnade und im Vertrauen auf die in Jesus Christus wirksame Macht Gottes, auf das Heilsgeschehen der Offenbarung im Konsens mit der Kirche im Bekenntnis antwortet.

Nee!

Im Gegensatz zu den umgangssprachlichen Bedeutungen (glauben = meinen, vermuten, der begründeten Überzeugung sein, einer Autorität zustimmen, aufgrund von Wahrscheinlichkeit Vertrauen schenken) ist G. theologisch eine auf innerer Sicherheit beruhende absolute Zustimmung.

Iss nich!

Soweit die Wasserstandsmeldung aus dem *»Lexikon der katholischen Dogmatik«, Seite 193, erschienen im Herder-Verlag zu Freiburg im Breisgau, Anno 1987.*

Zurück zu den Fakten! Zurück zu Na_2SO_4.

11
Da Wasser leicht resorbiert wird, eignet es sich nicht als Abführmittel. Setzt man ihm aber schwer resorbierbare Salze zu, wird entsprechend dem osmotischen Druck dieser Salze bei der Einnahme von normotonen Lösungen die Reportion von Wasser aus dem Darm verringert, von hypertonen Lösungen Wasser in das Darmlumen abgegeben und dadurch die Entleerung reichlicher Kotmengen erreicht. Der Wirkungseintritt hängt von der Menge und der Konzentration der Salzlösung ab: Bei hypertonen Lösun-

gen dauert es verhältnismäßig lange, bis so viel Wasser in das Darmlumen abgegeben ist, daß die Entleerung des Darms beginnt; im allgemeinen rechnet man mit 10–12 Stunden. Bei normo- oder hypotonen Lösungen setzt die Wirkung schon nach 1–2 Stunden ein. Zu diesen osmotisch wirkenden, salinischen Abführmitteln gehört das Natriumsulfat Na_2SO_4, genannt »Glaubersalz«, an das ich glaube.

12
Glauben, rauben, saugen, schnauben, schrauben.

13
Ich glaube an die Sprache. Ich bin ein Wortklauber.

14
Ich bin abergläubisch.

15
Der Glaube ist blind. Der Glaube ist fest. Der Glaube ist unerschütterlich. Tief, streng, stark, fanatisch, irrig ist der Glaube. Christlich ist er sowieso. Daran wird er glauben müssen.

16
Wer's glaubt, wird selig.

17
Daran habe ich geglaubt. An Gott. Als ich 15 war. Zu Zeiten meiner Konfirmation. Ich war überzeugt, daß es da etwas gäbe. Dieses Etwas hatte für mich, als ich noch jünger war, die Gestalt eines Großvaters. Meine leiblichen Opas habe ich nie kennenlernen können. Gott war sehr alt, hatte schlohweißes Haar, einen wallenden Bart; er war ziemlich korpulent und saß auf einem Thron. In einer Hand hatte er eine Art Reichsapfel wie der Deutsche Kaiser auf einem Bild in einem Buch, das mir mein Vater gezeigt hatte. Mit der anderen Hand strich er, der liebe Gott, Kindern übers Haar, wenn sie lieb gewesen sind. Da Kinder jedoch meistens böse oder ungezogen sind, hatte der liebe Gott,

der im Falle kindlicher Bösheit oder Ungezogenheit zum bösen lieben Gott wurde, – hatte er ein Bündel Blitze in der Hand, die er zur Erde hinunter schleuderte, Donner, Sturm, Hagel hinterher. Plötzlich krachte es über meinem bösen Kinder-Bett, ich schwitzte und weinte, schrie und flehte: betete. Trotzdem ließ das Gewitter nicht nach, eine Bäuerin wurde auf dem Feld vom Blitz erschlagen, eine Scheune ging in Flammen auf, der Bach trat über die Ufer. Und wie viele Kindergottesdienste würde es wieder brauchen, den zürnenden Gott, der in Vater einen legitimen Stellvertreter auf Erden hatte, wieder zu versöhnen.

18
Gott war immer der Gläubiger der Gläubigen. Gott war immer zu einer Schuldforderung berechtigt. Die Gläubigen hatten ihren Gott-Gläubiger immer zu befriedigen und abzufinden. Falls sie versuchten, den Gläubiger hinzuhalten, gab's wieder ein Gewitter, Gott ließ den Donner grollen, und niemand wußte, was sich auf der Kirchen- und Glaubens-Bank an Schuld wieder angesammelt hatte.

19
Auf Treu und Glauben.

20
Im guten Glauben.

21
Glaubhaft bedeutet einleuchtend, plausibel, überzeugend.

22
Glaubrecht war der Name für getaufte Juden. Bleibtreu – dem neuen Glauben.

23
Nix und niemandem glauben, denn um ihn sind Kriege geführt worden. Sie werden Glaubenskriege genannt.

24
Friedenstaubenglaube.

25
Was von meinem Gottglauben übrig geblieben, das ist das mittlerweile ganz und gar verweltlichte Interesse für seinen architektonischen Ausdruck: Kirchen und Klöster, alles, was schön und harmonisch gestaltet, den Blick verwöhnt, Ruhe spendet und auch gönnt. Jedes Kirchlein ist die Erinnerung an meine eigene Glaubensseeligkeit; jedes Wegkreuz stützt das Wissen um geschichtliche Gläubigkeit, um die Sehnsucht der Menschen nach dem unfaßbar Greifbaren, diese himmelschreiende Sehnsucht, die den Übermut schuf, das Dehnen und Strecken hin zu Gott, als sei Gott erreichbar.

26
Kloster Irsee. Basilica San Francesco in Siena. Die Jakobs-Wehrkirche in Urphar.

27
Natürlich gibt es Gott. Wenn. Wenn das Wort als Sammelbegriff benutzt würde für Liebe, Literatur, Auto, Macht, Kunst, Krieg, Politik, für alles, was liebenswert ist, für all das, was der Mensch hassen kann, darf, soll. Alles Institutionelle, was seelische und ökonomische Glaubens-Energie bündelt, ist Wirtschaft, ist Geschäft und Sekte.

28
Am liebsten ist mir Gott-Glaube als Sammelname dann, wenn die Glaubensziele Kosenamen haben: Ruhe, Schmusen, Zärtlichkeit; sich weg-geben können im Beisichbleiben; genommen und angenommen werden, akzeptiert, um seiner selbst willen, ohne Zweck.

Nummer Null
Es gibt nur eine Göttin, an die ich glauben kann, und die heißt Zärtlichkeit.

29

Im besonders starken Moment sage ich: Ich glaub an Nichts. Ich spiele mit den Backenmuskeln und spreche »nichts« verbalisierungsstark »nix« aus –
danach hat wirklich nichts mehr eine Chance.

Und bei besonderer Schwäche ruft es aus mir an allen Intellektualkontrollen vorbei: »Oh, Gott!«, und ich habe auch schon wieder mal gebetet.

Am nächsten Tag schon laß ich in mir drin verlauten: Du hättest auch einen Leserbrief schreiben können.

30

Wenn ich nicht gläubig wäre, würde ich so hadern?

31

Natürlich ist Wissen nicht Alles.

Da bleibt der Überschuß. Wohin damit? Der Religionshaushalt ist mit der Formel Na_2SO_4 nicht ausgeschöpft.

Glauben beschreibt die Knautschzone.

32

Ich kann nicht beweisen, daß Politiker Aftermenschen sind. Aber ich glaube daran. Ich habe keine objektive empirische Grundlage zu meiner Behauptung, daß Menschen, die sich der Politik verschrieben haben, überdurchschnittlich unter dem Moraldurchschnitt des Normalbürgers liegen. Ich bin überzeugt, daß die Mehrzahl der Politiktreibenden zu mehr Mißbrauch, Übel und Verbrechen fähig sind. Ich halte dafür, daß Politiker aufgrund ihrer seelischen Disposition, die sie zu Politikern erst werden läßt, Mißbrauch, Übel und Verbrechen begehen mit der Begründung, dies geschehe im Dienste des Allgemeinwohls: Politiker sind eine menschliche Negativauswahl.

Das ist mein fester Glaube.

33

Glauben heißt nicht wissen.

34
Irgend etwas wird's schon geben nach dem letzten Atemzug.

35
Ich glaube an alles, was ich nicht weiß.

36
Glauben ist eine Geschmacksfrage eine Situation der Notlage.

37
An Gott geglaubt habe ich ziemlich genau 15 Jahre lang.

Wenn ich brav war, habe ich von meinen Eltern Schokolade geschenkt bekommen. Da half kein Gott nichts. Ich bin geliebt worden, aber Schokolade war mir lieber. Christkind, Nikolaus und Osterhase. Irgendwann hat Beten nicht mehr geholfen. Die Ruhe war ich los, das Tagebuch war noch kein Ersatz, geliebt hatte ich noch nicht recht, war somit berechtigt zu glauben, daß die große L. die Lebensstütze sei. Dann kam in Mathe ein 5er nach dem anderen, und Gott, der liebe, hat sich bei keinem $a^2 + 2ab + b^2$ mehr blicken lassen. Pfeifendeckel, das war die Erfahrung meiner Pubertät. Solitude plus Pickel. Die Möglichkeit zu fliehen in die Fantasie, in den Füllfederhalter, ins Formulieren, in den Wortschatz, ins Ferne, die Flucht zum unerreichbaren Ziel, ins Land der unbegrenzten Schokolade.

38
Jetzt kann, vor lauter Schoko-Fett, mir auch in Glaubensfragen nur die Kur mit Natriumsulfat noch helfen –

39
Ich glaub' an Glaubersalz
   und damit Basta!

Postskriptum:
»Es war schwer, sich vorzustellen, daß es einen Gott gab. Das wollten wir zwar, denn wir wollten einen Halt haben, aber andererseits konnte ich nicht zusammenbringen, daß, wenn es

wirklich einen Gott gab, Er dann unser Leben auf diese Art ablaufen lassen konnte. Daß kleine Kinder und alte Leute ermordet wurden, das bleibt ewig ein Problem für mich. Und dann die Bestialität um uns herum. Daß es einen Gott geben sollte, der das organisiert hatte oder guthieß oder sich nichts daraus machte, damit hatte ich große Schwierigkeiten«, sagt Ronnie Goldstein-van Cleef in Willy Lindwers Buch »Anne Frank – die letzten sieben Monate: Augenzeuginnen berichten«; die letzte Freundin Anne Franks hat das KZ überlebt.

Spätestens in Auschwitz ist Gott gestorben. Und der Glaube.

HELKE SANDER

Ich glaube, daß das Wasser kocht

– Was geht es Sie an, woran ich glaube?

Soweit bin ich inzwischen – nach einer Woche des Brütens und täglichen Arbeitens an Ihrer gemeinen und intimen Frage. Was für eine komische Gesellschaft, in der diese Frage wirklich gestellt wird, weil die Antwort wirklich nicht gewußt wird! Haben Sie selbst einmal versucht, diese Frage zu beantworten? Kennen Sie das Gefühl, kaum eine andere Wahl zu haben als die zwischen Bekenntnis, Floskeln und Kalauern?

Zum Beispiel so: Ich glaube an meinen Liebhaber, der fremdgegangen und zurückgekommen ist und mir Liebe und sogar Treue geschworen hat. Er ist wieder fremdgegangen und nicht zurückgekommen. Leute, die selbst unwahrscheinlichere Dinge glauben als ich (Christen), hielten mich für verrückt (was Folgen für mich haben könnte), würden sie herausfinden, daß ich immer noch ihm und an ihn glaube. Das ist natürlich metaphorisch. Denn wer sagt, daß ich einen Liebhaber habe und dazu noch einen, an den ich oder dem ich glauben würde? Eine einigermaßen intelligente mitteleuropäische Frau von heute glaubt nichts Gutes zumindest. Und klare Antworten auf Fragen gibt es nur noch in Folterstaaten.

Ich will mit diesen Vorbemerkungen andeuten, daß Ihre Frage eine auf Sie gerichtete Einstimmigkeit verlangt, einen gemeinsamen Glauben zwischen Fragendem und Antwortenden gewissermaßen, das gleiche humanistische Gedankenbeet, wenn Sie es genau wissen wollen, auf dem auf ehrliche Fragen ehrliche Antworten gedeihen. Die Frage ist im besten Sinn altmodisch, paßt gut vor das Lagefeuer und schlecht vor den Fernsehapparat, in dessen Angesicht der Vorsatz reift, den Teufel zu tun, hier die Wahrheit zu sagen und sich lächerlich zu machen.

Außerdem: der Freund, an den ich glaube, hat mich krank gemacht. Die Deutsche Nation, an die andere glaubten, hat Auschwitz gebracht. Beim Glauben scheint Vorsicht geboten, das zumindest kann ich schon jetzt sagen.

Weil nun aber nicht irgendwer hier fragt, sondern gerade Sie, dessen Bücher ich über die Jahre gerne um die Weihnachtszeit lese, nehme ich Ihre Frage an und verbringe diese Weihnachtszeit mit der Anstrengung ihrer Beantwortung. Vor zehn Minuten habe ich Wasser aufgesetzt (in der zweiten Fassung, vor einer Woche. Inzwischen ist das Wasser reiner Arbeitsgegenstand auf dem Papier, nichts steht auf dem Herd). Ich habe Wasser aufgesetzt, um mir eine Brühe aufzugießen. Der Wasserkessel steht auf der Herdplatte in der Küche. Die Platte ist auf die höchste Stufe eingestellt. Ich sehe nicht, daß das Wasser kocht. Ich höre es auch nicht. Aber meine Erfahrung sagt, daß die Zeit, die das Wasser bis zum Sieden braucht, jetzt um ist. Nun könnte aber auch die Sicherung herausgesprungen sein, jemand könnte den Schalter ausgeschaltet haben, der Topf könnte ein Loch haben ... Nach allem aber, was ich über die näheren Umstände in der Wohnung weiß, dürften diese Einwände im Augenblick nicht zutreffen. Aber das Unvorhergesehene, vielleicht Mögliche, braucht eine Chance. Deshalb glaube ich, daß das Wasser kocht.

Die Möglichkeit, Unvorhergesehenes mit einzubeziehen, hielt sich auch ein finnischer Überland-Busfahrer offen. Ein alter Mann fragt auf dem Busbahnhof in Helsinki den in seinem Bus – auf dem als Zielort groß RIIHIMÄKI steht – sitzenden und seine Papiere ordnenden Fahrer, ob der Bus nach Riihimäki fahre. Der Fahrer schaut nicht unhöflich aber schweigsam auf den alten Mann und zuckt mit den Achseln. (»Finnland ist ein Land, in dem man in zwei Sprachen schweigt«, sagte Brecht.) Der alte Mann geht einige Minuten vor dem Bus auf und ab, dann fragt er den Fahrer erneut und bekommt die gleiche stumme Antwort. Ein wenig später steigt der alte Mann in den Bus, noch ein wenig später fährt der Bus ab und kommt nach ein paar Stunden in Riihimäki an. Beim Aussteigen fragt der alte Mann den Fahrer, warum er ihm denn nicht gesagt habe, daß der Bus nach Riihimäki fahre. Er habe es doch gewußt und selbst getan. – Ja, sagt der Fahrer gedehnt, aber konnte ich denn wissen, ob wir ankommen?

Aus meinem Glauben, daß das Wasser kocht, ergibt sich im Grunde alles andere. Da mir aber oft vorgeworfen wird, ich sei zu kurz, werde ich noch ein paar Beispiele anführen, aus denen unmißverständlich hervorgeht, daß dieser Glaube weitreichende Folgen hat. Stellen Sie sich vor, Sie sitzen auf einem Waldboden und schauen Ameisen zu, die auf erkennbaren Bahnen ihre Frachten schleppen. Sie könnten diese Bahnen stören, sie umleiten, Gräben ziehen, Wasser einleiten, Steine schmeißen. Sie haben es in Ihrer möglicherweise sadistischen Hand, das Leben dieser Ameisen zu beeinflussen, ohne daß die, wie ich glaube, überhaupt ein Bewußtsein von Ihrer Anwesenheit haben müssen. Sie sind ein Schatten auf dem Waldweg. Wenn Sie lange genug da sitzen, sind Sie vielleicht für ein Ameisenleben eine Stelle am Boden, die immer schon schattig war. (Es gibt natürlich noch eine zweite Möglichkeit, für die auch einiges spricht: weil die Ameisen erdgeschichtlich eine so viel längere Zeit da sind als wir, lassen sie sich von einer möglichen Bedrohung durch Sie nicht aufhalten, weil sie irgendwo in ihrem Bewußtsein gespeichert haben, daß sie schon so viele Millionen Jahre hinter sich haben, so viel haben kommen und gehen sehen, daß gerade Sie ihnen nicht gattungsgeschichtlich gefährlich werden können.)

Mir fällt es nicht schwer, mir vorzustellen, daß wir unsererseits nun derartig beobachtet werden. Dabei denke ich weniger an eine der heute verbreiteten Gottesvorstellungen, sondern eher an solche Erscheinungen, denen wir den Namen »Grüne Männchen« gegeben haben. Ich glaube an die uns von Physikern und Astronomen eröffnete Wahrscheinlichkeit, daß das All riesig ist und anderes Leben möglich gemacht haben kann. Ich hoffe nur, daß die Außerirdischen, wenn sie mit ihren Forschungsaufträgen kommen, nicht die Dinge mit uns tun, die wir gerne mit Fremdem tun, und uns nach Versuchen am lebenden Objekt dann in ihren Sternenmuseen als irdische Exponate gleichberechtigt neben die Ameisen und Hühner spießen, weil die Gemeinsamkeiten zwischen Menschen, Hühnern und Ameisen den galaktischen Sternenwesen als einleuchtender in ihre möglichen drei Augen fallen als die von uns hervorgehobenen Unterschiede. Ich kann mir gut vorstellen, daß die Erde im kosmischen Museum als die Heimat der Dinosaurier gilt, die immerhin über hundert Millionen Jahre auf ihr zugebracht haben, oder die der Kakerlaken, deren Zeit schon in die Anfänge des Lebens reicht und die es immer noch gibt, und daß die Menschen kurz als himmlische Randerscheinung dort behandelt werden, von Dänekens Göttern als kosmische Neandertaler eingestuft.

Damit will ich sagen, daß die kopernikanische Wende, die vor rund 500 Jahren stattgefunden hat und beinhaltete, daß die Erde sich um die Sonne dreht, heute gefühlsmäßig bei mir angekommen ist. Das bedeutet, daß ich auch gefühlsmäßig den Menschen nicht mehr als Mittelpunkt der Welt sehen kann. Diese wissenschaftliche Erkenntnis des Kopernikus (der seinerseits wiederbelebte, was als Wissen verlorengegangen oder zerstört worden war) brauchte also fünfhundert Jahre, Generationen von Menschen, und fünfzig Jahre individuelle Geschichte, bis ich sagen kann, dieses Wissen ist jetzt auf eine Weise in meinen Chromosomen gespeichert, daß ich es nun sogar schon vererben könnte, würde ich noch einmal ein Kind bekommen. Ich befinde mich mit diesem Gefühl aber noch in einer Minderheit. Das kann ich daran erkennen, daß es für diesen Glauben in der Gesellschaft noch kaum erkennbare Resonanzen gibt. Er drückt sich nicht in den Regeln des Zusammenlebens aus. 500 Jahre scheinen also nicht allgemein ausreichend zu sein, daß ein Gedanke ankommt, sich festsetzt und Wirkung entfaltet. Nach unseren Regeln der Gesellschaft ist der Menschenmann der Herr der Welt und Herr über Leben und Tod. Diese Regeln kommen aus der vorkopernikanischen Zeit. Ich könnte auch sagen, die Erfindung der Perspektive in der Malerei war der Beginn der Renaissance, die Massentierhaltung ist die Vollendung, der Höhepunkt, die Zuspitzung von Renaissance und vorkopernikanischem Denken. Massentierhaltung und perspektivisches Zeichnen kommen aus einem gemeinsamen Geist[1]. Dieses neue Gefühl hat weitreichende Folgen für meinen eigenen praktischen Alltag. Eine Folge dieser neuen Gefühlsperspektive ist die Tatsache, daß ich immer weniger in der Lage bin, Fleisch zu essen. Das Gefühl setzt da eine neue Schranke. Die Unterschiede zwischen einem Kalbsteak und einem Menschensteak liegen für mich nicht mehr in der Hierarchie zwischen Mensch und Kalb. Ich finde beides gleich genießbar oder eben auch ungenießbar und halte Kannibalismus heute gefühlsmäßig nicht mehr für primitiver oder abstoßender als ein Eisbeinessen. Es ist mir heute verständlich, daß die Griechen den Mord an einem Delphin ebenso bestraft haben sollen wie den an einem Menschen. Aus diesem nachkopernikanischen Gefühl folgt ebenfalls, daß für mich die Wesensunterschiede zwischen KZs für Menschen und solchen für Tiere verschwimmen, was heißt, daß ich nicht von einer Vergangenheitsbewältigung sprechen kann, da diese Vergangenheit ja immer weiter geht, wenn der Blick sich löst von der Zentrierung auf den Menschen. Ob dieser Vergleich Wut auslöst oder Mitgefühl und Erkenntnis, ist eine Frage des Glaubens, und der ist eine Frage der Perspektive. Aus ihr ergibt sich ebenfalls einigermaßen zwingend, daß jede Faschismusanalyse, die nicht gleichzeitig die christliche und patriarchale Vorgeschichte der KZs mit einbezieht, sich nicht nur die Untersuchung zu einfach macht, sondern an neuen Lügen mitwirkt. (Auf diesem Hintergrund wären Ereignisse wie »Bitburg« mal feministisch zu untersuchen.)

Es ist vielleicht eine Übertreibung dieses neuen nachkopernikanischen Gefühls, wenn ich bisweilen auch schon Skrupel entwickkele gegenüber dem Gemüse, das ich esse. Mir erscheint plausibel, daß Pflanzen freundlich oder aggressiv auf Menschen reagieren. Ich wundere mich nicht mehr, daß sie bei Leuten gedeihen, die mit ihnen sprechen. Wenn ich nun doch noch den Salat mit Appetit esse, dann steuere ich den von Fall zu Fall auftretenden Skrupeln mit dem Hinweis entgegen, daß sie, die Pflanzen, ja dann als Leiche mich ausschlachten können. Wir wären dann später wieder quitt. Darum möchte ich begraben und nicht verbrannt werden, weil mir dieser Austausch dann sinnlicher und konkreter zu sein scheint. Ich liebe alte Friedhöfe mit langsam verwitternden Steinen und würde gerne in einem Dorf begraben sein, an einem Baum, z. B. einer Weide, mit soviel Platz, daß sich der Körper schön verteilen kann. Nach vierhundert Jahren denke ich, sind nicht nur alle materiellen Überreste zersetzt, auch der Stein läßt sich dann nicht mehr lesen, auch eine mögliche Erinnerung ist dann verflogen. Vierhundert Jahre halte ich für eine gute Zeit zur Transformation in einen Sternenquark möglicherweise oder in ein Molekül in einem Auto, das ein freundlicher Mechaniker beklopft, der ein Händchen für Anorganisches hat.

Wenn ich mich im Grab vorstelle, Substanzen an Gemüse

abgebend oder an Blumen, dann empfinde ich die alten Kulte über Tod und Auferstehung voll tiefer Weisheit. Die Leute, die Tausende von Jahren vor uns fern-sahen, als sie noch nicht fernsahen, schienen vernünftige Dinge zu tun, als sie Auferstehung und Tod feierten. Sie hatten symbolische Handlungen gefunden für ihr Wissen. Ihre Kulte, ihr Glaube an Demeter oder andere Götter, waren die Form der Darstellung ihres Wissens. Der Glaube stand nicht im Widerspruch zum Wissen. So konnten sie aus ihrem Glauben heraus Kalender entwickeln, sie konnten die Sonnen- und Sternenbahnen berechnen, die Schaltjahre vorhersagen, Akupunkturpunkte finden, die Entdeckung machen, daß die Erde eine Kugel ist. Wenn die Ägypter Hunderttausende von Krokodilen einbalsamierten – also nicht nur ihre Pharaonen und Millionen von Vögeln –, dann wissen wir nicht genau, was sie sich dabei dachten, aber sie zogen die Tiere mit ein, sie stellten sie nicht außerhalb. Die Todes- und Auferstehungsbilder, die bei uns davon heute übriggeblieben sind, sind die des Christentums. Dies sind Scheinbilder, geklaute Bilder. Sie komprimieren kein Wissen, sie behaupten es lediglich. Aus diesem Glauben ist keine kulturelle Tat gekommen, die die Menschen heute noch beglücken würde. Kein Kalender, kein großartiger Gedanke hat sich in ihm entwickelt, sondern immer wieder Zerstörungen der Vorstellungen anderer. Zerstörungen von Bibliotheken, Universitäten, Akademien mit so gut wie allen vorchristlichen Karten, Büchern, Pergamenten. Selbst für ihre eigenen Behauptungen von Tod und Auferstehung brauchen sie die von anderen Kulturen geschaffenen Bilder. Denn welche Bilder sollten Christen für die geklaute Auferstehung finden, hätten sie Ostern nicht ins Frühjahr, die Jahreszeit der vorchristlichen Auferstehungsfeiern, sondern in den Herbst gelegt?

Ich sehe, daß die bretonischen Menhire, Dolmen, Craigs und Steinalleen schon da waren, schon nicht mehr im ursprünglichen Sinn benutzt wurden, als an das Christentum nicht einmal zu denken war. Und die Zeit, als diese Menhire ihren uns nach wie vor unbekannten Zweck erfüllten, dauerte länger als die Zeit unserer Zeitrechnung, auf die allein wir uns beziehen, als Mitte der Welt, diese 2000 Jahre. Die Dinosaurier sind nicht mehr da. Ich kann mir vorstellen, daß wir nicht mehr da sind. Ich glaube, daß das Wasser kocht. Ich glaube an das Fern-Sehen.

Dieses Gefühl brauchte Zeit, brauchte Bücher, brauchte einen demokratischen Staat, eine individuelle Neugierde, Gesundheit, ein längeres Leben als das Weltdurchschnittsalter, um sich aus der Raum-Zeit-Perspektive zu befreien, die uns normalerweise kulturell aufgedrückt wird.

»Der Seele ist das Gemeinsame eigen, das sich mehrt«, sagte Heraklit. Andere wissen, was ich glaube. Manches, was ich glaube, könnte ich wissen, wenn ich mir die Erfahrungen zu eigen mache, die andere sehr spezialisiert auch für mich gemacht haben. Sie haben mir vermitteln können, daß wir durch den Weltraum rasen, auch wenn ich dies mit meinen Sinnen nicht erfasse. Ich fühle, daß die Zeit älter ist als die Gesellschaft, in der wir uns eingerichtet haben. Deshalb habe ich auch keine Schwierigkeit, mir vorzustellen, daß unsere Existenz von einem Ereignis ausgelöscht werden könnte, was, auf den Weltraum bezogen, von Käfergröße ist. Ein größerer Meteorit, beispielsweise, der einschlägt (und dies soll ja nach Velikowsky schon vorgekommen sein mit unermeßlichen Folgen in historischer Zeit; die Pole und die Umlaufbahn ändernd: Immanuel Velikowsky: Welten im Zusammenstoß, Frankfurt, 1978).

Vielleicht erleben wir es nicht. Aber es ist auch nicht ausgeschlossen, daß wir es erleben. Und es wird wahrscheinlicher, je länger wir es nicht erleben. Der einzige Grund, der verhindern könnte, daß wir es erleben, scheint mir darin zu liegen, daß wir, noch bevor ein größerer Meteorit unsere Erde trifft oder uns eine andere kosmische Katastrophe erreicht, wir uns selbst über Fälle à la Tschernobyl in die Nichtexistenz jagen. Aber so oder so, die anderen Sterne werden sich dadurch weiterdrehen. Mag sein, der Mond wird in Mitleidenschaft gezogen. Für die einen oder anderen mögen wir dann am Himmel für Sekunden eine Sternschnuppe sein und andere galaktische Wesen wünschen sich was.

Anmerkung

1. Laut Rutgers-Universität in New Jersey, USA, opferten 1971 die amerikanischen Laboratorien:

852 283 Menschenaffen	15 000 000 Frösche
46 624 Schweine	45 000 000 Ratten und Mäuse
22 961 Ziegen	
190 000 Schildkröten	
200 000 Katzen	
500 000 Hunde	
700 000 Kaninchen	

(Aus: Hans *Ruesch*; *»Nackte Herrscherin«*, gekürzte Sonderausgabe, Civis, 1985.)

Vermutlich sind die Zahlen zu tief gegriffen, da ein einzelner amerikanischer Züchter angab, in 12 Monaten 200 000 000 Mäuse an Laboratorien verkauft zu haben (S. 177). Um die Bedeutung zu erfassen, muß man wissen, daß diese Tiere meist gefoltert werden, indem ohne Betäubung an ihnen experimentiert wird. Zudem sind die Experimente meist noch völlig sinnlos, weil diejenigen, die davon profitieren sollen, die Menschen, biologisch nicht vergleichbar reagieren.

FERNANDO SAVATER

Vernunft *und* Frömmigkeit

Ich erinnere mich, daß vor einigen Jahren, als ich an einem Stand der »Feria del Libro« in Madrid (ein unbekannter Buchmarkt, Reck) meine Bücher signierte, sich mir eine Dame näherte, um von mir eine Widmung zu erbitten. Als ihr dies gelungen war, fragte sie mich: »Kann ich Ihnen eine persönliche Frage stellen?« Ich stimmte zu, behielt mir aber das Recht vor, auch eine Antwort zu verweigern. »Sagen Sie mir: Sind Sie gläubig?« wollte die Frau wissen. Ich bewegte sie dazu, die Frage präziser zu stellen: »Aber gläubig in welcher Hinsicht?« Daraufhin schien die Dame ziemlich verwirrt: »Also, ich weiß nicht ... ganz normal gläubig.« Ich antwortete ihr, daß ich selbstverständlich an das Normale glauben würde. Dem Außergewöhnlichen hingegen, scheint mir, solle man mehr mit Mißtrauen bedenken. Ich argwöhne, daß ich sie arg enttäuschte und daß sie meine ehrliche Antwort als Ausrede empfand.

Ich kann nicht abstreiten, daß ich mich etwas um eine tiefergehende Antwort gedrückt habe. Wenn eine spanische Frau mittleren Alters jemanden fragt, ob er »an das Normale glaubt«, das einzige, was sie wissen möchte, kann nur dies sein: Glauben Sie an die Existenz Gottes; an die Unsterblichkeit der Seele; an die Auferstehung der Toten? Vielleicht möchte sie auch das noch wissen: Glauben Sie an die Jungfräulichkeit Mariens und an die Unfehlbarkeit des Papstes? Alle diese Themen sind, wenn man sie genau betrachtet, überhaupt nicht normal, sie gehören vielmehr zu den Vorstellungen, die ich außergewöhnlich nennen möchte. Es erscheint mir nicht normal, daß es eine oder mehrere geistige Existenzen gibt, deren Lebensbedingungen anders sind als alles das, was wir kennen, oder daß die Toten nur scheinbar oder zeitweilig tot sind. Das gleiche gilt für die »fünf klugen« Jungfrauen, die das Licht geben, oder für den Grundsatz, daß ein Mensch, selbst wenn er Pole ist, unfehlbar sein kann. Das alles sind ziemich außergewöhnliche Anschauungen, und gleichzeitig ist es ziemlich außergewöhnlich, daß viele Leute es für normal halten, an diese und andere nicht minder frappierenden Vorstellungen zu glauben. Auf diese Weise werden die Grenzen zwischen dem Gewöhnlichen und dem Außergewöhnlichen im täglichen Leben verwischt, und so kehren wir zum Ausgangspunkt zurück. Vielleicht hatte meine Befragerin recht, als sie meine Antwort für wenig ehrlich hielt.

Jetzt bin ich es selbst, der sich – ohne neugierige Zuhörer zu haben – die Frage stellt, an was er glaube. Ich halte es für selbstverständlich, daß wir alle unvermeidlich an etwas glauben, das heißt, daß wir unser geistiges Leben auf gewissen halbintuitiven Grundsätzen aufbauen, für die wir keine vollständig rationale Begründung bringen möchten. In einem berühmten Aufsatz unterschied Ortega y Gasset zwischen den »Ideen« und den »Glaubenvorstellungen«: Die Ideen sind rationale Konstruktionen, die wir aufgrund einer intellektuellen Begründung für richtig halten. Wir sind bereit, über die Ideen zu diskutieren und sie gegebenenfalls auch zu ändern. Die Glaubensvorstellungen hingegen sind uns prägende Dogmen, bei deren Begründung wir uns kaum einer reflexiven oder kritischen Methode bedienen. Deswegen ist es leichter, uns selber unserer Ideen bewußt zu werden und sie anderen klarzumachen, als das bei den Glaubensvorstellungen der Fall ist. Die letzten, so glauben wir, sprächen für sich. Vielleicht ist die Negativmethode ein guter Weg, uns näher mit den Glaubensvorstellungen zu befassen. Das heißt, ich kann zuerst die Glaubensvorstellungen beiseite lassen, an die andere glauben, die ich aber nicht für wahr halte.

Ich glaube nicht an die Existenz irgendeiner formenden beherrschenden Gottheit, die die letzte Verantwortung für das Universum trägt, in dem wir leben. Ferner lehne ich die Vorstellung ab, nach der der bewußte und freiwillige Impuls, der uns belebt, schon vor der praktischen Organisation unseres Körpers existiert oder hinterher seinen Verfall überdauert. Den Tod als Auslöschung des Individuums halte ich weder für eine Strafe noch für einen Übergang, sondern für ein zentrales Faktum menschlichen Seins. Wir sind die Sterblichen, das heißt, diejenigen, die wissen, daß sie sterben werden. Das hat weitere Konsequenzen, denn da wir wissen, daß wir sterben werden, sind wir die einzigen Sterblichen in einem unsterblichen Universum. Das ist das Bewußtsein der Begrenztheit, der Grenzen, die uns bestimmen: Das Unbegrenzte, Unendliche denken heißt, denken auf der Grundlage dessen, was wir sind und dessen, was wir eben nicht sind. Ich sehe die ganze vielgestaltige menschliche Gesellschaft und Kultur als ein Bestreben, um eine relative Unsterblichkeit zu erlangen, etwas, was dem Odium des Vergessens und der Fäulnis des unaufhaltsamen Todes widersteht.

Alle abergläubischen Vorstellungen auf religiöser Basis, von denen die professionellen Kleriker aller Art geprägt werden, gehen von einer fundamentalen Verwechslung aus: Es handelt sich um die, die sich bildet zwischen dem »Persönlichen« (definiert durch das Bewußtsein der Endlichkeit und der sie begleitenden Freiheit) und dem »Unpersönlichen« (es ist unvergänglich, kennt nicht den Tod, sondern die Verwandlung, ist kein Ort der Freiheit, sondern unverifizierbarer Rituale). Der religiöse Schwindel besteht in dem priesterlichen Angebot einer Vermittlung im Angesicht des Unpersönlichen. Man bietet uns an, uns der Endlichkeit zu entreißen, selbstverständlich auf Kosten der Freiheit. Wenn man die Haltung, an deren Zweckmäßigkeit ich glaube (oder, wenn man so will: die ich für mich übernommen habe), mit einem Wort nennen will, so heißt dies vielleicht Frömmigkeit.

Es handelt sich um eine Kombination von Respekt und Überraschung, die an der Trennung von dem Persönlichen und dem Unpersönlichen – von dem Persönlichen, was wir sind, und dem Unpersönlichen, woher wir kommen und wohin wir zurückgehen – festhält. Es ist sicher, daß die Idee der »Trennung« sich in dem Ursprung des Wortes »geheiligt« findet. Die Frömmigkeit bewahrt die geheiligte Distanz, den essentiellen Abgrund, dem wir unsere Existenz verdanken. Das Persönliche kommt vom Unpersönlichen; alles andere hingegen hat seinen Ursprung im Persönlichen: unsere Werte, Kenntnisse, unsere Ängste und Freuden, die Freundschaft und den Haß, mit dem wir das Leben gestalten, das menschliche Leben. Der Rest ist nur Schweigen, frommes Schweigen.

Versteht man jetzt besser, warum ich es vorgezogen habe,

meiner liebenswürdigen Inquisitorin auf der »Feria del Libro« mit einer leicht ironischen Ausflucht zu antworten?

Aus dem Spanischen von Reinhard Reck

HERMANN JOSEF SCHMIDT

Sage mir, was Du glaubst, und ich ahne, wer Du bist ...

Für Heinrich Bollinger

Woran ich glaube? Ja, wenn ich das nur so genau wüßte und wissen könnte! Zumal, wenn der seit Menschengedenken zugunsten »des« jeweils eigenen religiösen, politischen usf. »Glaubens« häufig nivellierte Unterschiede von (fast immer nur anerzogenem, selten selbstgewähltem, nicht selten deprimierend unkultiviertem persönlichen) Glauben und (höchst selten selbsterarbeitetem) Wissen, ein Unterschied, seit je von Aufklären für fundamental gehalten, eher ein Unterschied in der Haltung als im Inhalt ist? Erweist sich nicht durchgängig (selbst wissenschaftliches) Wissen als jeweils immens voraussetzungsreiche Vermutung? Und ist (das selbst ja nur vermeintlich sichere) Wissen nicht allzuoft Inhalt naiven Glaubens von heute und morgen? Leben wir gegenwärtig nicht in einer weltgeschichtlich einmaligen Epoche von Wissensexplosionen und -revisonen, die keinem einzelnen mehr überschaubar sind? Ist Wissen jedoch immer nur Vermutungswissen? Und hinkt oder keucht der Glaube nicht ständig atemlos und schwitzend hinterher? Oder geht er ganz andere Pfade? Welche? Außerdem: in welchem Terrain wurden von interessierter Seite mehr Nebelkerzen gezündet als gerade hier, wo Wissen ebenso wie Glauben sowie alle nur denkbaren Verflechtungs- und Integrationsformen von Glauben und Wissen pure Macht und klinge(l)nde Münze bedeuten? Wissen wir denn, was »Glauben« ist und glauben wir nicht nur zu wissen, was Wissen ist (bzw. das, was wir für Wissen halten), glauben wir nicht blind – fürwahr! – ans Glauben und wissen wir ernstlich Wissen?

Selbst schon ein kurzer Blick in philosophiegeschichtliche Lexika desillusioniert: unter »Glauben« ebenso wie unter »Wissen« verstand fast jeder Renommierte etwas anderes als fast jeder andere – und doch glaubte jeder etwas glauben zu müssen und einiges zu wissen und war – aus der Perspektive Späterer – bei weitem zeit- und kulturgebundener, also auch gläubiger, als er je zu ahnen vermochte; auch (der platonische) Sokrates machte da keine Ausnahme. Und so wird es wohl bleiben, solange Individualität nicht wegkloniert ist. Doch wie steht es um die Glaubenswahrheiten, »die ewigen, sakrosankten, die noch weniger vergehen als die Sterne«? Ein Blick in ältere Katechismen oder Interpretationen verblüfft: gerade hier diktiert die Mode des Tages, des Jahrzehnts, nicht nur die Art der Formulierung, sondern auch den Inhalt des Glaubens. Zugestanden. Doch die Heiligen Schriften, sind nicht wenigstens sie Gottes Wort? Ja, wenn nicht fast jederzeit zu fast jedermann fast jeder Gott (jeweils mit Autoritätsanspruch) anders verkündete! Doch welcher dieser Götter ist göttlich? Und in den mono(tono)theistischen Versionen hat ohnedies jeweils nur einer recht: natürlich immer nur der eigene. Außerdem: Wo wurde in den letzten Jahrtausenden noch mehr gefälscht als hier? Und selbst, wenn nicht bereits die Texte »redigiert« worden wären: man sehe sich nur möglichst viele verschiedene Übersetzungen der nämlichen Vorlage an ... Gibt es für geistig interessierte, ehrliche und auch nur einigermaßen gebildete Personen, die nicht feige oder schon vorweg Partei sind, noch irgendeine Weltanschauung oder gar Religion, deren »Wahrheiten« man unbedenklich glauben kann? Wohl kaum. Gibt es also gar nichts, woran man sicher glauben kann, zumal jeder nicht andressierte Glaubensinhalt bereits Produkt einer persönlichen Entscheidung ist? Sind aber weder Glaube(nsinhalte) noch Wissen(sinhalte) wirklich sicher, worin unterscheiden sie sich dann noch, weshalb unterscheiden wir? Wissen gilt als prinzipiell – durch neues Wissen – revidierbar; Glaube allenfalls durch neuen Glauben, doch in der Regel wird der alte eher geringfügig modifiziert: kleine Geister erneuern allenfalls die Fassade; feinsinnige suchen geduldig die ganze Welt ihrer Tradition nach menschlich hochwertigen Belegen ab und bauen dann daraus ihr »Christentum« usw.; liebenswürdige adeln ihre jeweilige Religion, Weltanschauung usw. dank ihrer Person; mächtige Geister ändern hinter den alten Wortfassaden fast alles immer um, ohne dies freilich gern erkennen zu lassen, oder konstruieren (wie Platon) aus alten Versatzstücken scheinbar Neues; ehrliche bauen sich ihr eigenes Haus und mutige bleiben unbehaust im Freien. Durch Glaube(nsinhalte) aufgehobenes Wissen wird Glaube, durch Wissen suspendierter Glaube Wissen. Wissen läßt sich spielend erweitern, modifizieren, revidieren; Glaube kaum oder zumindest weit schwieriger. Wissen ist nicht nur (problem)einsichtig, sondern als voraussetzungsreiche Vermutung und als einsichtig definiert; Glaube leider weniger, und allzuoft bleibt er gnadenlos uneinsichtig und unbarmherzig. Ist das der entscheidende Unterschied?

Ich bewege mich also bei der Frage, woran ich glaube, in so sorgsam und dicht vermintem Gelände, daß es besser wäre, ich könnte fliegen. Glaube ich denn an irgendein »woran«? Gibt es ein »woran«, an das ich glaube(n kann)? Kann (ja darf) es (für mich) ein derartiges »woran« geben? »Glaube« ich? Was heißt das? Und selbst – oder gerade – wenn ich glaube: weiß oder glaube ich nur, daß »ich« es bin, der dabei glaubt? Ich weiß es nicht und kann es kaum glauben.

Dennoch: ich lebe, denke zuweilen, vermute (»weiß«) vielleicht manches und kann es kaum lassen, mitunter zu glauben ... Doch »woran«?

Lebenserfahrung und die Geschichte zeigen: es gab wohl kaum etwas Destruktiveres als Glauben (im Sinne von »Annahmen«, die gelten müssen und nicht mehr revidiert werden dürfen, gleichzeitig aber den Wert von Personen und Institutionen ausmachen). Glauben, intellektuelle Feigheit gepaart mit Fanatismus, Frage- und Denkverzicht sowie »Inhumanität« – von Ketzerabschlachtungen, Kreuzzügen in allen Himmelsrichtungen, Inquisition, Hexenwahn, Judenprogrome bis zu den Konzentrationslagern, den Gulags, zur Kriegsindustrie, Atomnutzung, suizidalen Technikeuphorie und weiteren Großtaten unseres Jahrhunderts – gehören seit langem allzuoft ebenso untrennbar zusammen wie Toleranz und Humanität sowie künftig Bescheidenheit und Gaiaphilie. Das legt nahe: Menschen gestalten (meist unwissend) nicht nur ihren Glauben, der allzuoft ihre Fratze (oder die ihrer »Herren«) spiegelt, sondern Glaube und glauben, das formt auch Menschen. Sage mir, was Du glaubst, und ich ahne, wer Du bist (bzw. was Du aus Dir machen ließest und selten genug selbst gemacht hast). Nicht nur für unser Gesicht, auch für unseren Glauben werden wir selbst verantwortlich. So prägt uns unser Glaube im Sinne des

Entwurfs »unserer – hoffentlich! – höheren Möglichkeiten«: einerseits legitimiert er zuweilen erst ein Verhalten, das uns ansonsten fremd, ja zuwider wäre (oder er »zwingt« uns dazu), andererseits freilich kann er Mut machen und Freude schenken, auch Mut zu Produktivem und sogar Freude am eigenen Selbst und persönlicher Weiterentwicklung.

Offenbar kommt es entscheidend auf das an, was man glaubt und was man glauben möchte, denn es beeinflußt uns. Suchen wir uns also den Glauben (bzw. die Art von Glauben) aus, der für uns selbst am produktivsten ist! Wenn schon kein Glaube(nsinhalt) in dem Sinne »sicher« ist, daß wir davon ausgehen können, daß auch nur irgend jemand ihn genauso versteht (und »glaubt«) wie wir selbst und wenn wir nicht einmal davon ausgehen können (und wollen), daß wir selbst immer das Nämliche glauben (müssen): wären wir dann nicht gut beraten, für uns einen Glauben zu entwickeln – falls wir nicht schon einen »haben«; doch wenn: was ist daran »unser« eigener Glaube? –, der langfristig wohltut? Ist damit aber das Problem nicht nur verschoben? Was tut denn mir wohl, was wäre der Inhalt eines Entwurfs meiner höheren (besseren) Möglichkeiten? Die Konfrontation mit mir selbst sowie der Art und den Inhalt meines »Glaubens« werde ich mit derlei Fragen gewiß nicht los: Immer mehr und radikaler werde ich auf mich selbst verwiesen. Doch soll der übliche Instantglaube nicht gerade das leisten: uns die Verantwortung zur persönlichen Entwicklung abzunehmen, »Geborgenheit« zu verleihen (dadurch, daß wir unsere Weiterentwicklung zugunsten der uns zumeist nicht einsichtigen Interessen anderer suspendieren)?

Vielleicht komme ich dem, woran ich glaube, am besten auf die Spur, wenn ich nachprüfe, aus welcher Perspektive ich etwa tradierte Formen und Inhalte des Glaubens ablehne und zuweilen verachte?

Die erste Frage ist zwar leicht zu beantworten, doch ihre Beantwortung füllte ein veritables Buch. Jedenfalls: ich glaube an kaum etwas, woran fast alle zu glauben scheinen. So glaube ich (mit guten Gründen) längst nicht mehr daran, daß ohne von außen erzwungene tiefgreifende Veränderungen auch nur eine der tradierten theistischen Religionen oder Weltanschauungen als solche hilfreich sein kann, die Probleme der Zukunft zu bewältigen; forciert bspw. die katholische Kirche doch selbst noch heute weltweit die Bevölkerungsexplosion. Religionen sind – selbst in ihren guten Anteilen – Relikte längst vergangener Bewußtseinsepochen der Menschheit, überlebten aufgrund von Bedingungen, die ich liebenswürdigerweise nicht nennen möchte. (Tragisch ist freilich, daß sie zumindest in unseren Breiten das Monopol auf Humanität und Innerlichkeit zu behaupten scheinen; so werden wertvollste Menschen – mangels ihnen bekannter Alternativen – festgehalten oder angezogen und meist funktionell gebunden, adeln damit ihre Religion statt umgekehrt. Dieser Mechanismus erleichtert den tradierten Religionen für weitere Jahrzehnte Monopolisierung und Reglementierung der Nachdenklichkeit.

Doch aus welcher Perspektive analysiere und kritisiere ich?

Offenbar glaube ich an positiv-produktive Entwicklungsmöglichkeiten meines eigenen (mir fast völlig unbekannten und oft nicht einmal geahnten) Potentials als eigentlichen Sinn meines Lebens aufgrund von Erfahrungen, die mir gewärtig geblieben sind. Wann war ich glücklich und welche Umstände lassen sich dabei erinnern? Wie wirkte sich »mein Glück« auf andere Menschen und »die Natur« aus? Glaube ich also ganz naiv an »das Gute im Menschen«, zumindest in mir selbst? Ja; und sogar begründet. Glaube ich im Sinne eines Projekts der Selbstermutigung (R. Jungk) nämlich an das Gute nicht nur »im Menschen« ganz allgemein, sondern auch in mir, werde ich mich (bereits dadurch) wohler fühlen, mich vertrauensvoller akzeptieren, nur scheinbar paradoxerweise meine eigenen Fähigkeiten besser entwickeln, mir selbst folglich noch mehr vertrauen, damit eine infinite Spiralbewegung produktiveren Verhaltens auslösen, mich folglich weniger von anderen Personen, Konsum»zwängen« usf. abhängig machen usw. So werde ich also wirklich besser und handele entsprechend, schaffe damit zumindest zum Teil erst das, woran ich glaube, dadurch, daß ich es (mir) glaube, das heißt mir vertraue. Verstehe ich hingegen den Menschen beispielsweise als »verderbt von Anfang an«, so erlaubt mir das nicht nur fast jede Form von Manipulation und Zwang gegen mich und andere, wenn ich nur den »rechten Glauben« habe – die Geschichte liefert beeindruckende Beispiele –, sondern ein derartiger Glaube macht schlecht, produziert selbst zum Teil erst das, woran er zu glauben glaubt. (Denn: selbst wenn »der Mensch« nicht »verderbt« von Anfang an« wäre, könnte ihn allein schon der Glaube, er sei es, dazu machen, weil zumindest derlei Glaube verderbt von Anfang an ist.)

Das gilt auch für Prognosen. Niemand weiß, ob es nicht längst schon »soweit« (H. v. Ditfurth) ist, ob nicht längst schon unser (selbsthaßinduzierter) Raubbau an der Natur um und in uns so viele destruktive Prozesse ausgelöst hat, von denen wir – zumindest wir Normalbürger – nur einen winzigen Bruchteil bisher kennen, daß die Menschheit und das höhere Leben auf diesem Trabanten »nicht mehr zu retten« sind. Doch wenn wir glauben, daß es schon längst soweit ist, dann werden wir uns genau so verhalten, daß schon allein dadurch der kollektive Suizid noch wahrscheinlicher wird, während ohne diesen Glauben (und seine ihn erst protegierenden religiösen und pseudophilosophischen Vorgänger) vielleicht noch »Rettungspolitik« (R. Bahro) möglich wäre.

Wir haben also Verantwortung für uns, für unseren Glauben und für die (uns zum Teil nicht zugänglichen) Folgen unseres Handelns und Nichthandelns. Eine Menschheit, die an ihr baldiges Ende glaubt, wird es sich (allein schon deshalb) schaffen. Ein Christ, der (je)den Menschen als »verderbt von Anfang an« versteht, wird weniger für (und leider allzuviel gegen) seine persönliche Weiterentwicklung tun, als wenn er glauben würde, daß weitgehend er selbst seine – irdische – Seligkeit schafft oder verhindert. Das alles ist zwar banal; doch wer berücksichtigt es?

Woran ich glaube? Ich glaube vor allem an die heil- und verderbenbringende Macht des Glaubens (und manches Unglaubens). Also glaube ich an den Wert von Einsicht, Toleranz, Mut und Selbstverantwortung, Selbsterfahrungs-, Selbstgestaltungs- und Selbstentwicklungsfreiheit, daran, daß wir zwar einerseits von »Welt« noch immer erschütternd wenig wissen – schließlich endet Welt nicht ausgerechnet da, wo unser momentanes Wissen endet –, andererseits aber wissend und unwissend permanent (zumal technologische) Prozesse in Gang setzen (oder geschehen lassen), deren Folgelasten sich nicht nur unserer Kontrolle, sondern auch unserem Wissen großteils entziehen. Noch gilt: Je mehr wir techn(olog)isch auf die »Welt« einwirken, desto größere Verbrechen begehen und Verbrecher sind wir. Zumindest unsere techn(olog)ischen Untaten wirken fast ewig. (Und Spezialistentum bewahrt nicht nur vor Torheit nicht, sondern produziert sie oft erst, ist nicht selten deren Produkt.)

Warum aber glaube ich, daß es sinnvoller ist, sinn(en)voll zu leben, als seit Silens und Salomons Tagen den Predigern der Lebensmüdigkeit und des Lebensekels folgsam zu lauschen? Weil ich den Eindruck gewonnen habe, daß, wenngleich vielleicht nicht ›der‹, so doch zumindest ein akzeptabler Sinn menschlichen Lebens entwicklungsorientiertes, integriertes sinn(en)volles Leben ist, weil ich Predigten der Lebensmüdigkeit für eine spezielle Form sadistischer Perpetuierung unserer dubiosen abendländischen Selbstvermiesung halte, die Depressivität oder Aggressität entbindet sowie peinliche Abhängigkeiten schafft oder beibehält, für »Ausdruckssprache und allenfalls für Selbstbekenntnisse ihrer leider allzu inkonsequenten Urheber, die munter und zuwendungsheischend (nicht selten: parasitär) weiterlebend kompensatorisch von »Ekel« sprechen, ohne die Einsicht, daß die nicht zuletzt erst von ihnen bewirkte generelle Umweltverschmutzung wirklich ekelhaft ist. Ich glaube, daß es sich für jeden Menschen lohnt, möglichst wach, intensiv, konsequent unter Berücksichtigung insbesondere philosophischen und human(wissenschaftlich)en Wissens für die persönliche – physisch-psychisch-noetische – Weiterentwicklung und Integration »ganz egoistisch« zu »arbeiten« und in sie mehr als in zu beschaffende hochwertige Objekte, ja selbst in Beziehungen zu anderen Personen »zu investieren«, da keine »Beziehung zu anderen« viel taugen kann, wenn der Selbstbezug nicht lustvoll und bejahend ist. So werden wir nicht nur das fast bei jedem destruktive Selbstverhältnis normalisieren, gegebenenfalls sanieren und harmonisieren, sondern in Folge höherer persönlicher Stimmigkeit und Integration auch mit zunehmend mehr anderen entwickelten Menschen in befriedigendere Kontakte gelangen. Lernen wir dann noch so zu leben, daß wir den fast abgerissenen Bezug zur Natur um und in uns schrittweise zurückgewinnen, dann lohnt sich für jeden jeder Tag, selbst wenn es vielleicht bald schon »soweit« wäre. Ungeahnte Kräfte, so glaube ich, werden wir entwickeln, und Energien, so vermute ich, werden wir »entbinden«, um in Akten realer Gaiaphilie entstandene Schäden aufzuarbeiten und neue Gefährdungen zu verhindern, wenn es immer mehr Menschen gelingt, den »Ausstieg« aus den Verführungen unserer Entwicklungsfeigheit und Verantwortungsflucht prämierend suizidalen Wegwerf- und Konsumgesellschaft zu finden und den Einstieg in die sich selbst dynamisierende Spirale produktiver Persönlichkeitsentwicklung: ohne ihn, so glaube und weiß ich, sind wir nicht nur nicht mehr zu retten, sondern ohne ihn sollten wir uns – zugunsten der von uns geschundenen Erde – auch nicht mehr retten können: »Weiter so Deutschland – und unser Ende ist verdient.«

HUBERT SELBY

Ich glaube an die unbegrenzten Möglichkeiten des Lebens

Ich glaube an die unbegrenzten Möglichkeiten des Lebens. Ich meine, daß ich nicht das Recht habe, menschliche Begrenzungen zu akzeptieren, weil ich damit mein Erbe und mein natürliches Geburtsrecht verleugnen würde. Ich glaube, daß ich mein Leben derselben Macht verdanke, die auch das Universum geschaffen hat und es erzählt, daß das Wesen dieser Macht unendliche und bedingungslose Liebe ist und daß sie in ihrer immer größeren Ausweitung mich schuf, so daß alles, was diese Kraft ist, auch in mir ist. Auch in mir ist die unbegrenzte Macht, zu lieben und kreativ zu sein.

Ich glaube, daß es nur einen Weg gibt, mit dieser Macht in Berührung und Übereinstimmung zu kommen, nämlich durch das Handeln. Ich bin an sich geneigt, zuerst gefühlsmäßig mit dieser Kraft in Verbindung zu treten und dann zu handeln, aber in dieser Reihenfolge geht es nicht. Ich muß zuerst handeln und werde mir dann erst der Gegenwart dieser Macht bewußt. Es ist diese Kraft, die es mir ermöglicht, bestimmte Dinge zu tun, auch wenn die Welt und mein Denken und Fühlen mir sagen, daß es verrückt sei. Die Welt möchte mir einreden, daß ich mit nichts geboren wurde und mir gewisse Fertigkeiten aneignen muß, damit ich das bekommen kann, was ich brauche. In Wahrheit aber ist mir alles schon bei meiner Erschaffung gegeben worden, und meine Aufgabe ist, es wegzugeben, denn nur dadurch, daß ich es verschenke, spüre ich, daß ich es schon von vornherein hatte. Dieses »Etwas« ist die Liebe.

Es gab einmal eine Zeit in der Geschichte, da alles, was es jetzt gibt, noch unmöglich war, zum Beispiel auf den Hinterbeinen zu stehen und auf dem Mond herumzugehen. Wenn wir eine Entscheidung zum Handeln fällen, haben wir auch die Kraft, diese Entscheidung in die Tat umzusetzen, sei es negativ oder positiv, konstruktiv oder destruktiv. Natürlich muß der Entschluß zuerst da sein.

Als ich achtzehn Jahre alt war, hatte ich Tuberkulose, und die

Ärzte sagten, daß ich nur noch zwei Monate zu leben habe. Ein experimentell eingesetztes Medikament rettete mir das Leben, und wenn ich auch viele Vergiftungserscheinungen in Kauf nehmen mußte, so konnte ich mich doch einer Reihe von Operationen unterziehen. Schließlich wurden mir zehn Rippen herausgenommen, eine Lungenhälfte kollabierte, und ein Teil der anderen wurde entfernt. Ich verbrachte ungefähr dreieinhalb Jahre im Bett. Aber ich lebte, obwohl ich schon dreimal als mehr oder weniger hoffnungslos aufgegeben worden war. Einige Jahre später mußte ich wegen eines Asthmaanfalls wieder für eine Woche ins Krankenhaus. Der Spezialist sagte, daß es keine Hoffnung für mich gebe, daß ich nicht genug Lungenvolumen habe, und daß ich, falls ich nur einfach im Stuhl sitzen bliebe, vielleicht noch ein paar Wochen zu leben habe. Ich aber war der Meinung, daß mir keiner vorschreiben könne, was ich zu tun hätte, und so weigerte ich mich zu sterben. Ich verließ das Krankenhaus, kehrte aber nach ein paar Tagen aufgrund eines weiteren schweren Anfalls wieder zurück. Dieses Mal war es mir bestimmt, daß Allergien auftraten, die behandelt werden mußten. Ich kam aus dem Krankenhaus, und als ich nun wieder ein paar Wochen zu Hause gewesen war, hatte ich ein Erlebnis, das mein Leben radikal veränderte. Ich weiß jetzt, daß es eine spirituelle Erfahrung war, aber zu der Zeit hatte ich keine Ahnung davon, was es war. Ich wußte nur, daß diese Erfahrung »realer« und »umfassender« war als alles, was ich je erlebt hatte.

Es wurde mir plötzlich deutlich, daß ich eines Tages sterben würde, daß es dabei anders wäre als die vorhergehenden Male, wo ich nur beinahe gestorben war und dann doch irgendwie überlebte, daß ich diesmal wirklich »sterben« würde und daß sich kurz vorher zwei Dinge ereignen würden: erstens würde ich mein ganzes Leben bereuen, und zweitens würde ich wünschen, mein Leben noch einmal leben zu dürfen und *danach* erst zu sterben. Dies erschreckte mich. Ein ganzes Leben zu leben und absolut nichts damit anzufangen, als es völlig »zu vergeuden«, war ein Gedanke, den ich einfach nicht ertragen konnte. So entschloß ich mich, Schriftsteller zu werden. Ich hatte keine Idee für eine Geschichte, überhaupt für nichts Bestimmtes, aber ich wußte, daß ich etwas aus meinem Leben machen mußte. Ich war mit fünfzehn Jahren von der Schule abgegangen, hatte vor meinen Krankenhausaufenthalten nie ein Buch gelesen, hatte dann aber, während der Jahre, die ich im Bett verbrachte, mit Lesen begonnen. Schließlich kam in mir der Wunsch auf, zu schreiben, und aufgrund meines »Erlebnisses« traf ich die Entscheidung, dies nun auch zu tun. Ich setzte meinen Entschluß in die »Tat« um, indem ich mir eine Schreibmaschine kaufte. Zur Zeit war ich verheiratet, hatte eine ungefähr zweijährige Tochter und war arbeitsunfähig geschrieben. Eine oder zwei Wochen lang saß ich vor meiner Schreibmaschine, dann schrieb ich einen Brief. Ich bekam etwa eine Woche später eine Antwort, beantwortete diese Antwort meinerseits und begann so mein Leben als Schriftsteller.

Nach aller Logik und normalen Wertvorstellungen hatte ich absolut kein Recht zu meinem Entschluß, Schriftsteller zu werden (keiner ist unzureichender ausgestattet an die Kunst des Schreibens gekommen als ich), aber ich bin einer geworden, und sogar ein guter. Sobald ich einmal die Entscheidung getroffen hatte, wurde mir alles Notwendige für die Schriftstellerei gegeben; es wurde sozusagen »aktiviert«, als ich den Schritt unternahm, mir eine Schreibmaschine zu kaufen und mich damit hinzusetzen. Das heißt nun aber nicht, daß ich mich einfach hinsetzen und eine vollkommene Geschichte schreiben konnte. Mir war jedoch die notwendige Motivation gegeben, mich jeden Abend nach der Arbeit vor die Schreibmaschine zu setzen, selbst wenn ich nur eine Reihe oder ein Wort zustande brachte, und nach über sechs Jahren hatte ich schließlich *Last Exit to Brooklyn* fertiggestellt.

Eine von den Geschichten in *Last Exit* ist *Tralala*. Sie ist ungefähr zwanzig Seiten lang, und ich brauchte zweieinhalb Jahre, um sie zu schreiben. Es war ein horrender Kampf, aber ich hatte bereits die Macht der unbegrenzten Möglichkeiten »angezapft«, wenn ich mir dessen auch überhaupt nicht bewußt war. Wichtig daran ist, daß sich diese Macht vorher noch nie in meinem Leben ausgewirkt hatte; *ich* mußte zuerst die Entscheidung fällen, mich aktiv engagieren und mich vor die Schreibmaschine setzen. Je mehr ich dies aber tat, desto wirksamer wurde diese Macht in meinem Leben.

Ich glaube, der größte Vorteil für mich als Schriftsteller war, daß ich nicht zur Schule ging; insofern wurden mir auch keine Einschränkungen über das Schreiben eingeschärft. Da ich absolut keinen Hintergrund hatte, auf den ich zurückgreifen konnte, war ich durch einen bloßen Willensakt dazu gezwungen, tief in mir selbst zu graben, um die Macht oder den Schriftsteller, der dort verborgen war, zu entdecken und ihm zu erlauben, an die Kunst des Schreibens so heranzugehen, wie er es von sich aus mußte und nicht nach irgendwelchen willkürlich eingrenzenden Regeln, die von Nicht-Schriftstellern aufgestellt worden waren. Ich entdeckte alles, was ich brauchte, in mir selbst.

Selbstverständlich arbeitete ich nicht in einem Vakuum. Ich hatte Kontakt zu anderen Künstlern, und wir förderten, inspirierten und ermutigten einander, unseren eigenen Weg zu finden und unserer eigenen Vision treu zu bleiben. Da ich aus eigener Erfahrung wußte, daß diese Macht der unbegrenzten Möglichkeiten *in* uns ist, hatte ich es nicht nötig, danach auf die Suche zu gehen, denn wo immer ich bin, da ist auch diese ganze Macht.

Tom Clark sagte in einer Rezension zweier meiner Bücher in der *Los Angeles Times:* »Selby sucht nach der Gnade in einem Zeitalter, das von der indifferenten Mechanik der Quantität beherrscht wird.« Ich halte dies für richtig, aber ich sehe mich selbst nicht so. Ich verbringe so viel Zeit damit, meine tierischen Instinkte und Dämonen zu bekämpfen, daß ich schon nicht mehr weiß, ob ich nicht überhaupt das bin, was ich bekämpfe; ich bin oft so lange in dem schwarzen Nichts, wo keine Hoffnung ist, nur übermächtige Einsamkeit und Verzweiflung, nicht einmal eine Wand, gegen die ich anrennen könnte (was mir jedenfalls annähernd ein Gefühl von Sicherheit vermitteln würde), daß ich darüber vergesse, daß es ja das Ziel ist, den Kampf aufzugeben, weil es nur dann geschieht, daß ich die Gnade erfahre, nach der ich suche. Ich weiß dies alles aus meiner Erfahrung, nicht weil ich es gelesen oder jemand es mir gesagt hätte, sondern weil ich von dem Kampf schon so oft erschöpft und am Ende war, daß ich auch nicht einen Augenblick länger hätte kämpfen können, daß aber dieser Augenblick lang genug war, um mich plötzlich von der Dunkelheit befreit zu fühlen und das Licht der Gnade zu sehen, daß ich *in mir selbst* erfahre als dem einzigen Ort, wo ich es je finden werde. Sie aber können mir helfen, es zu finden, einfach, indem Sie bei mir sind in meinem Kampf. Sie können den Kampf nicht für mich führen, Sie können nicht für mich die Waffen strecken, aber Sie können mich trösten und ermutigen, und wenn Sie mit mir erfahren haben, wie Sie den Kampf überlebten, mich anspornen, weiterzumachen, auch wenn weder ein Grund, noch ein Wunsch, noch die Fähigkeit da zu sein scheinen, die Arbeit fortzusetzen.

So finde ich also das, was ich suche, genau an dem Ort, den ich vermeiden möchte. Deshalb kommt es mir so vor, als ob meine Erfahrung nur wieder eine Illustration zu der einfachen grundlegenden Tatsache ist, daß das, was ich suche, das ist, womit ich suche. Aber wenn ich mitten im Kampf stehe, denke ich, ich sei der Kampf, das Tier, der Dämon und nicht der Mensch, der versucht, mit dem Dilemma des Menschseins in seiner Seele fertigzuwerden.

Sich in Liebe dem anderen zuzuwenden, ist die Brücke, der Katalysator, der es eben jetzt und hier ermöglicht, die unbegrenzten Möglichkeiten des Lebens zu erfahren und Gnade gerade in der Dunkelheit zu finden, in der wir kämpfen.

Als ich 1948 im Krankenhaus war, nannten wir den ältesten Patienten auf unserer Station Hokuspokus, weil er Gott liebte. Er war klein, bucklig und zog seinen lahmen Fuß nach wie ein Miniatur-Quasimodo, außerdem hatte er einen schweren lettischen Akzent. Er hing sehr an Alex, einem jungen Griechen aus Ägypten, der Anfang Zwanzig war – ein oder zwei Jahre älter als ich –, ruhig, höflich und bei allen beliebt. Alex ging in seine erste Operation, kam aber nicht zurück. Als die Krankenschwester seinen Nachttisch in ihr Büro rollte anstatt in den Aufwachraum, waren wir alle wie versteinert und wollten uns nicht eingestehen, was wir gesehen hatten und was es bedeutete. Eine Ewigkeit schien sich in der schweigsamen Station auszubreiten, bis Hokuspokus schließlich zum Schwesternbüro hoppelte. Sie sprachen kurz und in flüsterndem Ton miteinander, dann hinkte Hokuspokus langsam zu seinem Bett zurück, das neben dem war, in dem Alex gelegen hatte, setzte sich auf seinen Stuhl und weinte. Auf sein Schluchzen hin kamen wir langsam und zögernd immer näher zu ihm. Nun wurden keine Witze mehr über Hokuspokus gemacht, keine spöttischen Bemerkungen mehr über seine religiösen Vorstellungen. Wir wollten den alten Mann nur einfach trösten und beruhigen, den sanften, einsamen und liebevollen alten Mann, der, wenn auch nur für kurze Zeit, etwas gefunden hatte, nach dem er gesucht hatte, und dem es dann plötzlich und brutal entrissen worden war. Er saß mehrere Tage allein da, während die normale Geschäftigkeit des Krankenhauses um ihn herum weiterging. Dann kam er an mein Bett mit so schmerzhaften, so angestrengten Bewegungen, daß er es fast nicht schaffte, die Entfernung von seinem Bett zu meinem zurückzulegen. Ich sprang auf und zog den Stuhl vor, damit er sich hinsetzen konnte. Er ließ sich darauf nieder ohne ein deutliches Zeichen von Schmerz, aber in seinen Bewegungen war eine solche Traurigkeit, ein so tiefes Gefühl von Resignation, daß ich, der ich eigentlich noch ein Kind war, es so intensiv mitfühlte, daß ich es heute noch in mir trage. Es gibt Schmerz, Trauer und jede Art von Elend in dieser Welt sowie Dinge, Erfahrungen und Gefühle, die weit über das hinausgehen, was die Worte sagen können, so daß der Versuch, sie zu beschreiben, nicht nur müßig, sondern auch sinnlos ist. Sein tränenloser Schmerz war mehr als Verzweiflung oder Hoffnungslosigkeit. Ich weiß nicht mehr, was ich fühlte, aber mir scheint, daß ich die Gegenwart von etwas spürte, das über mein Verstehen hinausging, etwas, von dem ich wußte, daß es meinen höchsten Respekt erforderte. Heute würde ich sagen, daß ich demütig wurde vor der Würde seines Kummers.

Er saß da, faltete die Hände auf meinem Bett, betrachtete sie, guckte dann hoch und bat mich, einen Brief zu schreiben. Zu der Zeit meines Lebens war ich wütend über das, was mir zugestoßen war, einem jungen Mann, der einmal 1,80 m groß und 175 Pfund schwer und so arrogant gewesen war, daß er gemeint hatte, er habe keine Furcht. Ich war so empört, daß ich am liebsten Gott ins Gesicht gespuckt hätte. Ich hatte physisch, emotional und psychisch so ungeheure Schmerzen erlitten, daß ich mir völlig verloren und gefangen vorkam in dieser verdammten, stinkenden Welt, die ich mit allen Fasern meines Seins haßte. Mein Selbstmitleid war unendlich, aber das Leiden dieses alten Mannes demütigte mich. Ich erkannte es damals nicht und würde mir dessen auch nach vierzig Jahren noch nicht bewußt sein, wenn ich nicht jetzt dieses schriebe, aber die unendliche Würde seines Leidens demütigte mich. Er war bekümmert über den Verlust von etwas, das nicht direkt in seine Welt gehörte, sondern in eine Welt, die so viel größer war als die egoistische, in der ich lebte. Ich erkannte all dieses damals nicht, aber er hatte den Kummer einer unbekannten, nie gesehenen Familie über die Tragödie eines Lebens, das nur so kurz sein sollte, auf sich genommen. Der alte Mann, Mr. Hokus-pokus, erging sich nicht in Selbstmitleid oder in Fragen nach Dingen, die wir nicht wissen können, sondern tat, was er konnte, um liebevoll das Geschehene zu akzeptieren und so viel Frieden wie möglich in eine schmerzliche Situation zu bringen. Ich wußte es damals nicht, aber mein Geist zehrt immer noch davon. Wunder sind ohne mein Einverständnis möglich, und ich war betroffen von dem Wunder der Liebe dieses alten Mannes. Vielleicht war es dieses Wunder, das mich später durch so manche schmerzhafte Erfahrungen trug, die noch auf mich warteten.

Ich nahm das Wunder an, indem ich auf die Bitte des alten Mannes »ja« sagte. Warum bat er ausgerechnet mich, den Brief zu schreiben? Ich wußte nicht, wie man so etwas macht. Warum fragte er nicht einen der anderen Patienten, die Schwestern, Hilfs-kräfte, Ärzte, Arbeiter oder die *Gray Ladies*? Ich nehme an, daß es so war, weil ich das Wunder, das er anbot, nötiger hatte als irgendein anderer damals in jener kleinen Welt. Jetzt, über vierzig Jahre später, weiß ich, daß es ein Wunder war ... mehr als vierzig Jahre später. Aber Wunder sind zeitlos, und ich erschrecke vor dem, was vor so langer Zeit geschah und irgendwo in meiner Geschichte verlorenging ... ich erschrecke davor, wie leicht das Wunder seiner Liebe den Weg zu meinem Herzen fand und so viel für mich tat, ohne daß ich mir dessen je bewußt geworden war.

Er bemühte sich darum, deutlich zu sprechen, und kämpfte gegen seinen Akzent und gegen seinen Kummer. Er bat mich, einen Brief zu schreiben, und nachdem ich Schreiber und Papier geholt hatte, sagte er mir, was ich schreiben sollte. Ich sollte an Alex' Eltern schreiben und ihnen sagen, daß es uns allen sehr leid tue und daß Alex ein guter Junge gewesen sei. Das Wunder begann sofort zu wirken. Zuerst erfüllte es mich mit einem Gefühl des Respekts vor dem alten Mann und ließ mich »ja« sagen zu einer Bitte, die ich überhaupt nicht erfüllen konnte. Denn ich wußte nicht, wie man einen Brief dieser Art schreibt an Leute, die ich nicht kannte, und über etwas, das die größte Tragödie in dem Leben von Menschen sein muß ... den Tod ihres Kindes. Ich sagte aber »ja« und schrieb irgendwie auch den Brief. Ich habe keine Ahnung, was ich schrieb, aber ich weiß jetzt, daß das Wunder des alten Mannes das Schreiben besorgte. Ich war unfähig, einen Brief zu schreiben, der Freude in das Leben von Alex' Familie bringen würde, jedoch das ist genau das, was geschah. Ich schrieb den Brief, dem alten Mann gefiel er, und wir schickten ihn ab. Nach einiger Zeit erhielten wir eine Antwort von der Familie, worin stand, daß der Brief sie sehr glücklich gemacht und viel Freude in ihr Leben gebracht habe und noch viele andere freundliche Dinge. Ich erinnere mich daran, daß ich sehr glücklich war, als der Brief kam, und ich meine, ich schrieb wieder und tat damit noch einmal das, was eigentlich unmöglich war.

Vielleicht werde ich eines Tages genau wissen, was das Wunder des alten Mannes alles in mir bewirkte, aber was noch viel wichtiger ist, ich hoffe, daß auch *er* weiß, was es für mich bedeutete, wie es mir half, etwas zu finden, das mir so sehr verlorengeganen war, daß ich nicht mehr wußte, daß es überhaupt noch da war ... meine Fähigkeit zu lieben. Mir scheint, daß dies der Punkt ist, an dem ich die Schritte tat, die unweigerlich dazu führten, daß ich ein Schriftsteller wurde, einfach dadurch, daß ich »ja« zu Hokuspokus sagte und in Berührung mit den unbegrenzten Möglichkeiten in mir selbst kam durch die Macht und das Wunder der Liebe.

Es ist tatsächlich so, daß sich die Liebe uns entgegenstreckt, um uns zu segnen, zu trösten und zu beschenken, aber weil wir die Lektion dieser Welt glauben, die von menschlichen Grenzen spricht, meinen wir immer, wir müßten uns ausstrecken und nehmen, und deshalb bleiben wir immer in den Ängsten jener menschlichen Begrenzungen gefangen. Aber jedes Handeln der Liebe ist ein Weg, diese Grenzen zu überschreiten, jene künstlichen Trennungslinien, die die Angst zieht. Ich sagte »ja« zu einem alten Mann, der einen jungen Mann liebte und sich um die Familie grämte, als der Junge starb, und der auf irgendeine Weise ihren Schmerz lindern wollte, und so wurde für mich der Schatz der unbegrenzten Möglichkeiten zugänglich und wirksam, und mit der Zeit wurde mir bewußt, daß dieser Schatz in uns allen lebendig ist.

So werde ich mich immer gegen menschliche Begrenzungen auflehnen und mich nach den unbegrenzten Möglichkeiten des Lebens ausstrecken sowie nach der unendlichen und bedingungslosen Liebe, die nicht daran gehindert werden kann oder will, sich auszuweiten und Licht in das Dunkel der Angst zu bringen.

Aus dem Englischen von Marianne Reppekus

PETER SINGER

Je mehr wir für andere leben, desto zufriedener leben wir

Ich bin nie religiös gewesen. Ich wuchs nach dem Zweiten Weltkrieg in einer Familie jüdischer Abstammung auf, die von Österreich nach Australien ausgewandert war. Meine Eltern waren weder religiös noch hielten sie sich an die jüdischen Traditionen, obwohl meine Großmutter, die bei uns wohnte, an bestimmten Feiertagen fastete. Sie hatte den Krieg in Theresienstadt, einem Konzentrationslager der Nazis, verbracht und war die einzige von meinen Großeltern, die Hitlers Versuch, alle Juden auszurotten, überlebt hatte. Somit gehörten der Nationalsozialismus, der Krieg und all das Leiden und Sterben, das gerade stattgefunden hatte, zu dem geistigen Hintergrund meiner Kindheit. Angesichts eines solchen Ausmaßes von Leiden setzte es mich immer wieder in Erstaunen, wenn jemand ernsthaft glauben konnte, daß die Welt von einem liebenden, allmächtigen Gott gelenkt werde.

Meine Eltern schickten mich auf eine der besten Privatschulen Melbournes, die von der Presbyterianischen Kirche gegründet worden war und ihr gehörte, denn sie dachten, daß eine Privatschulerziehung meine Erfolgsaussichten im späteren Leben verbessern würde. Daher nahm ich sechs Jahre lang morgens vor dem Unterricht an einer religiösen Veranstaltung teil mit Bibellesung, Choral und Gebet; außerdem gab es regelmäßige Gottesdienste in der Kapelle und Religionsstunden. So hatte ich viel Zeit, in der Bibel zu blättern und die Abschnitte zu lesen, die uns *nicht* vorgelesen wurden. Abgesehen von den bekannten Stellen aus dem Alten Testament, die uns als Schuljungen besonders interessierten, weil wir sonst wenig Gelegenheit hatten, etwas über Sex zu erfahren, fühlte ich mich von Markus, Kapitel 11, betroffen, wo berichtet wird, wie Jesus zu dem Feigenbaum kam, in der Hoffnung, daß er Früchte daran fände; aber der Baum hatte keine Früchte, »denn es war nicht die Zeit für Feigen« – woraufhin Jesus ihn prompt verfluchte, und am nächsten Morgen war der Baum verdorrt. Eine solche selbstsüchtige und zügellose Ungeduld schien mir wenig zu einem großen Lehrer der Ethik zu passen, und schon gar nicht zu einem göttlichen Wesen. Die Episode von den Gardarenischen Säuen, die bei Markus in Kapitel 5 erzählt wird, zeigte einen ebenso rücksichtslosen Charakterzug des Gottessohnes: Warum sandte er die unsauberen Geister in die Schweine, die sich dann im Meer ertränkten, wenn er die Teufel vermutlich ebenso leicht in eine Staubwolke hätte verwandeln können? Ich fragte unsere Religionslehrer nach einer Erklärung, aber sie sprachen nur dunkel von Geheimnissen, die sich unserem Verständnis entzögen, und trugen somit zu meiner Überzeugung bei, daß religiöse Menschen, jedenfalls in Sachen der Religion, lächerlich leichtgläubig sind.

Woran glaube ich denn nun anstelle der Religion? Ich bin oft danach gefragt worden. Aber diese Frage wird nicht richtig formuliert. Warum sollte ich denn *an* etwas glauben? Warum soll ich nicht einfach das glauben, was durch vorhandene Beweise und die besten Vernunftsgründe gesichert ist, zumindest so lange wie ich keinen guten Grund habe, etwas anderes zu glauben. Mit anderen Worten: Bleibe aufgeschlossen und nutze deine kritischen Fähigkeiten! Es besteht keine Notwendigkeit, sich sonst auf irgend etwas festzulegen. Das Sicherste scheint mir im Augenblick zu sein, daß ich ein Mitglied der Gattung *Homo sapiens* bin, einer Tiergattung, die sich wie andere auf unserem Planeten entwickelt hat, gemäß der wissenschaftlichen Theorie, die Darwin zuerst vorlegte, und die andere seitdem verbessert, ausgearbeitet und verteidigt haben.

Ist das alles, was dazu zu sagen ist? Viele wollen tiefergehende, philosophische Fragen stellen. Was für einen Sinn hat ein Leben, das sich einfach entwickelt hat? Wenn unsere Existenz das Ergebnis blinder Evolutionskräfte ist, zwingt uns das dazu, unser Leben als letztlich sinn-los anzusehen? Die Antwort ist sowohl »ja« als auch »nein«. Wenn Menschen nach dem »Sinn des Lebens« fragen, suchen sie oft nach einer umfassenden Sinngebung für das ganze menschliche Dasein in bezug auf irgendeinen Plan oder eine Absicht, die höher ist als unsere eigene. Da es aber einen solchen Plan oder eine solche Absicht nicht gibt, kann unser Leben offensichtlich einen Sinn dieser Art nicht haben.

Es ist aber ein großer Fehler zu meinen, daß darum unser Leben bedeutungslos sei oder, schlimmer noch, von da zu einer Art Nihilismus zu kommen, der sagt, daß es »auf nichts ankomme«. Im Gegenteil, unser Leben und was wir damit anfangen, kann für andere einen großen Unterschied ausmachen, und weil das so ist, können wir unser Leben so gestalten, daß es zählt, daß es wirklich von Bedeutung ist. Um es ganz einfach auszudrücken: Es gibt Milliarden von lebenden und fühlenden Wesen. Für jedes von ihnen kann das Leben gut oder schlecht verlaufen. Sie können gezwungen sein, elende Qualen zu erleiden, oder sie können ein Leben führen, das angenehm, vielleicht sogar voller Freude ist. Obwohl Schmerz nicht immer nur etwas Negatives sein muß – weil Gutes daraus entstehen kann –, sind Schmerz und Leiden in sich immer schlimm. (Selbst wenn aus dem Leiden Gutes entstehen kann, wäre es besser, wenn das Gute ohne das Leiden kommen könnte.) Dies kann einfach nicht bestritten werden, wenn wir die Sache von einem allgemeinen Standpunkt aus betrachten. Wir alle wünschen, daß unsere Schmerzen aufhören, falls wir nicht hoffen, daß etwas Gutes daraus entsteht, das höher ist; es gibt jedoch keinen Grund dafür, daß – von einem universalen Standpunkt aus gesehen – unsere eigenen Schmerzen und Leiden wichtiger sein sollten als die Schmerzen und Leiden anderer. Infolge dessen kann unser Leben zumindest diesen Sinn haben: wir könnten die Welt ein klein wenig besser hinterlassen, als sie es gewesen wäre, wenn wir nie existiert hätten. Wir können dies erreichen, indem wir die Schmerzen und Leiden der Geschöpfe in dieser Welt verringern; oder umgekehrt, indem wir ihnen zu mehr Glück und Freude verhelfen.

Dies ist nur ein großer Abriß dessen, was ich sagen würde, wenn dies ein Buch über Ethik wäre und nicht nur eine kurze Stellungnahme. Denn es sind nicht nur Schmerzen und Leiden, auf die es ankommt. Es geht im Leben um mehr als das; all die Wünsche und Hoffnungen von Menschen, und auch von nichtmenschlichen fühlenden Wesen, sollten in einem Bericht über das, was letztlich wichtig ist, eine Rolle spielen. Schmerzen und Freuden sind wichtig. Ihre Bedeutung ist leicht zu begreifen, weil sie so allgemein sind; sie sind das grundlegende Mindestmaß dessen, was wir alle verstehen können. Und weil großer Schmerz dazu neigt, alle anderen Werte zu überlagern, und solange es so viel unnötiges Leiden in der Welt gibt, hat die Reduzierung von Schmerz und Leiden offensichtlich ganz unbestrittene Priorität, im Unterschied z. B. zur Förderung der Gastronomie.

Zu meinen engsten Freunden und Kollegen gehört Henry Spira – obwohl er auf der anderen Seite der Welt lebt – ein Amerikaner, der sich sein Leben lang für die Rechte der Afro-Amerikaner im amerikanischen Süden eingesetzt hat, für Arbeiter, die von korrupten Gewerkschaftsbossen ausgebeutet werden, für Laborratten, die zu Tode vergiftet werden, um Lebensmittelfarben zu testen, und Hühner, die in Legebatterien gehalten werden, nur um des Profits der Farmer willen. Spira beurteilt den Wert dessen, was Menschen tun, danach, in welchem Ausmaß sie zu der »Reduzierung der Welt von Schmerz und Leiden« beigetragen haben. Als er kürzlich in einem Interview gefragt wurde, was er als Grabinschrift haben wollte, antwortete er mit typischem New Yorker Humor: »Er schob die Erdnuß ein wenig vorwärts.« Mit anderen Worten, Spira wird sein Leben für lebenswert halten, wenn gesagt werden kann, daß er die Dinge ein klein wenig in die richtige Richtung bewegt habe.

Wir können alle die Erdnuß vorwärts schieben, und wenn es auch nur ein wenig ist. Wir alle können uns und unsere Bemühungen mit der langen Tradition von Menschenfreunden in Einklang bringen, die versucht haben, die Welt ein bißchen besser zu machen. Sobald wir dies einmal verstanden haben, brauchen wir uns keine Gedanken mehr über einen Mangel an Sinn in unserem Leben zu machen – auch werden wir kaum noch Zeit haben, darüber nachzudenken. Da ist einfach zu viel zu tun. Menschen, die gelangweilt sind, die unter einem Gefühl der Sinnlosigkeit leiden, die meinen, sie seien bedeutungslos, sind oft die Gefangenen ihrer eigenen selbstbezogenen Wünsche. Unsere eigenen Freuden sind nicht weniger wert als die von anderen, aber für diejenigen unter uns, die ein bequemes Leben in einer entwickelten Überflußgesellschaft haben, ist das Vergnügen, das sie aus selbstbezogenen Aktivitäten ziehen können, relativ unbedeutend im Vergleich zu dem, was sie für andere tun können. Diejenigen, denen ein Ziel in ihrem Leben fehlt, müssen begreifen, daß das, was sie mit ihrem Leben anfangen, einen wirklichen Unterschied ausmachen kann. Sie werden dann ein merkwürdiges Paradox entdecken, über das sich schon viele Schriftsteller geäußert haben: je mehr man für andere da ist, um so befriedigender wird das eigene Leben.

Aus dem Englischen von Marianne Reppekus

DOROTHEE SÖLLE

Mandelblüten und aufrechter Gang

Die Religion ist in den letzten Jahrhunderten innerhalb der abendländischen Welt gründlich und relevant kritisiert worden. Die drei großen »Meister des Verdachts«, wie Paul Ricoeur sie nennt, Marx, Freud und Nietzsche, haben sie als Opium des Volkes, als kollektive Neurose und als Platonismus fürs Volk entlarvt. Die Theologie – und ich gehe hier von ihrer aufgeklärteren, der protestantischen Form aus – hat diese Kritik mehr und mehr integriert. Sie ist »durch den Feuer-bach geschritten« und hat ihrerseits eine Hermeneutik des Verdachts entwickelt, die Selbstkritik und Institutionskritik gelernt hat, sich also mit Bibel und Kirche immer erneut kritisch auseinandersetzt. Der lebendige christliche Glaube hat in diesem Prozeß seine Naivität und seinen missionarischen Imperialismus verloren, und er hat gelernt, die prophetische Kritik an Kult und Opfergaben, am »Geplärr deiner Lieder«, wie der Prophet Amos sich ausdrückt (Amos 5,23) anzuwenden auf das Christentum und die immer zu reformierende Kirche. Ecclesia semper reformanda!

Dieses kritische Bewußtsein von Christinnen und Christen stößt heute in einem Paradigmenwandel, der von der liberalen zur Befreiungstheologie geht, zunehmend auf die realen Kräfte und Gewalten der Zerstörung, die längst nicht mehr Religion und Kirche sind. Geld und Gewalt brauchen die religiöse Legitimierung heute immer weniger, sie funktionieren bestens im Namen des Fortschritts und der technischen Rationalität. In dieser Situation muß man sich fragen, ob sich nicht die traditionelle Kritik an der Religion, die dem Herausgeber dieses Buches, Karlheinz Deschner, so viel verdankt, in mancher Hinsicht totgelaufen hat, weil sie die eigentliche Religion, das, woran die überwältigende Mehrheit in den industrialisierten Ländern glaubt, außer acht läßt und keineswegs kritisch hinterfragt. Diese eigentliche Religion ist die Wissenschaft. Sie hat ihre größeren Tempel, wie jeder, der einmal Havard University mit ihren weißen Säulen und imponie-

renden Hallen, ihren Haupt- und Nebenaltären, ihren Heiligtü-
mern und Schatzhäusern betreten hat, wissen kann. Sie hat ihre
eigenen Priester, Oberpriester und Päpste, sie vollzieht bestimmte
Rituale, Ehrungen und Demütigungen, die nach vorgefertigten
Mustern ablaufen, sie spricht sündig und heilig. Nur eins hat sie
noch relativ wenig gelernt, die Kritik der eigenen Religion. Die
Frage, wem bestimmte Forschungsvorhaben nützen, wird im allgemeinen als unwissenschaftlich abgelehnt; die Untersuchung der
Prioritäten und der Anwendbarkeit der Forschung in der Praxis,
vor allem des Militarismus, gilt als beiläufig.

Wenn Wissenschaft die Hauptreligion der industrialisierten
Welt ist, so muß ich mich als ungläubig bekennen. Sie hat die
Kriege nicht verhindert, sondern die Tötungskapazitäten verbessert. Sie hat die Verhungernden nicht gespeist, sondern sich dem
Weltraum zugewandt. Sie hat eine Megamaschine erzeugt, die alle
Natur, alles Geschaffene vergewaltigt. Sie glaubt an ihre eigene
zweite Schöpfung, die besser sein soll als die erste. Die Visionen
der Wissenschaft sind längst zum Horror geworden; ich erinnere
nur an die gängige Verwissenschaftlichung der Folter als Untersu-
chungsmethode. Reicht es in dieser Weltzeit, wissenschaftlich zu
denken? Sind nicht ein anderer Zugang zur Welt, andere Wertset-
zungen, die die Wissenschaftler in Dienst nehmen, notwendig, ja
wird nicht die Theologie, die nach einem Wort Walter Benjamins
heute klein und häßlich ist, mehr denn je gebraucht, um überhaupt
eine andere Vision vom guten Leben im herrschaftsfreien Miteinander zu gewinnen?

In diesem Rahmen will ich versuchen zu sagen, woran ich
glaube.

In der Befreiungstheologie sprechen wir oft von »Gottes Vorliebe für die Armen«, der opción preferential por los pobres. Es
gibt vielleicht in allen Religionen solche »Optionen«, gewählte
Entscheidungen verpflichtenden Charakters, und ich verstehe den
christlichen Glauben, zu dem ich mich bekenne, als eine »opción
preferential por la vida«, eine Vorliebe für das Leben dem Tod
gegenüber. Sein ist besser als Nicht-sein, Küssen besser als Nicht-
küssen, Essen ist dem Hungern nicht nur vorzuziehen, sondern
ontologisch überlegen. Diesen ontologischen Überschuß des Seins

vor dem Nichts versucht auch die christliche Religion zu artikulieren.

Als ich einem zur Depressivität neigenden Freund diese Art von Lebensglauben zu erklären versuchte, winkte er müde ab. »Du willst mich nur wieder mit Mandelblüten und Mondaufgängen zur Schöpfung verlocken.« In der Tat, das war und ist meine Absicht. Der ontologische Vorrang des Seins vor dem Nichts drückt sich religiös als Glauben an den Schöpfergott und an die gute, gesegnete Schöpfung aus. Gott sah am sechsten Tag, daß »alles sehr gut« war. Gottes Option geht auf Leben aus; mit diesen Augen Gottes will ich auch sehen, ohne zu verleugnen, was dieser Vision – noch, wie ich dann gläubig hinzufüge – tödlich widerspricht. Nicht ein Zufall hat uns auf diesen kleinen blauen Planeten verbracht, das Leben selber ruft uns zu, am Leben teilzuhaben in einer Lebensdankbarkeit, die auch im Finstern nicht aufhört, das Leben als Gnade, als Geschenk zu empfinden. Das Leben zu loben ist eine Art Daseinsfrömmigkeit, die ich brauche und die ich zu vermitteln versuche.

Ich glaube an Gott, an die schöpferische Kraft, die »dem Nichtseienden ruft, daß es sei« (Römer 4,17), die gut ist und uns gut, das bedeutet ganz und blühend in unserer Fähigkeit, Gott zu spiegeln, will. Glauben kommt vom deutschen Wort »geloben« und hat nicht in erster Linie die rationale Bedeutung von »annehmen, für-wahr-halten«, sondern eine existentielle Dimension von »Sich-einlassen-auf, Sich-jemandem-versprechen«. Ich glaube Gott seine gute Schöpfung, wie sie gemeint war, in Gleichheit von Mann und Frau, in Verantwortung und Hegen und Bewahren des Gartens, in unserer Fähigkeit zu arbeiten und zu lieben und somit Ebenbild Gottes zu sein.

Der Ursprung ist zugleich das Ziel; da wir aus Gott kommen, gehen wir auch in Gott hinein; jeden Tag tun wir Schritte auf diese Wirklichkeit Gottes hin. Wir holen die Parteinahme für das Leben aus der Trivialität des Alltags und der Trivialisierung unserer Lebensziele und Wünsche zurück. Dieses Zurückholen nennt meine Tradition »teschuva« oder Umkehr, und eine der tiefsten Erfahrungen und Hoffnungen des Glaubens ist die – weltlich durch nichts garantierte – Annahme, daß wir der Umkehr fähig sind. Ich soll das mir selber glauben; der Unglaube an die Möglichkeit der eigenen Umkehr ist vielleicht das Schlimmste, das die Depression meinem Freund antut. Ich bin aufgefordert und eingeladen, diese Umkehr meinem Nächsten zuzutrauen, auch wenn er oder sie den Kurs auf den Eisberg stur weiterverfolgt, und ich soll sogar den Feinden des Lebens die *teschuva* zutrauen, ein in der Tat absurdes Unternehmen angesichts der Obsession, mit der die Herren dieser Welt das Projekt des Todes verfolgen. Und doch glaube ich der Tradition die Umkehr als unsere wahre Möglichkeit.

Wie soll ich aber Gott lieben, die Schöpfung loben und bewahren und am Reich Gottes mitarbeiten, ohne zu verzweifeln? Die Hilfe, die meine Tradition mir anbietet, heißt Christus. An ihn zu glauben, finde ich vergleichsweise leicht, man braucht nicht Christ im fundamentalistischen Sinn des Wortes zu sein, um sich auf seinen Weg ziehen zu lassen und man muß die dogmatischen Entstellungen seiner Wahrheit nicht zur Hauptsache machen. Ging es ihm selber doch nie um eine Exklusivität seiner Person, sondern um das, was vor ihm aufschien: Gottes Reich. Wir alle sind Söhne und Töchter Gottes, er ist nur der »Erstgeborene unter vielen Geschwistern« (Römer 8,29), der den nichtjüdischen Menschen der antiken Welt den Gott Israels erschloß. Seine Verbundenheit mit dem Grund allen Lebens war stark genug und ist in allem, was wir von ihm wissen, gegenwärtig, seine Orientierung auf das Ziel ist unzweideutig. In seinem kurzen öffentlichen Leben wurde er immer mehr die Liebe, von der er sprach. An Christus glauben heißt nicht, ihn als einen Heros bewundern, sondern ihm nachfolgen. »Ein jeglicher sei gesinnt wie Jesus Christus auch war ...« (Philipper 2,5).

Aber ist er nicht vollständig gescheitert? Wurde er nicht samt seinem Gottestraum verraten und verleugnet, verurteilt und zu Tode gefoltert? Und ist nicht sein Projekt, das Reich, in dem, was daraus folgte, der Kirche, erst recht verraten und verleugnet, entstellt und tausendfach verbrannt? Als hätten die alten Christen geahnt, was aus der Kirche würde und in welche Verzweiflung dieser Apparat die Nachfolgerinnen des armen Mannes von Nazareth stürzen müßte, haben sie dem Grund des Lebens und dem

Anführer und Vollender des Lebens noch eine andere rätselhafte Gestalt des Glaubens hinzugefügt, den Geist Gottes, oder wie wir heute besser, dem hebräischen Wortsinn folgend sagen, die Geistin, die ruach, die lebendig macht.

Ohne den Glauben an die ruach kann ich mir mein Leben nicht vorstellen. Die Vernunft, wenn sie sich denn nicht bloß zuschauend und neutralisierend verhält, strandet an der Verzweiflung. Wenn sie ehrlich ist, kann sie angesichts des Projekts des Todes, das nach wie vor die wichtigste Produktivkraft, die Wissenschaft, beherrscht, nur stranden. (Immer noch arbeitet eine knappe Mehrheit aller Wissenschaftler und Ingenieure am Projekt des Todes, in »military-related industries« und Forschungsaufträgen.) Woher sollen die Minderheiten des Gewissens, die sich dem Sog des Todes widersetzen, die für Bäume und Schmetterlinge und das Wasser ihrer Enkel eintreten, die sich verhaften und verurteilen lassen in gewaltfreiem Widerstand, eine reale Hoffnung nehmen? Ich denke, es ist nicht zuviel gesagt, wenn wir die Geistin Gottes im Widerstand gegen alles, was uns mit dem Töten versöhnen will, sehen. Nach der Tradition gibt der heilige Geist zweierlei: Wahrheit und Mut. Wahrheit bedeutet, daß Gottes Geist die Menschen als der Wahrheit fähig bestimmt. Es ist nicht so, als könnten wir nichts wissen, als seien die Experten ewige Herren und Richter über ein in der glaubenslosen Perspektive als dumm und ahnungslos angesehenes Volk. Als Naturwissenschaftler und Ärzte sich Anfang der 80er Jahre »für den Frieden« konstituierten, mußte ich ein wenig lächeln. Meine Erfahrung war nämlich, daß die Hausfrauen in den Kirchengemeinden es viel eher begriffen hatten ... daß man mit Bomben und Giftgas hungernde Kinder nicht am Leben erhalten kann. Die heilige Geistin hatte sie wahrheitsfähig gemacht, und das will in einer Welt systematischer, staatlich verordneter Desinformation, wie ein neues Wort für Lüge heißt, viel sagen. Indem Gottes Geist den Menschen Wahrheit gab und sie selber von der tiefen Angst, wahrheitsunfähig zu sein, befreite, führte diese Geistin sie auch weiter zum Mut.

Ich empfinde die Gegenwart oft wie eine von der milden Depressivität intelligenter Männer umhüllte Decke, in der Menschen handlungsunfähig, weil glaubenslos bleiben. Die angeblichen Sachzwänge der industrialisierten Welt und die ihnen entsprechenden Ohnmachtserfahrungen der Leute, die wissen, »man kann nichts machen« entsprechen einander. Das Wissen ist immer mehr zum Todeswissen degeneriert. Aufklärung allein genügt nicht. Sie kann die herrschende Geistlosigkeit nicht überwinden. An Gottes Geist zu glauben, bedeutet vor allem, ihn zu rufen. »Komm, heiliger Geist ...« auch in unsere Leere und in unserer Abhängigkeit von den Drogen, mit denen wir uns umgeben haben. Ein anderes Leben ist möglich, das steinerne Herz kann zu einem fleischernen werden. Daran zu glauben, ist unverzichtbar für mein Leben. Ich verlobe mich mit der Geistin, gerade dann, wenn ich in der eigenen Gegenwart im Bereich meiner Klasse, meines Volkes, meiner weltgeschichtlichen Rolle wenig von ihrem Feuer spüre.

Woran ich glaube? Wir leben, wenn wir Gott loben, das Gerechte tun und die Geistin anrufen. Indem wir den aufrechten Gang lernen, lernen wir auch niederzuknieen. So verbinden wir uns, die so viel Apartheid und Todeskultur aufbauen, wieder mit dem Leben und mit dem Liebhaber des Lebens, wie Gott in der Bibel genannt wird. »Ich nehme Himmel und Erde heute über euch zu Zeugen: ich habe euch Leben und Tod, Segen und Fluch vorgelegt, daß du das Leben erwähltest und du und dein Same leben mögest« (5. Mose 30,19). Gott bietet uns das Leben an, das gesegnete gute Leben im Schalom. Und wir können es in Freiheit wählen.

WOLFGANG SPEYER

Von der Ambivalenz der Wirklichkeit zu ihrer Aufhebung

Für den Angehörigen der modernen Industriegesellschaft und der Zivilisation von heute, der bewußt oder unbewußt von italienischer Renaissance und Humanismus, der Aufklärung des 18. Jahrhunderts, dem Positivismus, dem Historismus, der Psychologie und den Ergebnissen der Naturwissenschaft und Technik geprägt ist, scheint der Kampf zwischen Glauben und Wissen zugunsten des Wissens entschieden zu sein. Alle Religionen und damit auch das Christentum scheinen ihm dem Gesetz von Werden und Vergehen, den Kennzeichen alles geschichtlich Bedingten, unterworfen zu sein. Dann aber sind die letzten Fragen über das Woher und Wohin von Welt und Mensch unlösbar. So dürfte auch heute noch für viele das Wort von É. du Bois-Reymond (1872) gelten: ignoramus et ignorabimus, gleichsam als die agnostische Summe des auf sich gestellten Verstandes. Mit diesem Ergebnis ist das Gespenst des Nihilismus und folglich der Daseinsangst und Daseinsverzweiflung verbunden, die Kehrseite von bisher in der Menschheitsgeschichte unerhörten und noch vor wenigen Jahrhunderten unvorstellbaren technisch-zivilisatorischen Errungenschaften. Einer derartigen Auffassung kann ich mich nicht anschließen.

Der Gegensatz von Glauben und Wissen und ihr gegenseitiger Kampf dürften nicht von Beginn der Geschichte des Homo sapiens bestanden haben, sondern erst infolge der philosophisch-wissenschaftlichen Weltdeutung der griechischen, vorplatonischen Philosophen und vor allem der Offenbarungsreligionen der Juden und Christen entstanden sein. Für das mythische Zeitalter, für die gewachsenen Volksreligionen gab es die Vorstellung und den Begriff des Glaubens nicht. Die Einheit der Wirklichkeitserfahrung war zu bestimmend, als daß es auf dieser Bewußtseinsstufe die Trennung von Religion und Wissenschaft/Technik, die Trennung von Heilig und Profan hätte geben können. Die geheimnisvolle Übermächtigkeit der Wirklichkeit und der in ihr waltenden Kräfte beeindruckten den Menschen so sehr, daß er nicht an seine Selbstbestimmung, an seine Autonomie glauben konnte. Vielmehr fühlte er sich in allem, auch in seinem Denken und Handeln, gänzlich von den geheimnisvollen Mächten seiner Umwelt abhängig. Deshalb verehrte er sie auch als heilig. Hier liegt der Ausgangspunkt für das Entstehen der Religion und eines jeden Gottesglaubens.

An dieser Stelle ist zu fragen, ob nicht der moderne Mensch infolge seiner großen wissenschaftlich-technischen Erfolge vergessen hat, daß er selbst in allem, was er ist, vorgeprägt ist, und zwar von der geheimnisvollen Wirklichkeit, unter deren Macht er steht. Selbst die Gesetze seines Denkens, sein Fragen nach Ursachen, Gründen und Zwecken sind von ihm nicht frei gewählt, sondern ihm vorgegeben. Georg Christoph Lichtenberg bemerkt treffend in seinen Aphorismen: »Der Mensch ist ein ursachensuchendes Wesen, der ›Ursachensucher‹ würde er im System der Geister genannt werden können. Andere Geister denken sich vielleicht die Dinge unter anderen, uns unbegreiflichen Verhältnissen« (Ausgabe von A. Messer, o. J., um 1920, 170). So steht der Mensch mit allen seinen Fähigkeiten unter Mächten, deren Wesen grundsätzlich unerklärbar bleibt, da sie Geist, Seele und Leib, also die Instrumente der Erfahrung und des Erkennens, bestimmt haben. Der Anfang einer Überzeugung, in der Glauben und Wissen noch nicht als Gegensatz erlebt werden, ist demnach die Einsicht in die absolute Abhängigkeit des Menschen von der staunenerregenden, geheimnisvollen Wirklichkeit. »Die Welt ist tief, und tiefer als der Tag gedacht« (F. Nietzsche, Zarathustra, »Das trunkene Lied«). Dieser ersten und fundamentalen Einsicht, die sich dem unverbildeten Menschen auf allen Stufen seiner Kulturentfaltung aufgedrängt hat, kann ich mich nicht entziehen. Hier möchte ich noch nicht von Glauben, sondern von Seele und Verstand umfassender Überzeugung sprechen.

Die zweite grundlegende Einsicht, die sich dem Denken seit jeher aufgedrängt hat, ist die von der Ambivalenz der Wirklichkeit. Erst eine falsche Theorie hat auf einer späten Stufe der Kultur und des Bewußtseins aus der Ambivalenz der Wirklichkeit einen

Dualismus von zwei Prinzipien gemacht, von Gut und Böse, die sich dauernd bekämpfen. Vielmehr enthüllt sich die gesamte Wirklichkeit von Welt und Mensch als ein Miteinander oder ein Nacheinander von machtvollen Gegensätzen oder Polaritäten, von Kosmos und Chaos, Licht und Finsternis, Leben und Tod, Segen und Fluch, Heil und Unheil, Gesundheit und Krankheit, Freiheit und Notwendigkeit, Liebe und Haß, Schönheit und Häßlichkeit, um einige dieser Gegensatzpaare aus einer größeren Fülle zu nennen. Der Verstand vermag nicht weit über die Feststellung dieses Ineinanders und dieses Wechselspiels der Gegensatzpaare, über die concordia discors, die diese Wirklichkeit ist, hinauszugelangen. Ich bin aber überzeugt, daß diese Gegensatzpaare in einer uns unzugänglichen höheren Macht gebunden sein müssen, in einer geheimnisvollen Wirklichkeit. Die eigene Existenz, das Glück und die Zufriedenheit, die aus dem wie immer noch so gebrochenen Gutsein folgen, sagen mir, daß neben der Ambivalenz und Polarität eine letztlich teleologisch angelegte Steigerung in allem wirkt, an deren Vollendung mitzuwirken des Menschen Aufgabe ist. Anders ausgedrückt: Ich glaube, daß der Segensaspekt den Fluchaspekt zurückdrängen wird. Dieser mein Glaube ist aber nicht ohne Einfluß der jüdisch-christlichen Offenbarung zustande gekommen, wie der letzte Abschnitt zeigen wird.

Das mythische Bewußtsein und damit die Volksreligionen kennen nur den ewigen Kreislauf, in dem sich die Gegensätze bald ablösen, bald bekämpfen, bald vereinen. Für sie stehen die Ambivalenz und ihre Erscheinungsweisen unter dem Gesetz der Wiederkehr des Gleichen. Auf dieser gleichsam naturgegebenen Stufe der Begegnung von Mensch und Wirklichkeit wird der Mensch als Teil dieser Wirklichkeit auch sein Ja zu der allumfassenden Tatsache und Wirksamkeit der ambivalenten heiligen Macht sprechen müssen, sein Ja also zu Leben und Tod, zu Heil und Unheil, zu Segen und Fluch, zu Sinn und Widersinn. Hier schließe ich mich F. Nietzsche in seinem vierten Dionysosdithyrambus »Ruhm und Unsterblichkeit« und R. M. Rilke in seinem letzten Gedicht »Nicht Geist, nicht Inbrunst wollen wir entbehren« an, da ich als noch so kleiner Teil des Ganzen mich gegenüber dem Ganzen in seinem Glanz und Elend verpflichtet fühle. Deshalb teile ich auch die Auffassung antiker Denker, daß der Mensch ein Mikrokosmos, also Spiegel des Ganzen, sei.

Aus dieser Weltfrömmigkeit wird zugleich auch eine sittliche Haltung in der von J. W. Goethe geforderten dreifachen Ehrfurcht folgen: gegenüber dem, was über uns, was neben und was unter uns ist (Wilhelm Meisters Wanderjahre 2,1 in der Nachfolge von Augustinus, de doctrina christiana 1,22 und Claudianus Mamertus, de statu animae, epilogus). Damit gewinne ich den Einklang mit der »gegenstrebigen Vereinigung wie der des Bogens und der Leier« (Heraklit frg. 51 Diels/Kranz), die diese Wirklichkeit ist. Indem ich mich dem Anspruch der heiligen Mächte dieser Wirklichkeit nicht versage, gelange ich zu einer Ganzheit, aus der bereits Geborgenheit und Sicherheit folgen. So bejahe ich die folgenden Gedanken aus dem »Fragment über die Natur« (Das Journal von Tiefurt, 32. Stück = Schriften der Goethe-Gesellschaft 7 [Weimar 1892] 261): »Die Natur hat mich hereingestellt – sie wird mich auch herausführen. Ich vertraue mich ihr an. Sie mag mit mir schalten. Sie wird ihr Werk nicht hassen. Ich sprach nicht von ihr. Nein, was wahr ist und was falsch ist, alles hat sie gesprochen. Alles ist ihre Schuld, alles ist ihr Verdienst.«

Meine bisher beschriebene Grundanschauung nimmt ihre Begründung aus der Betrachtung der Wirklichkeit. Glauben und Wissen sind hier noch eins. Insofern korrespondiert diese Überzeugung auch dem Inhalt der antiken Volksreligionen. Diese verehrten die Wirklichkeit als die geheimnisvolle heilige Macht, die Leben und Tod spendet. Jeder Gott verfügte für sie über diese ambivalente heilige Macht, war Spender von Segen und Fluch, von Leben und Tod, von Heil und Unheil. Unter Umständen standen diese Gottheiten aber auch selbst unter dem Gesetz der Ambivalenz (Moira und Zeus). Die Ambivalenz schien das bestimmende Prinzip der Wirklichkeit zu sein. Mochte auch in der zeitlichen Zerdehnung bald der eine, bald der andere Zustand überwiegen, der Glaube an die Wiederkehr des Gleichen erzwang auch die Wiederkehr des Segens- und des Fluchpols. So gab es kein Entrinnen aus dem Kreislauf von Werden und Vergehen, und die Frage, welche Macht größer sei, die lebenschaffende oder die lebenverschlingende, schien müßig; denn beide Mächte gründen in derselben übergreifenden geheimnisvollen Wirklichkeit.

Diesen Kreis bricht allein die Offenbarungsreligion der Juden und Christen auf; denn hier ist nicht mehr diese sinnenhafte Wirklichkeit der letzte Bezugspunkt des Menschen, sondern eine transzendente überpersonale Wirklichkeit, die aus einer Freiheit, wie wir sie nicht kennen, diese Wirklichkeit ins Dasein gerufen hat und sich im Laufe der Menschheitsgeschichte geoffenbart hat, um den Menschen aus dem Fluchzustand von Verfehlung und Sünde, von Not, Krankheit und Tod zu befreien.

Die Bedingung für die Möglichkeit der Befreiung oder Erlösung vom negativen Pol der Ambivalenz ist der Glaube des einzelnen als Entscheidung für das geoffenbarte Angebot Gottes. Mehr als durch die Herausforderung der antiken Philosophie und Wissenschaft ist durch die Offenbarung des einen Schöpfer- und Erlösergottes, wie sie im Alten und im Neuen Testament niedergelegt ist, die Tatsache des Glaubens begründet. Diese Selbstmitteilung Gottes war allerdings erst möglich, als der einzelne reif für eine personale Entscheidung geworden war, d. h. auf einer bestimmten Stufe der Hochkultur: Abraham, der Vater der Glaubenden (Gen. 15,6), stammte aus »Ur in Chaldäa« (Gen. 11, 28.31), also aus der Kultur Mesopotamiens, und Mose, der zweite Gründer Israels, aus der Kultur Ägyptens. Mag die jüdisch-christliche Offenbarung auch durch das geschichtlich bedingte kulturelle Medium von Menschen gegangen sein, die eng mit ihrer heidnischen Umwelt verbunden und damit auch vom zyklischen Denken und den Ambivalenzvorstellungen der antiken Religionen bestimmt waren, so zeigt die jüdisch-christliche Offenbarung doch ein gänzlich anderes Gesicht als die ältere mythische Auffassung von den heiligen Mächten dieser raum-zeitlichen Wirklichkeit. Der transzendente Gott, der sich durch die Patriarchen, Gerechten und Propheten des Alten Bundes mitgeteilt hat und im letzten Äon selbst in Jesus von Nazareth, dem Christus, zum Bruder der Menschen geworden ist, sprach und spricht das Ja zu seiner Schöpfung und damit auch zum Menschen und verheißt seinen endgültigen Segen für alle, die nicht die staunenerregenden Wunder und den Glanz der Schöpfung leugnen, die auf die Vergötterung ihrer selbst, ihrer Wünsche und ihrer Werke verzichten und sich auch nicht den Mächten der Finsternis und des Chaos ausliefern. Damit schafft die im Glauben angenommene Offenbarung die Hoffnung, daß die Ambivalenz der Wirklichkeit schließlich zur Eindeutigkeit des Segensaspektes umgewandelt wird, der Ausdruck des transzendenten Schöpfer-, Erhalter- und Erlösergottes ist. Diese Verwandlung der raum-zeitlichen ambivalenten Wirklichkeit ist allein das Werk Gottes. Wir aber sind aufgerufen, an dieser Wandlung mitzuwirken. Die Ambivalenz der Wirklichkeit, d. h. der Schöpfung, zeigt ihre Spuren auch in den Offenbarungsschriften; aber dort ist sie durch die Inkarnation Gottes in Jesus Christus und durch die Auferstehung des Erlösers außer Kraft gesetzt: das »neue Jerusalem«, Chiffre für das Gottesreich, geht allein von Gott aus, d. h. der Schöpfer der Welt, die – aus welchen Gründen auch immer – in das Zwielicht von Segen und Fluch gerückt ist, wird diese Welt in sich zurücknehmen und so das begrenzte Sein, das als solches bereits unter dem Gesetz der Negativität steht, entgrenzen.

Dieser Glaube bedeutet einen Sprung und ein Wagnis (Peter Wust). Er ist auch nicht durch die natürliche Theologie einholbar; denn diese vermag den ewigen Kreis der Ambivalenz und der Wiederkehr des Gleichen nicht zu durchbrechen.

Dies ist meine Stellungnahme zur sinnenhaften Wirklichkeit, die dem Verstand zugänglich ist, und zur Offenbarung, die nur im Sprung des Glaubens erreichbar bleibt.

TONI UNGERER

Ich glaube an das Zweifeln

Ich, als Thomas geboren, und auch als Thomas getauft – also zum Zweifeln erzeugt, mit eingeprägtem Sinn für Mißtrauen an Gläubigkeiten und mehr so an Gläubigen. Aufgebracht in einer Familienwelt, wo Gott und Jesus Protestanten waren, umringt von Elementen, die die Katholiken als heidnische Götzendiener bezeichneten ...

In meiner Jugend konfrontiert mit überzeugten Faschisten und chauvinistischen Patrioten, alle bereit zu marschieren, bis alles in Scherben fällt! In Amerika entdeckte ich die Macht der Heuchelei, wo der ehrwürdige Dollar jeden Erfolg des Glaubens pervertiert. Haß und Streit gibt es nur zwischen Gläubigen.

Ich war engagiert gegen den Krieg in Vietnam, den Vietnamesen geht es jetzt nicht besser. Engagiert bin ich immer, ob Unrecht, Umweltschutz, Krieg ... Und hinter dem »Engagement« muß doch irgendeine Art von Glauben knospen. Ja schon ...

Pragmatisch geht es bei mir wie bei einer Wahl: Eine Meinung gewinnt mit über 50 Prozent der Stimmen, die glaubensfähig wirken.

Richtungsweise gibt es ethische Regeln, Dokumente wie die Deklaration der Menschenrechte oder was Jesus Christus (ob Gottes Sohn oder nicht) vermutlich geäußert hat, als er sagte: »Du sollst Deinen Nächsten lieben wie Dich selbst« und »Was du nicht willst, das man Dir tut, das tu auch keinem anderen.«

Ich glaube doch ganz einfach, daß das beste, was wir tun können, ist – ab und zu, wenn möglich –, zu versuchen, mit einem Lächeln auf der Fratze, niemandem zu schaden.

Mit meiner Unsicherheit habe ich sowieso die größten Schwierigkeiten, an mich selbst zu glauben; meine Präsenz hier auf irdischem Boden scheint unwahrscheinlich zu sein.

Vor manchen Jahren schrieb mir eine alte Frau einen Brief. Sie wollte wissen, was meine Definition des Glücks sei. Ich antwortete »Glück ist ein gutes Gewissen« – also unmöglich.

Um zum Schluß zu kommen, möchte ich jetzt auf die Frage antworten, woran ich glauben kann: Mit einer gewissen Skepsis sage ich, »an den guten Willen«, wohl wissend, daß ich meinen guten Willen nicht auf stumpfsinnige, gierige Gläubige verschwenden würde.

Also: »Ich glaube an das Zweifeln.«

Die Autoren

Hans Albert, Dr. rer. pol., geb. 1921 in Köln; 1946–52 Studium an der Universität Köln; 1950 Diplomkaufmann; 1952 Promotion; 1957–63 Privatdozent an der Universität Köln; 1963–89 o. Professor für Soziologie und Wissenschaftslehre an der Universität Mannheim; seit 1989 emeritiert.

Günther Anders, Dr. phil., geb. 1902 in Breslau; Studium der Philosophie bei Cassirer, Heidegger und Husserl; 1923 Promotion bei Husserl; 1933 Emigration nach Paris, später in die USA; Hauptwerk: »Die Antiquiertheit des Menschen«, 2 Bände, 1956 und 1980; bekannt geworden als Mitinitiator der internationalen Antiatombewegung und durch seinen Briefwechsel mit dem Hiroshima-Piloten Claude Eatherly; 1983 Theodor-W.-Adorno-Preis der Stadt Frankfurt; lebt heute als freier Schriftsteller in Wien.

Jens von Bandemer, Dr. phil., geb. 1936 in Berlin; 1961 Promotion in Volkswirtschaft an der Universität Basel; 1965–84 Mitinhaber und Geschäftsführer im Familienbetrieb, Verbandsarbeit (Maschinenbau); seit 1985 Schüler auf dem christlichen Weg – außerhalb von Kirche und Industrie.

Schalom Ben-Chorin, Prof. h. c., Dr. h. c., geb. 1913 in München; lebt seit 1935 in Jerusalem als Schriftsteller, Journalist und Dozent und hat etwa 30 Bücher, vor allem auf dem Grenzgebiet von Judentum und Christentum, publiziert; Träger der Buber-Rosenzweig-Medaille und vieler anderer Auszeichnungen.

Joachim-Ernst Berendt, geb. 1922 in Berlin als Pfarrerssohn; 1945 Mitbegründer des Südwestfunks Baden-Baden; Autor von 22 Büchern, die in 18 Sprachen übersetzt wurden, darunter »Das große Jazzbuch«; produziert laufend Funk- und Fernsehsendungen für in- und ausländische Stationen sowie Schallplatten – etwa 250 Langspielplatten; in den letzten Jahren durch seine erfolgreichen Bücher »Nada Brahma« und »Das dritte Ohr« sowie durch seine Kassetten »Urtöne« bekanntgeworden; erzielt zahlreiche Auszeichnungen, darunter den Bundesfilmpreis, den Kritikerpreis des Deutschen Fernsehens sowie den Polnischen Kulturpreis »für hervorragende kulturelle Leistungen«.

Hermann Bondi, Sir, geb. 1919 in Wien; 1937–40 Studium der Mathematik an der Universität Cambridge; seit 1943 wissenschaftliche Tätigkeit in den Bereichen Astrophysik, Gravitation und Kosmologie; 1945–54 Dozent an der Universität Cambridge; 1954–67 Professor am King's College in London; 1967–84 im staatlichen Dienst in den Bereichen Weltraum, Verteidigung, Energie und Umweltforschung; 1983–90 Direktor des Churchill College, Universität Cambridge: interessiert für die Gebiete Humanismus, Erziehung, Sicherheit und Umweltschutz.

Ernest Borneman, Dr. phil., geb. 1915 in Berlin; Studium der Archäologie und Vorgeschichte, der Sozial- und Kulturanthropologie, der Ethnoanalyse und der Sexualwissenschaft an verschiedenen Universitäten in England, Schottland und den USA; 1974–84 tätig an deutschen und österreichischen Universitäten; Publizist zahlreicher wissenschaftlicher Werke, insbesondere im Kontext der Pychologie und der Sexualwissenschaft; Mitarbeit an diversen Handbüchern, Lexika und Enzyklopädien auf diesem Gebiet.

François Cavanna, geb. 1923 in Nogent sur Marne; während des Zweiten Weltkriegs Zwangsarbeiter in Deutschland; lebt seit 1949 als Journalist und Schriftsteller in Paris; gründete 1960 die satirische Zeitschrift »Hara-Kiri« (seit 1970 Charlie-Hebdo); Verfasser von etwa dreißig Büchern, vor allem von autobiographischen Bestsellern.

Dobrica Ćosić, geb. 1921 in Serbien; 1941–45 Politkommissar eines Partisanenverbands; bis 1950 im Zentralkomitee der KP und im jugoslawischen Parlament; 1968 Austritt aus der KP; Gründer des Komitees für Verteidigung der Menschenfreiheit; Mitglied der Serbischen Akademie für Wissenschaft und Künste; führender serbischer Romancier der Gegenwart.

Georg Denzler, Dr. theol., geb. 1930 in Bamberg; Studium der Philosophie und Theologie in Bamberg und München; 1955 Priesterweihe; 1962 Promotion und 1967 Habilitation in Kirchengeschichte an der Universität München; 1967–71 Dozent in Freising, München und Tübingen; seit 1971 Professor für Kirchengeschichte an der Universität Bamberg; 1973 Heirat. Letzte Buchveröffentlichung: Die verbotene Lust, 2000 Jahre christliche Sexualmoral (1989).

Irenäus Eibl-Eibesfeldt, Dr. phil., geb. 1928 in Wien; Studium der Biologie bei den Professoren Konrad Lorenz und Wilhelm von Marinelli; seit 1951 Mitarbeiter des Max-Planck-Institut für Verhaltensphysiologie; seit 1963 apl. Professor an der Universität München; seit 1975 Leiter der Forschungsstelle für Humantheologie in der Max-Planck-Gesellschaft. Veröffentlichung von 13 Büchern – »Liebe und Hass« (1970) und »Der vorprogrammierte Mensch« (1973) liefen als Bestseller –, mehreren Handbuchartikeln und über 300 Artikeln in Fachzeitschriften; mit dem »Grundriß der vergleichenden Verhaltensforschung« (1. Aufl. 1967, 7. Aufl. 1987) und dem »Grundriß der Humantheologie« (die Biologie des menschlichen Verhaltens 1984, 2. Aufl. 1986) legte er die ersten umfassenden Lehrbücher dieses Faches vor; 1971 Goldene Bölsche-Medaille der Kosmos-Gesellschaft; 1981 Burda-Preis für Kommunikationsforschung; 1988 Philip-Morris-Forschungspreis für die Projektentwicklung des neuen, von ihm begründeten Fachgebietes »Humanethologie«; seit 1977 korrespondierendes Mitglied der Deutschen Akademie der Naturforscher »Leopoldina«; seit 1985 Präsident der »Internationalen Society for Human Ethology«; 1987 zum »Fellow of the American Association for the Advancement of Sciences« ernannt.

Hans J. Eysenck, Dr. psych., geb. 1916 in Berlin; 1934 Emigration nach England; Studium der Psychologie; 1955–83 Professor beim Institut für Psychiatrie an der Universität London; Veröffentlichung von etwa 70 Büchern und über 900 Artikeln auf diesem Gebiet; Weiterführung der Forschung der Psychophysiologie von Intelligenz und der Wechselbeziehung von Persönlichkeit und Streß sowie von Herzleiden und Krebs.

Ossip K. Flechtheim, Dr. jur. und Dr. phil., geb. 1909 in Nikolajew, Rußland; 1927–31 Studium der Rechts- und Staatswissenschaften an verschiedenen Universitäten; 1934 Promotion zum Dr. jur. in Köln; 1935 Emigration nach Genf; 1939 Übersiedlung in die USA: Dozent bzw. Professor an verschiedenen dortigen Universitäten; 1947 Promotion zum Dr. phil. in Heidelberg; 1947–51 Professor am Colby College; 1951 Gastprofessor an der FU Berlin; 1959–74 Professor für die Wissenschaft von der Politik an der FU Berlin; Schwerpunkte seiner wissenschaftlichen Arbeit sind Geschichte und Struktur der politischen Parteien, das Wesen der Politik, ferner Marxismus, Sozialismus und Kommunismus; Begründer der Futurologie; zahlreiche Veröffentlichungen auf allen diesen Gebieten; seit 1973 Mitglied im P.E.N.-Zentrum der Bundesrepublik; seit 1975 Ehrenmitglied der Gesellschaft für Zukunftsfragen; 1986 Fritz-Bauer-Preis; Ernst-Reuter-Plakette 1989; Dr. rer. pol. h. c. 1989.

Monika Griefahn, geb. 1954 in Mülheim/Ruhr; Studium der Mathematik und Sozialwissenschaften in Göttingen und Hamburg; Abschluß als Diplomsoziologin; anschließend Seminar- und Forschungstätigkeit; seit 1980 Aufbau des deutschen Greenpeace-Büros in Hamburg; 1984–90 Vorstandsmitglied von »Greenpeace-International«; seit Februar 1990 Geschäftsführerin beim wissenschaftlichen Verein »Hamburger Umweltinstitut, Zentrum für soziale und ökologische Technik e. V.«; ab Juni 1990 Umweltministerin in Niedersachsen.

Hartmut von Hentig, Dr. phil., geb. 1925 in Posen; Studium der Alten Sprachen in Göttingen und Chicago; 1953–63 Lehrer an süddeutschen Gymnasien; seither Professor für Pädagogik in Göttingen und Bielefeld; dort Gründung von Laborschule und Oberstufen-Kolleg; 1988 emeritiert; 1969 Schiller-Preis der Stadt Mannheim; 1986 Lessing-Preis der Stadt Hamburg und Sigmund-Freud-Preis für wissenschaftliche Prosa der Deutschen Akademie für Sprache und Dichtung; seit 1987 Vizepräsident dieser Akademie.

Horst Herrmann, Dr. theol., geb. 1940 in Schruns; 1959–64 Studium der katholischen Theologie und der Rechtswissenschaften in Tübingen, Bonn, München und Rom; seit 1971 Professor für Kirchenrecht, seit 1981 Professor für Soziologie an der Universität Münster; Verfasser von 15 in mehrere Sprachen übersetzten Büchern sowie von mehr als 120 Zeitschriftenartikeln zu gesellschafts- und kirchenkritischen Themen.

Edgar Hilsenrath, geb. 1926 in Leipzig; 1938 Flucht nach Rumänien; 1941 Deportation; nach der Befreiung Auswanderung in die USA; seit 1975 als freier Schriftsteller in Westberlin; Hauptwerke: »Nacht« (1964), »Der Nazi und der Friseur«(1977), »Das Märchen vom letzten Gedanken« (1989); erhielt 1989 den Alfred-Döblin-Preis.

Norbert Hoerster, Dr. jur., Dr. phil., geb. 1937 in Lingen; seit 1974 Professor für Rechts- und Sozialphilosophie an der Universität Mainz; veröffentlichte u. a. die folgenden Textsammlungen: »Religionskritik« (1984) und »Glaube und Vernunft« (1985).

Keith Jarrett, geb. 1945 in Allentown, Pennsylvania, lernte mit drei Jahren Klavier spielen. Er entwickelte sich zu einer der wichtigsten und vielseitigsten Persönlichkeiten im Bereich improvisierter Musik. Seine Solokonzerte, z. B. das »Köln Concert«, setzten Maßstäbe; ebenso die von ihm geleiteten Jazz-Trios und Quartette. Beachtung fand er auch als Komponist und Interpret klassischer Werke, z. B. des »Wohltemperierten Klaviers«. Weltweit erhielt er zahlreiche Preise und Anerkennungen.

Udo Jürgens, (eigentl. Udo Bockelmann), geb. 1934 in Kärnten/Österreich, Musikstudium am Kärntner Landeskonservatorium. Prof., Sänger, Komponist, Textdichter, Schriftsteller. Nebst and. Ausz.: 1966 Sieger Grand Prix d'Eurovision, Welterfolge mit seinen Kompositionen, Goldene Kameras 1979 und 1988, 1980 von Ascap/USA: »Best Country Song of the Year«. Most Outstanding Performance und Outstanding Song Award, WPSF Tokyo 1981, Gold, Ehrenzeichen Stadt Wien und Landesorden in Gold Kärnten, 7 Goldene Europas, 1985 o. Professur durch österr. Bundesminister f. Unterricht, Kunst und Sport, im 2-Jahre-Rhythmus jew. erfolgreichster Tourneekünstler im deutschsprachigen Europa, zuletzt 1989/90. Goodwill-Ambassador UNHCR seit 1989. Über 60 Mill. verkaufte Tonträger.

Klaus Katzenberger, Dr. med., geb. 1936 in Biberach; Studium der Psychologie und Medizin; als Arzt tätig; nebenher kritische Essays, z. B. »Die Ubiquitären« (1986), »Goldene Beulen, goldene Mäuse« (in: »Liebe Eva, lieber David!«, 1989); Arbeit an einem Roman.

Günter Kehrer, Dr. phil., geb. 1939 in Frankfurt am Main; Studium der Soziologie, Statistik und Geschichte in Frankfurt am Main und Tübingen; seit 1980 Professor für Religionssoziologie an der Universität Tübingen; Hauptforschungsgebiete: Organisation von Religion und Neuere Religionsgeschichte; zahlreiche Veröffentlichungen auf diesem Gebiet.

Petra Kelly, geb. 1947 in Günzburg; High School in Georgia und Virginia; 1966–70 Studium der Politischen Wissenschaften an der Universität Washington; 1970–71

Studium an der Universität Amsterdam, Masters Degree; 1971 EG-Kommissarin (Pratikantin); seit 1972 Verwaltungsrätin im EG-Wirtschafts- und Sozialausschuß; Mitglied der Gustav-Heinemann-Initiative, der Humanistischen Union, der Deutschen Friedensgesellschaft Vereinigter Kriegsdienstgegner, des Bundesverbandes Bürgerinitiativen Umweltschutz, des Versöhnungsbundes und der Gesellschaft für bedrohte Völker; Mitinitiatorin des Krefelder Appells und der »Bertrand Russell Foundation for a nuclear free Europe«; Gründungsmitglied und Vorsitzende der Grace-P.-Kelly-Vereinigung zur Unterstützung der Krebsforschung für Kinder; Gründungsmitglied der Grünen (1980–82 Vorsitzende); 1982 Alternative Friedens-Nobelpreis; 1983 Preis »Frau des Jahres« von der amerikanischen Frauenorganisation »Women Strike für Peace.«

Peter Kurtz, Dr., geb. 1925; Professor der Philosophie an der State University of New York in Buffalo; Autor und Herausgeber von 30 Büchern, u. a. »The Transcendental Temptation«, »Eupraxophy: Living Without Religion« und »Forbidden Fruit« und mehreren hundert Artikeln; Präsident der »International Humanist und Ethical Union«, Herausgeber der »Free Inquity«, einer säkular-humanistischen Zeitschrift; Gründungsvorsitzender des »Commitee for the Scientific Investigation of Claims of the Paranormal« und Chefredakteur und Präsident der »Prometheus Books«.

Robert Mächler, geb. 1909 in Baden (Schweiz); Schriftsteller und Journalist in Unterentfelden bei Aarau; hauptsächliche Veröffentlichungen: »Das Jahr des Gerichts« (autobiographische Erzählung, 1956), »Der christliche Freigeist« (1961), »Das Leben Robert Walsers« (1966) und »Richtlinien der Vernünftigung« (1967).

Norman Mailer, geb. 1923 in Long Branch, New Jersey (litauischer Abstammung); wuchs in New York-City und Brooklyn auf; studierte an der Harvard-Universität; Verfasser zahlreicher, meist gesellschaftskritischer Romane; einer der bekanntesten amerikanischen Autoren der Gegenwart; sein Kriegsroman »The Naked and the Dead« erlangte Weltgeltung.

Nelly Moia, geb. 1938 in Esch/Alzette, Luxemburg; langjährige Auslandsaufenthalte mit und ohne Studium in Baltimore, Paris, München, London, Reading, Rom und Venedig; Studienrätin (Sprachen) in Esch/Alzette; Artikel in der luxemburgischen Presse für die Frauen, die Tiere, die Umwelt und gegen die Pfaffen; Fotoausstellungen.

Nevill Mott, Sir, geb. 1905 in Leeds; Studium der Mathematik; anschließend Studium der Physik: Zusammenarbeit mit Lord Rutherford und später mit Niels Bohr; 1933–54 Ordinarius für theoretische Physik in Bristol, wo seine physikalischen Forschungen und Arbeiten Weltgeltung erlangen; 1954–71 Professor bei dem Cavendish Laboratory in Cambridge; Ausübung verschiedener wichtiger Ämter innerhalb der Wissenschaftsorganisationen: u. a. Präsident der Internationalen

Union für Physik (1951–57) sowie Mitglied der Akademie der Naturforscher Leopoldina in Halle/Saale, der britischen und der amerikanischen Akademie der Wissenschaften; zahlreiche Ehrendoktortitel; 1962 geadelt; 1977 Nobelpreis für Physik – zusammen mit den Amerikanern van Vleck und Anderson – für ihre theoretischen Arbeiten auf dem Gebiet der Festkörperphysik.

Hubertus Mynarek, Dr. theol., Lic. phil., geb. 1929 in Oberschlesien; lehrte als Professor für Religionsphilosophie, Fundamentaltheologie und Vergleichende Religionswissenschaft an den Universitäten Bamberg und Wien; 1972 Offener Brief an den Papst; Kirchenaustritt; seitdem zahlreiche kirchenkritische Bücher (»Herren und Knechte der Kirche«, »Eros und Klerus«, »Verrat an der Botschaft Jesu«); begründete die Konzeption einer neuen »ökologischen« Religion und Philosophie, die er in seinen Büchern »Ökologische Religion«, »Religiös ohne Gott?«, »Die Vernunft des Universums« und »Die Kunst zu sein« umfassend entwickelte.

Johannes W. Neumann, Dr. iur. can. und Diplomtheologe, geb. 1929 in Königsberg; seit 1966 Professor für Kirchenrecht an der Universität Tübingen; 1970–72 Prorektor/Rektor; 1978 Professor für Soziologie; seit 1982 Sprecher des Forschungszentrums »Lebenswelten behinderter Menschen«.

Ursula Neumann, geb. 1946; Diplomtheologin und Diplompsychologin; seit 1985 freipraktizierende Psychoanalytikerin.

Milan Petrović, geb. 1947 in Serbien; Promotion und Habilitation in Belgrad; heute Professor an der Universität Niš, wo er Lehrstühle für Verwaltungsrecht und für Politikwissenschaft innehat.

Ernst Reinhard Piper, Dr. phil., geb. 1952 in München; 1972–74 Studium an der Universität München; 1974–81 Studium an der TU Berlin, 1981 Promotion in Mittelalterlicher Geschichte; seit 1982 beim Piper Verlag, dort seit 1984 geschäftsführender Gesellschafter; zahlreiche Bücher, Herausgeberschaften, Aufsätze, Rezensionen, Essays und Hörfunksendungen.

Uta Ranke-Heinemann, Dr. theol., geb. 1927 in Essen; die erste Frau der Welt, die einen Lehrstuhl für Kath. Theologie innehatte (Neues Testament und Alte Kirchengeschichte); verlor diesen 1987, weil sie die Jungfrauengeburt Mariens nicht biologisch, sondern ausschließlich theologisch deutete; jetzt Lehrstuhl für Religionsgeschichte an der Universität Essen.

Jan Philipp Reemtsma, geb. 1952; lebt und arbeitet in Hamburg; 1981 zusammen mit Alice Schmidt Gründung der »Arno-Schmidt-Stiftung«; Mitherausgeber der Bargfelder Ausgabe der Werke Arno Schmidts; 1984 Gründung des »Hamburger Instituts für Sozialforschung«.

Edzard Reuter, geb. 1928 in Berlin; Studium der Mathematik und Physik in Berlin und Göttingen (1948–49), der Rechtswissenschaften in Berlin (1949–52); Große Juristische Staatsprüfung (1955); Assistent an der FU Berlin (1954–56); Prokurist der »Ufa«, Berlin (1957–62); Mitglied der Geschäftsleitung »Bertelsmann« Filmproduktion, München (1962/63); seit 1964 bei Daimler-Benz, dort seit 1987 Vorstandsvorsitzender; Mitglied in den Aufsichtsgremien oder Beiräten einiger Unternehmen und kultureller Förderkreise.

Adolf Martin Ritter, geb. 1933 in Schwarzenborn; Theologiestudium in Marburg, Heidelberg, Göttingen und Athen; seit 1981 Ordinarius für Historische Theologie (Patristik) in Heidelberg.

Peter Roos, geb. 1950; lebt als freier Schriftsteller im Alten Rathaus Zimmern bei Marktheidenfeld am Main; zahlreiche Buchpublikationen, u. a. »Trau keinem über 30« (1980), »Vespa stracciatella« (1985), »Vespa bella donna« (1990), »Genius loci« (1983), »Von der Abschaffung des Tageslichts« (1981) und, zusammen mit Friederike Hassauer, »Félicien Rops: Der weibliche Körper – der männliche Blick« (1984).

Helke Sander, Mutter, Regisseurin (u. a. »Die allseitig reduzierte Persönlichkeit – Redupers«, »Der subjektive Faktor«, »Der Beginn aller Schrecken ist Liebe«, »Aus Berichten der Wach- und Patrouillendienste«), Autorin (»Die Geschichten der 3 Damen K.«). Professorin (Hochschule der Bildenden Künste); Mitglied der Akademie der Künste, Berlin; Codirektorin am Bremer Institut Film/Fernsehen.

Fernando Savater, geb. 1947 in San Sebastian; Professor für Ethik an der Universität des Baskenlandes; Leitungsmitglied der Zeitschrift »Claves«; schrieb philosophische Aufsätze, Romane und Theaterstücke; 1982 spanischer Nationalpreis für Literatur mit dem Werk »La tarea del héroe«; veröffentlichte kürzlich das Werk »Etica como amor propio«.

Hermann Josef Schmidt, Dr. phil., geb. 1939 in Köln; 1964–66 Bundesvorsitzender der »Humanistischen Studenten-Union« (HSU); 1968 Promotion in Philosophie an der Universität Freiburg; seit 1969 an der Pädagogischen Hochschule Ruhr; 1976 Habilitation; seit 1980 Professor für Philosophie an der Universität Dortmund; Arbeit an der Revision entwicklungsblinder und weltanschaulich verseuchter Nietzsche-Interpretation; Hauptwerk: »Nietzsche absconditus oder Spurenlesen bei Nietzsche. Kindheit« (erscheint demnächst).

Hubert Selby, geb. 1928 in New York; Schulabgang mit 15 Jahren; ging auf See, bis er an Tuberkulose erkrankte; etwa vier Jahre in verschiedenen Krankenhäusern; in dieser Zeit mit dem Lesen, dann mit dem Schreiben angefangen, denn »ich wollte nicht sterben, ohne etwas mit meinem Leben angefangen zu haben«; zählt heute zu den international bekannten Autoren in den USA; Werke: »Letzte Ausfahrt Brooklyn«, »Die Mauern«, »Requiem für einen Traum« u. a.

Peter Singer, geb. 1946 in Melbourne; 1964–69 Studium an der Universität Melbourne; 1969–71 Studium an der Universität Oxford; seit 1977 Professor für Philosophie, seit 1984 auch Direktor des Zentrums für Menschliche Bioethik an der Monash Universität (Australien); zahlreiche Veröffentlichungen insbesondere auf dem Gebiet der Ethik und Bioethik.

Dorothee Sölle, Dr. phil., geb. 1929 in Köln, war bis 1987 Professorin am Union Theological Seminary in New York, 1987/88 Gastprofessur an der Gesamthochschule Kassel, lebt als freie Schriftstellerin und Theologin in Hamburg; viele Buchveröffentlichungen und Autorin von »Atheistisch an Gott glauben« (1983) und »Ich will nicht auf tausend Messern gehen« (1986).

Wolfgang Speyer, geb. 1933 in Köln; Universitätsstudium ebd. und in Bonn (Klass. Philologie, Philosophie); 1959 Promotion an der Universität Köln; 1972 Habilitation für Klass. Philologie Universität Salzburg; 1977 Außerordentlicher Universitätsprofessor; 1987 Ordentlicher Universitätsprofessor; seit 1971 Mitherausgeber des Reallexikons für Antike und Christentum – Schwerpunkt: Religionsgeschichte, Religionswissenschaft.

Tomi Ungerer, geb. 1931 in Straßburg; nach dem Schulbesuch unternimmt er mehrere Reisen in verschiedene Länder; 1956 schifft er sich mit sechzig Dollar in der Tasche nach USA ein; 1957 erscheint sein erstes Kinderbuch im New Yorker Verlag Harper; zudem arbeitet er für verschiedene Zeitschriften; 1960 Beginn der Zusammenarbeit und Freundschaft mit dem Verleger Daniel Keel; 1962, Mai: Erste Gesamtausstellung unter dem Patronat von Willy Brandt; 1971 bewirtschaftet er nach seiner Heirat mit Yvonne Wright eine Farm in Kanada; er arrangiert mit Daniel Keel zahlreiche Ausstellungen in Europa; 1975 erscheint »Das große Liederbuch«; 1981 findet im »Musée des Arts Décoratifs«, Paris, die bisher größte Retrospektive seines Schaffens statt; 1983 erhält er für sein Gesamtwerk den »Jakob-Burckhardt-Preis« der Goethe-Stiftung Basel; 1984 wird er zum »Commandeur de l'ordre des Arts et Lettres« ernannt und ist Beauftragter des französischen Kultusministers Jack Lang; 1985–87 längere Aufenthalte in Hamburg, wo sein Werk »Schutzengel der Hölle« entsteht; 1987 Beauftragter von André Bord in der »Interministeriellen Kommission Frankreich–BRD«; 1990 Berufung in die »Légion d'honneur«.

Quellenverweise

Petra Kelly, Mit dem Herzen denken, in: Petra K. Kelly, Mit dem Herzen denken. Texte für eine glaubwürdige Politik. C. H. Beck Verlag, München 1988 (Beck'sche Reihe 397), S. 27–28.

Norman Mailer, Eine kosmische Auseinandersetzung (amerik. Originaltitel: Cosmic Ventures). © 1989 by Norman Mailer.
Veröffentlicht mit der Genehmigung Nr. 46593 der Paul & Peter Fritz AG in Zürich.

HEYNE SACHBUCH

**Große Autoren
und ihre
Sachbuch-Klassiker**

FREDERIC
VESTER
Leitmotiv
vernetztes
Denken

Für einen
besseren
Umgang
mit
der Welt

Erstmals im
Taschenbuch

19/109

Horst-Eberhard
Richter
Die hohe Kunst der
Korruption

Erkenntnisse
eines
Politik-Beraters

19/158

Erwin Wickert
DER FREMDE
OSTEN

China und Japan gestern
und heute

Erstmals im Taschenbuch –
erweitert und aktualisiert

19/102

Lois Fisher-Ruge
Meine
armenischen
Kinder

19/155

PETER
SCHOLL-LATOUR
Der Ritt auf
dem Drachen

Indochina –
von der
französischen
Kolonialzeit
bis heute

Erstmals im Taschenbuch

19/98

KARLHEINZ DESCHNER
DAS KREUZ
MIT DER
KIRCHE

EINE SEXUALGESCHICHTE
DES CHRISTENTUMS

12., erweiterte und aktualisierte Neuausgabe

19/16

EUGEN
KOGON
DER
SS-STAAT

DAS SYSTEM
DER DEUTSCHEN
KONZENTRATIONS-
LAGER

19/9

Robert Jungk
Norbert R. Müllert
Zukunfts
Mit Phantasie
gegen Routine und
Resignation
werk
stätten

19/73

Wilhelm Heyne Verlag München

Heyne Sachbuch

Die Kirche und

ihre Kritiker

19/137

19/170

19/16

19/77

19/18

Wilhelm Heyne Verlag München

SACHBUCH

Robert Jungk

Der große Querdenker und Zivilisationskritiker
Robert Jungk im Heyne-Taschenbuch

19/40

19/99

19/108

19/141

19/165

19/73

WILHELM HEYNE VERLAG MÜNCHEN